A HISTÓRIA SECRETA
DA POLÍTICA OCIDENTAL

Gary Lachman

A HISTÓRIA SECRETA
DA POLÍTICA OCIDENTAL

*A Direita, a Esquerda e a Influência da Maçonaria
e de Outras Sociedades Secretas nos
Destinos da Humanidade*

Tradução
MÁRIO MOLINA

Editora
Cultrix
SÃO PAULO

Título original: *Politics and the Occult.*

Copyright © 2008 Gary Lachman.

Publicado mediante acordo com a Theosophical Publishing House, 306 West Geneva Road, Wheaton, IL 60187 – USA.

Todos os direitos reservados. Nenhuma parte desta obra pode ser reproduzida ou usada de qualquer forma ou por qualquer meio, eletrônico ou mecânico, inclusive fotocópias, gravações ou sistema de armazenamento em banco de dados, sem permissão por escrito, exceto nos casos de trechos curtos citados em resenhas críticas ou artigos de revistas.

A Editora Pensamento-Cultrix Ltda. não se responsabiliza por eventuais mudanças ocorridas nos endereços convencionais ou eletrônicos citados neste livro.

Coordenação editorial: Denise de C. Rocha Delela e Roseli de S. Ferraz

Preparação de originais: Roseli de S. Ferraz

Revisão técnica: Adilson Ramachandra

Revisão: Iraci Miyuki Kishi

Dados Internacionais de Catalogação na Publicação (CIP)
(Câmara Brasileira do Livro, SP, Brasil)

Lachman, Gary
 A história secreta da política ocidental : a direita, a esquerda e a influência da maçonaria e de outras sociedades secretas nos destinos da humanidade / Gary Lachman ; tradução Mário Molina. -- São Paulo : Cultrix, 2010.

 Título original: Politics and the occult
 Bibliografia
 ISBN 978-85-316-1093-6

 1. Ciência política 2. Civilização - História 3. Esoterismo 4. Ocultismo I. Título.

10-10628   CDD-130.9

Índices para catálogo sistemático:
1. Ocultismo na política   130.9

O primeiro número à esquerda indica a edição, ou reedição, desta obra. A primeira dezena
à direita indica o ano em que esta edição, ou reedição, foi publicada.

Edição	Ano
1-2-3-4-5-6-7-8-9	10-11-12-13-14-15-16-17

Direitos de tradução para o Brasil
adquiridos com exclusividade pela
EDITORA PENSAMENTO-CULTRIX LTDA.
Rua Dr. Mário Vicente, 368 — 04270-000 — São Paulo, SP
Fone: 2066-9000 — Fax: 2066-9008
E-mail: pensamento@cultrix.com.br
http://www.pensamento-cultrix.com.br
que se reserva a propriedade literária desta tradução.
Foi feito o depósito legal.

Para James Webb (1946-1980)
e Robert Anton Wilson (1932-2007),
Illuminati supremos.

Nada pode ser mais perigoso para o gênero humano
que acreditar que seus assuntos caíram
nas mãos de super-homens.

– Colin Wilson, *The Mind Parasites*

Sumário

Agradecimentos 11

Introdução: Superiores Ocultos e a Retirada do Mundo Moderno ... 13

1. Aurora Rosa-Cruz 27

2. Colégios Invisíveis 45

3. Manobras Maçônicas 62

4. Revoluções Esotéricas Eróticas 79

5. Iluminações 98

6. Espíritos Rebeldes 119

7. Jornadas para o Oriente 140

8. Reis do Mundo nas Montanhas da Verdade 156

9. Reações 183

10. Lados Sombrios 206

11. Arcanjos de Nossa Natureza Mais Sombria 231

Palavras Finais: Novas Ordens Mundiais? 257

Notas 265

Agradecimentos

Muita gente ajudou a tornar este livro possível. Eu gostaria de agradecer a Richard Smoley, por me trazer a ideia de escrever outro livro para a Quest e pela leitura solidária da primeira versão. Joscelyn Godwin ultrapassou em muito as exigências do dever sugerindo áreas férteis de investigação e pondo-me em contato com Marco Passi, que, de bom grado, compartilhou comigo seu trabalho, prestes a ser publicado, sobre Aleister Crowley. Estudiosos do esoterismo na política deviam se sentir agradecidos pelo fato de dois pensadores tão penetrantes estarem trabalhando em seus campos de interesse. Agradeço a Christina Oakley-Harrington, por me inspirar o subtítulo do livro, tirado de uma palestra que dei em sua esplêndida livraria, Treadwells, aqui em Londres. Gratidão calorosa vai para o meu velho amigo John Browner, sua esposa Lisa Yarger, a filha Greta e seus cachorrinhos, por me fazerem sentir em casa em Munique e em Ascona, onde pesquisei o conjunto Schwabing-Monte Verità. Agradeço também a Emilio Alvarez por seus comentários ponderados sobre o Thulegesellschaft (Sociedade Thule) e por me introduzir em alguns refúgios dos "camisas-marrons" nazistas. Muitos amigos, numerosos demais para serem mencionados de maneira adequada, merecem agradecimentos por aturar minha busca obsessiva desses temas sombrios; confio que a tolerância deles não se acabou. Gratidão especial a Andy Zax, por permitir que eu continuasse a trabalhar com satisfação no livro enquanto estava em Los Angeles; agradecimentos também à minha grande amiga Lisa Persky, pelo uso de seu *laptop* enquanto eu estava lá: possam ambos desfrutar a intensa felicidade que merecem. Maja d'Joust, da

Sociedade de Pesquisa Filosófica, em Los Angeles, abriu gentilmente as portas da instituição quando fui visitá-la num dia em que estava fechada. Agradeço também à minha velha mentora, a Livraria Bodhi Tree, que abriu suas portas para uma palestra que ministrei sobre um conjunto de temas. As percepções de Adam Simon sobre a Direita religiosa foram proveitosas, mesmo que arrepiantes. Os comentários de Christopher McIntosh sobre os rosa-cruzes, feitos numa palestra na Sociedade Teosófica em Londres, foram, evidentemente, úteis, e fiquei muito feliz em renovar nosso contato, que estabelecemos pela primeira vez há séculos, na Conferência Rosa-Cruz de Czesky Krumlov, na República Tcheca. Meus filhos, Joshua e Maximilian, continuam sendo fontes inesgotáveis de inspiração e eu gostaria de agradecer à mãe deles, Ruth Jones, por nossas muitas conferências construtivas e gratificantes no Caffé Nero. Nós sempre teremos Domodossala.*

---

* Área turística na região do Piemonte, Itália. (N. do T.)

Introdução

Superiores Ocultos e a Retirada do Mundo Moderno

Interessei-me pela primeira vez pela relação entre a política e o oculto graças à leitura de um livro notável publicado na década de 1970 pelo historiador do oculto James Webb. Em *The Occult Establishment*, Webb, geralmente cético com relação à maioria das afirmações ocultistas, argumenta que, na virada do século XIX, e especialmente após a Primeira Guerra Mundial, uma variedade de pressões sociais produziram na Europa e nos Estados Unidos da América o que ele chamou de "fuga da razão", levando à adoção do irracional e à rejeição do mundo moderno. Para Webb, a retomada ocultista do final do século XIX, que produziu movimentos tão significativos quanto a Sociedade Teosófica, a Ordem Hermética da Aurora Dourada e a antroposofia de Rudolf Steiner, foi de fato uma reação às mudanças na sociedade provocadas pelo advento da modernidade. Isso, por sua vez, levou ao que ele chama de "política iluminada", "uma política que tem um aspecto religioso e obedece a uma transcendental escala de valores" – "iluminada" tirada, talvez, dos infames Illuminati bávaros.[1]

Para muitos nessa época, o mundo secular, materialista, enraizado na ciência, no racionalismo e na economia parecia decidido a destruir tradições seculares que tinham, até então, dado à sociedade e à vida um sentido seguro. A religião ia sendo abandonada, o desenvolvimento da industrialização e um progresso tecnológico cada vez mais rápido, que hoje continua, estavam provocando súbitas mudanças sociais. O movimento para as cidades, a perda de contato com a natureza, a desintegração da família, o afrouxamento dos laços orgânicos que anteriormente tinham atado os indivíduos numa comunidade: eram esses os elementos de um mundo estranho, novo. A confusão e perturbação que acompanhavam essas transformações são talvez mais bem expressas na observação de Karl Marx de que, no mundo moderno, "tudo o que é sólido desmancha no ar". A analogia de Marx dá a impressão de uma vertiginosa queda livre social, mas o sociólogo Max Weber usa uma metáfora radicalmente diferente para dar voz a uma preocupação igualmente angustiante, chamando o mundo moderno de "jaula de ferro" de normas e regras que atira seus habitantes solitários numa "noite polar de gélida escuridão".

Podemos encarar essas e outras queixas contra o mundo moderno, dos "moinhos satânicos" de William Blake à "modernidade líquida" do filósofo social contemporâneo Zygmunt Bauman, como o lamento de desajustados incapazes de acompanhar o programa. Mas é difícil ignorar o comentário do filósofo Leszek Kolakowski de que hoje "é como se vivêssemos com a sensação de estar numa crise extremamente abrangente sem sermos capazes, no entanto, de identificar claramente suas causas".[2] Kolakowski tem razão, eu acho, e essa é a condição moderna.

Como alguém que acredita que o interesse no oculto, no esotérico, no metafísico e no espiritual não é necessariamente instigado por ansiedade, por uma crise de identidade ou fraqueza mental, adotei a tese de Webb com certas restrições, que não obstante não me impediram de apreciar a notável soma de pesquisa que ele incluiu no livro ou o humor ligeiramente irônico com que apresentava seus argumentos. Eu tinha gostado muito de *The Harmonious Circle*, de Webb, um estudo quase exaustivo de Gurdjieff, Ouspensky e seus seguidores. Embora eu tivesse passado algum tempo envolvido com a "obra" de Gurdjieff, tinha de novo minhas dúvidas sobre suas conclusões.[3] Webb também parece ter tido dúvidas acerca do seu próprio racionalismo cético e, embora talvez nunca saibamos ao certo, essas fendas em sua blindagem racional podem ter tido alguma relação com o desequilíbrio mental que o levou ao suicídio em 1980, aos 34 anos de idade.[4] Sob muitos aspectos, o presente livro é escrito em retribuição ao benefício e ao prazer que me foram proporcionados pela leitura da obra de Webb.

FASCISMO E OCULTISMO

Uma razão que levou o livro de Webb a ser publicado nessa época foi o fato de que, no final dos anos 70, um subgênero de livros sobre os nazistas e o ocultismo tinha conquistado ampla gama de leitores. Webb, como os mais recentes pesquisadores nesse campo, era cético com relação a muitas das afirmações que se faziam e procurou desbancar, em seu livro, inúmeros mitos que cercavam o "nazismo esotérico". Contudo, a associação persiste e, para a maioria das pessoas que pelo menos admitem a ideia, "o ocultismo na política" invariavelmente significa algum tipo de fascismo. Embora alguns, talvez mesmo a maioria, dos ocultistas que fizeram incursões pela política ou dos políticos que se interessaram pelo ocultismo tivessem inclinações direitistas, reacionárias e mesmo fascistas, de modo algum é verdade que todos as tivessem. Uma das coisas que espero mostrar neste livro é que houve também uma presença progressista, de esquerda, do ocultismo na política, ainda que tenha passado, sem dúvida, relativamente despercebida.

Embora para escritores como Umberto Eco, que faz grande uso do tema em seu romance esotérico *O Pêndulo de Foucault*, política ocultista *seja* política fascista, a verdade, a meu ver, é mais complicada. A política ocultista, como a política no mundo real, dificilmente é sempre linear e simples, sendo as categorias de "direita" e "esquerda", cada vez mais, ferramentas inadequadas para compreender suas complexidades. O próprio Webb, que parece ter sustentado pontos de vista liberais, de centro-esquerda, reconhece isso e rejeita qualquer equação genérica entre política ocultista ou iluminada e fascismo ou seu frequente companheiro de viagem, o antissemitismo. "Os movimentos fascistas podiam conter e de fato continham iluminados" – termo usado por Webb para os vinculados à política ocultista – "mas... os iluminados não eram, de modo algum, necessariamente fascistas". E de novo: "Os políticos iluminados não são, de maneira alguma, necessariamente antissemitas", mas "não sendo necessária ou predominantemente fascistas ou antissemitas, os políticos iluminados merecem uma classificação própria".[5] Essa noção de um *novo* tipo de política, ainda que vaga, me atrai e, ao mostrar que certa política ocultista tinha um caráter progressista, espero que fique claro que não estou argumentando a favor de um lado contra outro. Aqui a clareza é necessária, não um placar vantajoso a um grupo de termos obsoletos em detrimento de outro.

A VELHA NOVA ERA

Uma das coisas que me impressionaram no livro de Webb foi seu relato da fascinante fermentação de ideias alternativas sobre realidade, sociedade e política, que borbulhava na vanguarda cultural dos países de língua alemã antes da devastadora ascensão ao poder do Nacional-Socialismo. Inúmeros temas associados à contracultura da década de 1960 – retorno à natureza, saúde, vegetarianismo, cultura jovem, feminismo, interesse pelas culturas "primitivas", espiritualidade, meditação, vida comunitária, amor livre, o ocultismo, o irracional, a teosofia e a "sabedoria do Oriente" – foram ventilados muito mais cedo no *underground* boêmio de cidades como Munique, tanto nos anos que levaram à Primeira Guerra Mundial quanto nos que se seguiram a ela. Se tivesse vivido para ver, Webb teria sem dúvida acrescentado material sobre a Nova Era (um desdobramento dos anos 1960) a uma edição posterior do seu livro. Em *Turn Off Your Mind: The Mystic Sixties and the Dark Side of the Age of Aquarius*, um livro que escrevi com a obra de Webb e de outros historiadores do ocultismo em mente, em especial Joscelyn Godwin e Nicholas Goodrick-Clarke, explorei paralelos entre o espírito de liberação dos anos 1960 e certas ideias que circularam nos cafés da Alemanha pré-nazista.[6] O fato de o livro ter sido criticado por pessoas fortemente associadas à contracultura dos anos 1960, especificamente no que diz respeito a essas ressonâncias sombrias, sugere que a descrição das similaridades atingiu o alvo.[7]

O que não quer dizer que o interesse por contracultura, alimentos orgânicos e propriedades benéficas do culto ao Sol, por exemplo, conduza inevitavelmente ao fascismo – uma associação infeliz e apressada feita por muitos que encaram esses assuntos superficialmente e contra quem argumentei anteriormente. O que isso indica é o fato de que, no mundo do ocultismo na política, rotular uma situação genérica raramente é fácil e que, para cada *yang*, há geralmente um *yin* inseparavelmente ligado, tornando as coisas difíceis, mas também interessantes para o investigador honesto.

Caras legais dizendo coisas ruins

Que dificilmente algo no mundo do ocultismo na política é bem definido ou sem mistura se tornará claro quando olharmos para alguns dos personagens deste livro. Dou aqui um exemplo de alguém para quem não mais estarei me voltando de modo mais detalhado: o mitólogo Joseph Campbell, que passou a celebridade póstuma no início da década de 1990 com a famosa série de entrevistas de televisão *O Poder do Mito*, levando os interesses espirituais, místicos e transcendentais a milhões de espectadores – que de outra maneira talvez tivessem continuado alheios a eles – e nos encorajando a "correr atrás de nosso paraíso". No início dos anos 30, Campbell estava mais do que incerto com relação a Hitler e criticou um herói seu, o romancista alemão Thomas Mann, quando ele se pronunciou contra os nazistas. Na década de 1950, Campbell não condenou a caça às bruxas anticomunista de Joseph McCarthy e, no decurso da Guerra do Vietnã, referiu-se criticamente aos manifestantes antiguerra e sentia apenas desprezo pela paz e amor dos hippies.[8] Ele também foi criticado por comentários supostamente antissemitas. Meu argumento não é que Campbell seja "mau" devido a essas ações – o significado delas continua a ser debatido –, mas antes que elas sugerem uma sensibilidade não comumente associada a clichês sobre espiritualidade. Havíamos presumido que alguém associado à Nova Era ou a conceitos espirituais não teria tais opiniões de direita, que são mais ou menos consideradas "más" em nosso atual clima politicamente correto, enquanto as opiniões de esquerda – pacifismo, antiamericanismo (pelo menos no sentido dos Estados Unidos como um opressor imperialista) – são tacitamente admitidas como "boas". Contudo, como certa noite confiei a um amigo num *pub* de Londres, o que descobri ao fazer a pesquisa para este livro foi que, em mais de uma ocasião, os "caras legais" estavam dizendo coisas "ruins".

A coisa certa

Uma razão pela qual o oculto ou o esotérico na política é em geral classificado como sendo de direita pode ser encontrada na definição de Webb de *política iluminada*: "uma política que tem um aspecto religioso e obedece a uma transcendental escala de valores". Durante os últimos séculos, a religião e mais especificamente a Igreja têm sido vistas, certa ou erradamente, como agentes de opressão e autoritarismo, um obstáculo no caminho do progresso e da liberdade pessoal. Todos sabem que Karl Marx chamou a religião de "ópio do povo" e Voltaire, a mente mais influente do Iluminismo, dizia em seu ódio da Igreja: *Écrasez L'Infâme*, "esmagai a Infame". A "transcendental escala de valores" que Webb associa ao esoterismo na política é vista, no mundo moderno, como um meio de controle usado pela Igreja para se manter no poder.

Em sua obra pornográfica *Filosofia na Alcova*, o Marquês de Sade, um homem para quem a liberdade pessoal era uma essência absoluta e primeira, incluiu um planfleto político intitulado: "Franceses, Mais um Esforço se Vocês Quiserem Virar Republicanos". Nele Sade argumenta que, se os franceses quisessem realmente abolir a superstição, não deviam parar na execução de Luís XVI, mas acabar o trabalho eliminando também a Deus. Prova de que essa antipatia com relação à religião não enfraqueceu, mesmo depois de mais de um século de predominância científica e secular, pode ser vista no sucesso de livros como o de Richard Dawkins, *The God Delusion*, assim como no medo de que qualquer crítica de um dogma científico, como a versão darwinista da teoria da evolução, acabe necessariamente levando a posições fundamentalistas igualmente insatisfatórias (do ponto de vista esotérico), como o Criacionismo.

Para falar claramente, uma transcendental escala de valores é aquela baseada não em necessidades animais ou bens materiais – um padrão de vida mais alto, mais opções para o consumidor, a liberdade da livre empresa –, não em fatos científicos acerca da natureza humana ou da estrutura da sociedade, não no aumento das liberdades pessoais (embora não seja necessariamente oposta a isso), mas em ideais não materiais, espirituais, "mais elevados". Podemos encarar a transcendental escala de valores como uma escala *idealista*, em oposição aos valores *práticos* de uma escala secular.

A esquerda, então, tem sido geralmente associada ao progresso, à liberdade, ao igualitarismo e antiautoritarismo, e esses "bens" têm sido relacionados com uma visão de mundo não religiosa, não transcendental, científica e materialista. A esquerda tem sua própria marca de autoritarismo – stalinismo, por exemplo, ou o Reino do Terror* –, mas a oposi-

---

* Período de repressão política durante o predomínio dos jacobinos na Revolução Francesa. (N. do T.)

ção a isso é geralmente uma forma de materialismo econômica e individualmente "mais livre"; por exemplo, as democracias capitalistas.

A direita, por outro lado, é vista como um agente da tradição, que é não progressista, mas autoritário e hierárquico. Em seu ensaio "Ur-Fascism" (Fascismo Básico), Umberto Eco identifica o primeiro ingrediente do que chama de "Fascismo Eterno", uma espécie de forma fundamental de pensamento fascista, não associada a qualquer uma de suas expressões históricas particulares, como "o culto da tradição", e passa a relacionar isso com o sincretismo do período helenista quando "pessoas de diferentes religiões (em sua maioria aceitas com indulgência pelo panteão romano) começaram a sonhar com uma revelação recebida na aurora da história humana.[9]"

Tradição

A revelação recebida na aurora da história humana a que Eco se refere é de fato a ideia básica da tradição na filosofia oculta, a noção de ainda podermos ter acesso a uma sabedoria antiga, que um dia esteve disponível para a humanidade, mas posteriormente perdida. A tarefa do ocultista ou do esoterista é descobrir as pistas dessa sabedoria no registro histórico e segui-las até a fonte. A verdade foi dada, de uma vez por todas, numa revelação primeira, e nossa tarefa é voltar a essa descoberta primordial. Tal esquema é também a base da Igreja, mas embora ela seja um agente da tradição, muitos dos personagens que vamos encontrar neste livro a julgam tão opressiva e autoritária quanto os secularistas e lutam também contra ela, embora com objetivos diferentes – outro exemplo das complexidades envolvidas em nosso estudo.

Contra a modernidade

Uma ironia que descobri enquanto fazia pesquisas para este livro é que, embora inimigos ideológicos jurados, os extremos radicais da esquerda e da direita frequentemente se tocam numa aversão compartilhada à modernidade. Os tradicionalistas, por exemplo, associados à obra do esoterista René Guénon, não fazem mistério de sua repugnância à era moderna. Consideram a cultura popular particularmente ofensiva. Neste, e em alguns outros aspectos, fazem lembrar expoentes mais recentes da "tradição", como os fundamentalistas cristãos e islâmicos.

Em seu livro *Ride the Tiger: A Survival Manual for the Aristocrats of the Soul*, Julius Evola, um dos tradicionalistas mais articulados, fala especificamente sobre jazz. "É com boa razão", ele escreve, "que a época presente, além de ser chamada de 'era da emergência das massas'... também tenha sido chamada de 'Era do Jazz'." Ele passa, então, a falar do jazz como "uma coisa mecânica, desconjuntada, primitivamente extática e mesmo paroxística em sua totalidade", escrevendo sombriamente sobre as "centenas de casais" em salões de baile, "sacudindo-se no ritmo sincopado e na energia propulsora dessa música", associando seus ritmos "mecânico-convulsos" aos das máquinas.[10] O filósofo neomarxista Theodor Adorno, que não fez segredo de sua antipatia por qualquer coisa oculta – "o ocultismo é a metafísica dos broncos", ele um dia proclamou[11] –, teria sentido náuseas com o título do livro de Evola. Mas ler os ataques de Adorno à "indústria cultural", que mantém as massas dóceis, satisfazendo e mesmo criando seus gostos, especialmente as críticas sarcásticas que faz à cultura popular e à música – o jazz em particular – e depois voltar a Evola é uma experiência iluminadora. A famosa crítica da era moderna feita por Adorno, *Dialética do Iluminismo*, escrita com o sociólogo Max Horkheimer, faz causa comum com a crítica tradicional da "cientificação" da experiência humana; ambas, cada qual a seu modo, veem-na dominada pelo que Guénon chamou de "reino da quantidade". E embora a esquerda neomarxista e a direita esotérica ofereçam alternativas radicalmente diferentes para o problema, compartilham uma noção surpreendentemente similar de uma elite filosófica ou cultural, uma vanguarda de indivíduos que pode conduzir as massas incultas para a nova aurora.

O ESOTERISMO E O MUNDO MODERNO

Paradoxalmente, embora tradicionalmente visto como enraizado no passado remoto, o esoterismo é, sob muitos aspectos, um produto do mundo moderno. Como sustento em *A Dark Muse*, foi só com a ascensão da ciência e a moderna visão de mundo que o esoterismo se tornou o que é hoje para nós.[12] Se, como sustenta James Webb, "o oculto consiste de um amálgama de teorias que não conseguiram ser aceitas pelas instituições de seu tempo",[13] tornando-se o que chamamos de *conhecimento rejeitado*, então a modernidade pode ser vista como o processo de rejeitar o conhecimento esotérico, anteriormente encarado com respeito. Talvez um exemplo seja suficiente. A noção esotérica de tradição, pelo menos em sua forma moderna, tem suas raízes no século XV. Nasceu quando Cosme de Médici, o Velho, protetor do grande mago e estudioso renascentista Marsilio Ficino, mandou seu escriba interromper a tradução de Platão para o latim e se concentrar num lote de manuscritos de descoberta recente que encerrariam, supostamente, a obra de Hermes Trismegisto, uma figura mítica associada a Thot, deus egípcio da magia, mas que, no tempo de Ficino, se acreditava ter sido parente próximo e contemporâneo de Moisés (quando a própria realidade histórica de Moisés é matéria de debate). Que Platão, diante de quem, como o filósofo Alfred North Whitehead certa vez comentou, toda a subsequente filosofia ocidental não passava de uma série de notas de rodapé, perdesse o primeiro lugar para Hermes, indica a importância dada ao conhecimento oculto e hermético no alvorecer do período moderno. As traduções de Ficino são uma espécie de texto básico para todo o ocultismo posterior e talvez sejam o elo mais importante entre o conhecimento esotérico do passado e os tempos modernos. Como Christopher McIntosh escreve num importante estudo dos rosa-cruzes, Ficino "deu início ao hábito de falar em termos de uma sabedoria especial transmitida de sábio a sábio",[14] um falar oculto que ia emergir sob diferentes formas nos séculos seguintes.

Também podemos recordar que Isaac Newton, pai da moderna visão de mundo científica e, sem dúvida, familiarizado com o trabalho de Ficino, ocupou-se mais em escrever sobre alquimia e com exegeses bíblicas que com a teoria da gravidade. E se lembrarmos que *oculto* significa "escondido" ou "invisível", então a grande descoberta de Newton chamava atenção para uma força oculta que encontramos todo dia, pois quem já viu a gravidade?

Não estou sustentando que o esoterismo não existia até quatro ou cinco séculos atrás. Estou dizendo que as disciplinas, práticas e teorias que chamamos de "esoterismo" não tinham ainda se tornado parte do grande reservatório de "conhecimento rejeitado" que qualquer interessado no ocultismo pode acessar hoje. Quando isso aconteceu, o esoterismo, que sob muitos aspectos fora o estabelecido, tornou-se *subversivo*. Esse caráter subversivo do esoterismo é responsável por grande parte de seu apelo moderno e, em *Turn Off Your Mind*, exploro seus laços com a sensibilidade revolucionária dos anos 1960. Num sentido mais amplo, o ocultismo continuou sendo uma arma na batalha contínua entre o cientificismo – o dogma de que o materialismo científico pode explicar *tudo* no universo – e a percepção, que continua existindo, da natureza espiritual da humanidade, uma batalha que, em *A Dark Muse*, examino em termos da literatura dos últimos dois séculos. Esse caráter subversivo do esoterismo é o tema do presente livro, embora aqui eu o trate num sentido mais especificamente político.

O ESTADO CÓSMICO

O esoterismo na política, contudo, é tão antigo quanto a própria política. Uma olhada no exaustivo e esclarecedor *The Great Year: Astrology, Millenarianism and History in the Western Tradition*, de Nicholas Campion, que examina o papel da astrologia na história política ocidental, mostra como algo que consideramos esotérico era central para as noções do estado em tempos passados. Como argumenta Campion, no "estado cósmico" – que ele identifica emergindo pela primeira vez na antiga Suméria[15] –, os deuses e deusas decidiam o futuro e comunicavam suas decisões à humanidade por meio de eventos cósmicos e terrestres: o padrão das estrelas, um terremoto, o formato de uma nuvem. Os adivinhos liam esses presságios e com base neles aconselhavam os monarcas. Os monarcas, então, promulgavam leis que estavam em harmonia com as prescrições dos deuses. Os mundos humano/político, natural/cósmico, divino/espiritual eram uma coisa só, e a política, a religião e o ocultismo – a arte de interpretar a vontade divina, neste caso a astrologia – formavam um todo sem remendos.

Alguma coisa ajustada a esse esquema continuou se desenvolvendo pela maior parte da história humana, até que a fenda entre o humano e o espiritual se alargou consideravelmente no período moderno. O Cassius de Shakespeare, em *Júlio César*, uma peça escrita em 1599, diz que "a falta não se encontra em nossas estrelas, mas em nós mesmos", mostrando que na época de Shakespeare a consciência humana se afastava da ideia de que o futuro estava escrito nos céus. Pouco tempo depois, a ideia de que Deus ou o divino desempenhassem um papel na política humana tornou-se muito duvidosa. Para dar um exemplo, o direito divino dos reis era posto em questão quando o filósofo John Locke sustentava que todos nós nascemos como *tabula rasas*, "chapas em branco", consciências vazias esperando que a experiência "escreva" sobre nós. Em *Ensaio sobre o Entendimento Humano* (1690), quando Locke defendia que não havia "nada na mente que não existisse primeiro nos sentidos", ele não apenas descartava a noção platônica e, mais de acordo com o ponto levantado por Locke, cartesiana, de "ideias inatas" – uma crença em conteúdos psíquicos inerentes que tornaria a emergir no mundo moderno sob a forma dos arquétipos de C. G. Jung –, mas também pavimentava o caminho para nossa noção moderna, democrática, de igualitarismo, venerada na Declaração de Independência Americana. Todos os homens e mulheres são criados iguais – igualmente em branco – no sentido de que ninguém tem qualquer coisa especial implantada em si desde o nascimento que o distinga como governante natural. Daqui não foi um passo particularmente longo para a Revolução Francesa e o fim horrível de Luís XVI. E se existe alguma dúvida com relação a quando, exatamente, a modernidade começou, a maioria dos relatos concorda que, depois da execução de Luís XVI, ela certamente havia chegado. Eu diria que foi também nesse ponto que o esoterismo na política em seu sentido moderno, subversivo, começou a aparecer.

DE PROGRESSISTA A REACIONÁRIO

Nos capítulos que vêm a seguir, estudo exemplos de política "iluminada" no período moderno, aproximadamente nos últimos quatro séculos, começando com o aparecimento misterioso (ou, na realidade, não aparecimento) da Fraternidade Rosa-Cruz no início do século que começou em 1600 e chegando a tempos relativamente contemporâneos. Não se trata de modo algum de um estudo exaustivo, nem de uma história estrita de política esotérica. Considerações de espaço e tempo – esses dois eternos tiranos – exigem uma seleção limitada. Então, para não decepcionar o leitor que esteja esperando um tipo diferente de livro, devo alertar sobre aquilo de que este livro *não* trata, uma prática que a maioria dos editores desaprovam, mas que acho justificável aqui. O livro não é, por exemplo, um inventário de sociedades secretas cujas maquinações ocultas estejam por trás dos movimentos políticos de hoje. Nem é uma revista dos armários secretos de políticos famosos para descobrir alguns esqueletos herméticos. (Que Ronald Reagan, por exemplo, tenha contratado um astrólogo pode ser um interessante tema de fofoca, mas não nos diz muita coisa sobre a natureza do esoterismo na política. Do mesmo modo, o fato de Aleister Crowley, provavelmente o mago mais famoso dos tempos modernos, ter escrito propaganda pró-germânica durante a Primeira Guerra Mundial nos revela mais sobre Crowley que sobre política.) O livro também não é sobre alguma conspiração para infiltração em governos terrestres envolvendo OVNIs, embora seja verdade que, em 1960, os alienígenas tiveram interesse pela política americana e patrocinaram um candidato para a presidência.[16] Também não me concentrei no esoterismo na política no sentido da política de grupos de interesse especiais, por exemplo, como os neopagãos se adaptam à sociedade contemporânea ou a relação entre a Wicca e certas formas de feminismo contemporâneo. Esses e sem dúvida outros elementos igualmente meritórios não fazem parte do meu estudo e fico na expectativa de ser esclarecido acerca deles por leitores interessados.

A narrativa do esoterismo na política na era moderna segue um amplo arco. A corrente geral parece começar com um caráter progressista. Isso continua até aquele devastador divisor de águas na história ocidental, a Primeira Guerra Mundial. Ocorre então um forte desvio reacionário, o que não é de espantar, dado que uma similar *meia-volta* tomou conta de outras manifestações da consciência ocidental nessa época. O entusiasmo pelo novo, pelo futuro, que caracterizou o que em outro lugar chamamos de "efetivo *fin de siècle*",[17] desaparecia em face da barbárie que o mundo moderno tinha desencadeado sobre si mesmo. Uma grande mudança punha o Ocidente enfermo e, sob muitos aspectos, estimulava o que, no título desta introdução, chamamos de "retirada do mundo moderno". Leitores familiarizados com a literatura tradicionalista podem ver nisto uma alusão a dois clássicos dessa escola.[18] O eco é intencional, um aceno para o tipo de política ocultista que Webb enfatiza em *The Occult Establishment.*

Outro tema significativo persiste sob diferentes formas em nossa época. Sejam os Chefes Secretos, ou "Hierarquia" da Humanidade, os Mahatmas, os Mestres Ascensionados, a Grande Fraternidade Branca, os Nove Desconhecidos ou qualquer outra variante, a ideia é a mesma. Por trás do mundo cotidiano, isolados na remota fortificação dos Himalaias, numa cidade submersa no Deserto de Góbi ou em algum plano oculto inacessível à consciência comum, existe uma elite, um círculo seleto de peritos no oculto que guiam as coisas humanas, conduzindo uma humanidade canhestra em sua evolução espiritual. Em versões paranoicas, algumas sombrias motivações adicionais guiam suas atividades, mas em sua maioria os "superiores incógnitos ou desconhecidos", mencionados de diferentes maneiras neste livro, têm em seu íntimo as melhores intenções. Contudo, a revolução que eles e seus seguidores têm em mente não é do tipo que meramente transfere o fardo da tirania de um ombro para outro, segundo o comentário vigoroso de Bernard Shaw. A revolução de que falam é uma revolução espiritual, em que a humanidade e a própria Terra são transformadas e exaltadas e em que uma verdadeira Nova Era começa ou, inversamente, uma antiga Era de Ouro retorna. Que a ideia de uma Era de Ouro não tenha estado ausente da política mais convencional é deixado claro pelas várias utopias – marxista, socialista e outras – que estiveram por trás de várias revoluções convencionais. Mas elas foram sombras, ecos da coisa verdadeira. O paraíso que têm em mira as revoluções convencionais é apenas uma metáfora. Aquele pelo qual a política esotérica trabalha é para ser real.

1

Aurora Rosa-Cruz

Em 1614, apareceu um panfleto em Cassel, Alemanha, anunciando a existência de uma estranha sociedade secreta, a Fraternidade da Rosa-Cruz, e convidando os leitores a procurá-la e a se juntarem à sua obra. Logo apareceram outros documentos relativos a essa misteriosa organização e, daí a poucos anos, uma "febre rosa-cruz" tinha irrompido através de praticamente metade da Europa. Exatamente quem ou o que eram os rosa-cruzes permanece um mistério e, até os dias de hoje, historiadores da filosofia oculta e das sociedades secretas discutem se de fato eles chegaram mesmo a existir. Em seu trabalho clássico, *The Secret Teachings of All Ages*, o estudioso do esoterismo Manly P. Hall pergunta: "Quem eram os rosa-cruzes?", e sugere várias possibilidades. "Seriam eles", Hall pergunta, "uma organização de pensadores profundos rebelando-se contra as inquisitoriais limitações religiosas e filosóficas de seu tempo?" Ou "transcendentalistas isolados, unidos apenas pela semelhança de seus pontos de vista e deduções?" Seriam uma "fraternidade religiosa e filosófica, como alegavam ser"? Ou seria isso apenas uma fachada para seu verdadeiro objetivo, "que possivelmente era o controle político da Europa?"[1] Outras perguntas semelhantes enchem o capítulo de Hall e deixo aos leitores interessados o prazer de descobri-las.

Como todo bom historiador da filosofia oculta, Hall deixa o assunto em aberto. Mas o *Fama Fraternitas*, documento anunciando a chegada deles, não tem dúvidas sobre a existência ou a missão da fraternidade. Conta a história de um certo Christian Rosencreutz e de suas aventuras no Oriente, onde estudou a doutrina esotérica secreta. Fala também do seu retorno à Europa e do desejo de realizar uma "reforma" de toda a arte, ciência, política e religião do Ocidente. Esse "irmão C.R." foi também protagonista de um documento posterior, ainda mais misterioso, *As Núpcias Alquímicas de Christian Rosencreutz*, publicado em 1616, uma espécie de romance esotérico que, em linguagem alquímica e frequentemente surreal, apresenta uma série de quadros que lembram sonhos.

Exatamente o que transpira em *As Núpcias Alquímicas*, como o significado dos próprios rosa-cruzes, ainda é tema de discussão, embora o sentimento geral seja que ele relata, de maneira simbólica, a Grande Obra de transformação espiritual que está no cerne de todo ensinamento esotérico. Mas a mensagem rosa-cruz, que combina elementos de alquimia, hermetismo, astrologia e outras disciplinas ocultas, não estava limitada apenas à transformação do indivíduo. Tinha também por objetivo transformar toda a sociedade europeia como um todo. Era, como sustenta a historiadora Frances Yates, "uma mensagem apocalíptica de reforma universal levando a um milênio".[2] O *Fama Fraternitas* foi, em suma, uma poderosa e influente polêmica de política esotérica que, sob muitos aspectos, definiu o tom para futuras obras do gênero.

ILUMINISMO ROSA-CRUZ

A história das viagens e da busca de Christian Rosencreutz pelo conhecimento secreto tornou-se um arquétipo do caminho espiritual ocidental, informando a maioria, se não todas as correntes esotéricas que se seguiram, assim como a abundância de teorias da conspiração e revoluções espirituais que vieram no rastro delas; o tema de "superiores incógnitos" que corre de um extremo a outro do esoterismo na política tem raízes rosa-cruzes. O "esoturismo" de Rosencreutz, para inventar um termo meio desajeitado, aparece, por exemplo, no personagem setecentista do "nobre viajante" e encontra eco nas jornadas de Madame Blavatsky ao Himalaia, de G. I. Gurdjieff pela Ásia Central e de milhares de buscadores menos conhecidos, incluindo os hippies e as trilhas mais tardias da Nova Era em busca do místico Oriente. Contudo, fora os documentos rosa-cruzes, não há qualquer registro de que Rosencreutz tenha sequer existido. Imagina-se que ele tenha nascido em 1378 e vivido até 1484, o que o faria atingir 106 anos, uma idade notável, mas também um número que teria importância cabalística. Embora descendendo de pais nobres, ele havia nascido na pobreza e, aos 5 anos de idade, fora colocado num mosteiro, onde aprendeu latim e grego. Foi aprendiz de um monge que estava determinado a visitar a Terra Santa. Durante a peregrinação, seu mentor morreu em Chipre, mas Christian continuou a jornada para Jerusalém. Caiu doente na misteriosa cidade de Damcar, onde se demorou algum tempo, aprendendo muita coisa com os turcos, conhecendo os magos da Arábia e continuando seus estudos do conhecimento espiritual e esotérico.

Os magos sugeriram que visitasse Damasco e, mudando seus planos, Christian foi para lá. Ao chegar, foi saudado "não como um forasteiro", mas como alguém "há muito tempo esperado".[3] Aprendeu árabe e traduziu um livro estranho, "M", para o latim; daí por diante passou a levá-lo consigo para onde quer que fosse. Ele também aperfeiçoou seu conhecimento de física e matemática.

Depois de visitar o Egito, onde estudou as plantas e a vida animal, Christian zarpou para Fez. Ao contrário das mentes invejosas e medíocres da Europa, que guardavam o conhecimento para si próprias, os sábios que Christian encontrou no Oriente pareciam estar de acordo uns com os outros e ficavam felizes em compartilhar o que sabiam. Aqui o(s) autor(es)[4] do *Fama* podem estar sugerindo que o conhecimento que os sábios orientais compartilhavam era parte da *prisca theologia*, a antiga sabedoria perdida, que começou a ser resgatada quando Cosme de Médici pediu que Marsilio Ficino traduzisse o recentemente descoberto *Corpus Hermeticum*. Que essa sabedoria viesse do Oriente, especificamente dos países muçulmanos (Arábia e Marrocos), sugere que era parte do "tesouro" que se pensava ter sido trazido para os países cristãos pela Ordem dos Cavaleiros Templarios, uma poderosa sociedade religiosa e política que emergiu das Cruzadas no início do século XII. Na história esotérica, os rosa-cruzes entram mais ou menos entre os Cavaleiros Templários e a Maçonaria moderna, que, no século XVIII, deu continuidade à tradição rosa-cruz de política ocultista.

CASAS DO SAGRADO

Depois de dois anos em Fez, Christian retornou à Europa. Na Espanha, "reuniu-se com os doutos", mostrando-lhes seus erros e como corrigi-los. Eles apenas riram, mais preocupados com suas reputações que com a verdade, um problema que Christian encontrou em outros lugares. Não conseguindo receptores para seu zelo reformista, Christian retornou à Alemanha, onde construiu uma casa e meditou sobre as viagens. Cinco anos mais tarde, tornou a partir, desta vez com alguns seguidores, os Irmãos da Rosa-Cruz originais. Acabaram, no entanto, se separando, indo cada irmão difundir a palavra num país diferente e aceitando o encargo de certos votos: curar os doentes sem pagamento; usar o traje do país que adotasse; encontrar-se cada ano, num dia marcado, na casa – *Sancti Spiritus* ou "Casa do Espírito Santo" – que Christian havia construído; procurar outro para substituí-lo quando sua hora chegasse; usar as iniciais "C.R." como sinal secreto; e manter a existência e a obra da fraternidade cem anos em segredo.

O TÚMULO SECRETO DE CHRISTIAN ROSENCREUTZ

Os anos se passaram e Christian morreu. O conhecimento da sociedade foi transmitido a buscadores mais jovens, até que tudo o que sobrou dos fundadores virou lenda. Quando os cem anos de silêncio terminaram, um membro mais antigo informou aos recrutas mais novos – o(s) autor(es) do *Fama* – que "a fraternidade não devia permanecer escondida, mas vir à tona e ser útil a toda a nação alemã".[5] Ele então decidiu fazer alguns reparos domésticos na Casa do Espírito Santo e transferir uma placa de bronze com os nomes de antigos irmãos para um local mais adequado. Por trás da placa, encontraram uma porta oculta que levava a um aposento secreto, dentro do qual estava o túmulo de Christian Rosencreutz. O autor ou autores do *Fama* comentam: "Como nossa porta foi após tantos anos maravilhosamente descoberta, também há de ser aberta uma porta para a Europa (quando a parede for removida), que de fato já começa a aparecer e que com grande ansiedade é esperada por muitos".[6]

Dentro de uma câmara mortuária com sete lados, iluminada por uma espécie de sol em miniatura, jazia o corpo de Christian. Embora tivesse descansado ali por mais de um século, não mostrava, miraculosamente, sinais de decomposição.[7] Figuras geométricas cobriam as paredes e no interior delas havia muitos tesouros, incluindo obras de Paracelso, o médico e alquimista suíço do século XVI, sinos, lâmpadas, espelhos e algo que chamaram de "músicas artificiais" – referência, talvez, a algum tipo de maravilha mecânica popular nessa época. A câmara lembrava uma espécie de cápsula do tempo, pois a ideia era que, "se acontecesse após muitas centenas de anos a Ordem ou Fraternidade ser reduzida a nada, ela poderia, apenas por esta câmara, ser de novo reconstituída".[8]

Na mão de Christian, descobriram um livro em pergaminho, "Eu", que consideravam como seu maior tesouro depois da Bíblia. No final do livro, encontraram a inscrição: "Somos nascidos de Deus, morremos em Jesus, vivemos de novo através do Espírito Santo", sugerindo que Christian pode ter sido um seguidor de Joaquim de Fiore. Nascido na Calábria, em 1135, Joaquim foi um monge, místico e teólogo que profetizou uma nova era de liberdade espiritual, cuja chegada previu para 1260. Ele morreu em 1202, cedo demais para saber se estava certo ou não. Joaquim via a história se desenrolando em três estágios: a Era do Pai, caracterizada pelo Antigo Testamento e obediência às leis de Deus; a Era do Filho, começando com o advento do Cristo e se prolongando até 1260, durante a qual o homem se torna Filho de Deus; e a Era do Espírito Santo, quando a humanidade conseguiria contato *direto* com Deus e experimentaria a liberdade espiritual que é a verdadeira mensagem do cristianismo. Joaquim acreditava que, nesse estágio, a hierarquia da Igreja seria desnecessária e o sentido real, antes que meramente literal, dos evangelhos prevaleceria. Santo Tomás de Aquino argumentou contra suas ideias, mas Dante colocou Joaquim no Paraíso e suas crenças inspiraram seitas cristãs dissidentes como os Irmãos do Livre Espírito.[9] A Igreja, compreensivelmente, não ficou muito satisfeita com as profecias dele – ela raramente aprecia um desafio à sua autoridade. Mas tais profecias eram exatamente o tipo de coisa que atendia à expectativa dos rosa-cruzes.

Regozijando-se com a descoberta, o autor ou autores do *Fama* sugerem que seus leitores também poderiam encontrar os túmulos perdidos de outros irmãos falecidos e que outras portas poderiam ser abertas na Europa. Convencidos de que a "reforma geral" ocorrerá, o autor ou autores estão confiantes de que outros se juntarão a eles, aumentando seus efetivos. Aceitando o "Império Romano" como seu "chefe cristão", mostram-se não obstante conscientes de que "alterações estão prestes a acontecer" e prometem "prestar ajuda secreta a uma causa tão boa". Afirmam que sua filosofia, que Adão recebeu após a queda e de que Moisés e Salomão tiraram bom proveito, está de acordo com Platão, Pitágoras, Enoque, Abraão e, mais importante ainda, a Bíblia. O comentário de que a sabedoria desses sábios "forma uma esfera ou Globo, cujas partes completas são equidistantes do Centro",[10] de novo sugere a *prisca theologia*, a antiga sabedoria no centro, passada de iniciado a iniciado.

Os irmãos não deviam, no entanto, ser confundidos com aqueles que se preocupavam com a corrente fabricação do ouro, prática fraudulenta que infelizmente prevalecia na época, uma cutucada nos "sabujos" aduladores e charlatães que se insinuavam nas cortes de figuras influentes, como o Sagrado Imperador Romano Rodolfo II, e faziam que a alquimia tivesse má reputação. O verdadeiro alquimista, eles sabem, trabalha para transformar *a si próprio*, não o chumbo em ouro: é o homem espiritualmente regenerado. Para encerrar, o autor ou autores do *Fama* rogam para que aqueles que ouvem sua chamada os procurem, assegurando que, se os que buscam "olharem para o tempo presente com diligência", seu desejo de alcançar os irmãos será conhecido.

A FEBRE CONTINUA

Se o aparecimento do *Fama* causou furor, ele só aumentou no ano seguinte, quando apareceu um documento anexo, o *Confessio Fraternitas*. Embora o *Fama* fosse publicado em alemão, o *Confessio* apareceu em latim e foi dirigido a um público mais instruído. Sem a menor dúvida, a declaração de que seu autor ou autores "de maneira inteiramente livre e segura, e sem remorsos, chamam agora o papa de Roma de Anticristo"[11] causou a mais vigorosa impressão nos leitores. Essa referência ao "fim dos tempos" anunciado no Apocalipse era reforçada pela observação de que Iahweh, "vendo que o Sabbath do Senhor está quase à mão, de fato altera o curso da Natureza".

Como o papa, "Mohamed" (Maomé) também é acusado de blasfêmia contra Jesus. A fraternidade, no entanto, insistem os autores ou autor, não pode ser acusada da menor heresia ou conspiração contra o governo temporal. Os leitores do *Fama* não deveriam rejeitar de imediato sua mensagem, nem crer nela com demasiada rapidez, aconselham, mas refletir a seu respeito de modo sério e profundo. E as notáveis realizações de Christian Rosencreutz são agora situadas num contexto do que parece ser um projeto de regeneração social. Um conhecimento como o que a fraternidade possui, somos informados, poderia libertar a humanidade de uma série de eternos cuidados. "Não seria bom", o autor ou autores perguntam retoricamente, "que não precisássemos nos preocupar, nem temer a fome, a pobreza, a doença e a idade?"[12] Os irmãos poderiam "livrar" o mundo "de inumeráveis misérias".[13] Um sinal de que uma tal transformação da vida terrena está prestes a acontecer são as "novas estrelas" nas constelações Serpentarius e Cygnus,* que foram avistadas pela primeira vez em 1604, ano em que o túmulo de Christian Rosencreutz teria sido descoberto. Isso, nos dizem os autores ou autor, indica claramente que "o Mundo despertará de seu sono pesado e letárgico" para encontrar "o novo Sol nascente".

Os INVISÍVEIS

Esse relato um tanto detalhado dos documentos rosa-cruzes pode, eu espero, comunicar a estranha atmosfera que seu aparecimento criou. Contudo, talvez a coisa mais estranha seja, depois de tocar um clarim pedindo que as pessoas se juntassem a eles em sua obra de reforma, o fato de os Irmãos da Rosa-Cruz não poderem ser encontrados em parte alguma. Que vultos tão famosos quanto os filósofos Robert Fludd, René Descartes e Gottfried Willhelm Leibniz sejam associados aos rosa-cruzes torna sua obscuridade ainda mais intrigante. Todas as tentativas de entrar em contato com eles parecem ter fracassado e sua ausência levou à denominação "os Invisíveis". Na época, isso os tornou ainda mais misteriosos e atraentes mas, em anos posteriores, estimulou dúvidas acerca de sua existência. A maioria dos historiadores do período conclui que toda a coisa foi uma farsa. E o fato de um adolescente, Johann Valentin Andreae, autor de As Núpcias Alquímicas e possível responsável pelos primeiros manifestos, ter mais tarde admitido que escreveu uma segunda versão de As Núpcias Alquímicas como um ludibrium ou piada (embora séria) sugere que, conforme uma das frases que Andreae escreveu na época, houve apenas "muito barulho por nada".

Contudo, Frances Yates em The Rosicrucian Enlightenment deixa claro que, seja qual for a verdade por trás das afirmações ocultas dos rosa-cruzes, o clima político e religioso em que o Fama, o Confessio e As Núpcias Alquímicas apareceram era de fato muito sério. A febre rosa-cruz

---

* Da Serpente e do Cisne. (N. do T.)

emergiu durante os anos de luta entre católicos e protestantes que levou à devastadora Guerra dos Trinta Anos (1618-48). Muitos na época esperavam que o cisma que fraturava a Igreja pudesse ser sanado. Em 1555, a Paz de Augsburgo trouxera uma calma temporária das hostilidades e dera status oficial ao luteranismo dentro do Sagrado Império Romano. Segundo o edito, *cuius regio, eius religio*: literalmente, "dono da região, sua religião", a religião de um governante particular seria a religião de sua terra. Embora isso satisfizesse alguns grupos protestantes, outros, como os calvinistas e os anabatistas, teriam de esperar até 1648 e a Paz de Westfália para serem reconhecidos. Muitos simplesmente achavam que Roma tinha se extraviado e se tornara de fato a morada do Anticristo.

Em 1517, um século antes do aparecimento do *Fama*, Martinho Lutero havia pregado suas *Noventa e Cinco Teses* na porta da Igreja de Wittenberg (embora saber se ele realmente fez isso ou não seja tema de discussão), declarando seu desprezo pela prática das "indulgências" de Roma. Estas eram basicamente subornos aceitos pelos sacerdotes em troca de assegurar a salvação de alguém ou de um ente querido falecido, um procedimento que cheirava a magia: por um determinado preço, um sacerdote usará seus "poderes" para acertar as coisas entre você e os deuses. Isso enojava Lutero; ele sabia que as indulgências não tinham qualquer efeito para a salvação da pessoa e que o dinheiro era realmente usado pelo papa Leão X para reconstruir a basílica de São Pedro, em Roma, mais uma prova de que a Igreja se afastara dos verdadeiros ensinamentos de Cristo para se tornar um símbolo de poder mundano. Como Joaquim de Fiore, Lutero acreditava que a hierarquia de Roma tinha se tornado um obstáculo para a verdadeira mensagem cristã, uma crença que os rosa-cruzes – quem quer que eles fossem – compartilhavam. Tem sido sugerido que a rosa dos rosa-cruzes é tirada do próprio emblema de Lutero, onde um coração e uma cruz brotam de uma flor. Teorias alternativas sugerem que *Rosa-cruz* é derivado do alquímico *Ros* (orvalho) e *Crux* (cruz), ou que está relacionado com uma cerimônia de uma ordem de cavalaria, a Ordem da Jarreteira, que Johann Valentin Andreae teria testemunhado em seus dias de estudante, na época em que escreveu *As Núpcias Alquímicas*. Os símbolos, contudo, são enganosos e suas origens difíceis de captar. A rosa tem uma história de associações místicas que precede seus vínculos com Lutero. Foi um símbolo importante para os místicos islâmicos, os sufis, e por intermédio deles passou para os trovadores e, mais tarde, chegou a Dante. Novas associações conectam a rosa e a cruz ao *yoni* e *lingam* dos mistérios tântricos, emblemas de geração natural e de regeneração espiritual, processos que claramente interessavam aos rosa-cruzes.

Andreae, contudo, era um pastor luterano e suas simpatias protestantes eram óbvias. Atingiu a maioridade numa época em que "sublevações religiosas e sociais andaram de mãos dadas"[14] e especialmente a Alemanha "era o grande ponto focal na Europa de ideias messiânicas e milenaristas".[15] Era também uma época em que, segundo Christopher McIntosh, havia "uma forte tendência para formar sociedades secretas ou semissecretas", que eram, "com muita frequência, intimamente ligadas a um nascente nacionalismo alemão".[16] Na verdade, McIntosh sugere que o vidente e astrólogo francês Nostradamus pode inclusive ter vaticinado a vinda dos rosa-cruzes. Em 1555 – ano da Paz de Augsburgo – Nostradamus escreveu que:

> *Uma nova seita de Filósofos surgirá*
> *Desprezando a morte, o ouro, as honras e as riquezas,*
> *Estarão perto das montanhas da Alemanha,*
> *Terão abundância de gente para*
> *Apoiá-los e segui-los.*[17]

Estivesse ou não Nostradamus falando dos rosa-cruzes, o período que conduz aos manifestos parece se ajustar à sua predição. Paracelso, cujas obras foram encontradas no túmulo de Christian Rosencreutz, tentou iniciar uma reforma das sensibilidades científicas e religiosas de sua época, que para ele estavam irremediavelmente atoladas em crenças obsoletas e dominadas por uma igreja decadente e autoritária. Em sua fascinante biografia do alquimista e médico suíço, Philip Ball salienta que, depois da morte de Paracelso, em 1562, irmandades de caráter paracelsiano surgiram na Alemanha. Embora Ball rejeite a ideia de que Paracelso tenha sido o "fundador espiritual" dos rosa-cruzes, optando pela associação com a rosa de Martinho Lutero (mesmo admitindo que o "nexo Paracelso continua intrigante"),[18] ele certamente vê o alquimista como inspiração para grupos como o alemão *Orden der Unzertrennlichen* (Ordem dos Inseparáveis), de quem sugere que os próprios rosa-cruzes podem ter surgido, uma possibilidade que McIntosh também admite. Os

Inseparáveis foram também associados ao estranhamente chamado – para quem fala nossa língua – *Fruchtbringende Gesellschaft* (Sociedade que Traz a Fruta), da qual Andreae era membro.[19]

Ecos mais precoces do tema rosa-cruz podem ser vistos no poema arturiano *Parsival*, de Wolfram von Eschenbach, escrito na década de 1190. Aqui uma irmandade de cavaleiros vive num castelo misterioso e secreto, chamado Munsalvaesche, que faz lembrar o Sancti Spiritus, de Christian Rosencreutz. Como os rosa-cruzes, os cavaleiros são celibatários, treinados para trabalhar pelo bem da humanidade e para passar despercebidos entre a população, vestindo as roupas de seus países de adoção. Tanto *As Núpcias Alquímicas* quanto *Parsival* incluem muitas referências astrológicas e ambos se referem a uma pedra estranha. Em *Parsival*, fala-se do próprio Graal como uma pedra, associando-o à alquímica "pedra filosofal" e no Sétimo (e último) dia de *As Núpcias Alquímicas*, a bela virgem Virgo Lucifera diz aos convidados para o casamento – entre os quais se inclui Christian Rosencreutz – que agora eles são todos "Cavaleiros da Pedra Dourada". O ouro, juntamente com a pedra, é um símbolo alquímico central.[20]

IMPERADOR ALQUÍMICO

Além de pastor e escritor, Johann Valentin Andreae foi também um entusiasta da alquimia, paixão que adquiriu do pai e de tutores. Após a morte do pai, sua mãe se tornou boticária da corte de Frederico I, duque de Württemberg, e antigos contatos na corte com charlatães e bajuladores que se insinuavam entre a realeza podem ter inspirado a enérgica defesa da verdadeira alquimia feita por Andreae no *Fama*. Andreae tornou-se adulto numa época em que a alquimia e outras disciplinas ocultas eram respeitadas e seus praticantes solicitados, talvez em nenhum lugar mais fervorosamente do que na corte de Rodolfo II, Sagrado Imperador Romano, cuja capital na Boêmia, Praga, era uma meca ocultista (Rodolfo II é o "chefe cristão" do "Império Romano" mencionado no *Fama*). Embora sendo um governante fraco, indeciso, Rodolfo foi um ávido devoto das artes e ciências, como também da astrologia, alquimia e magia. Sua corte atraiu muitas das maiores cabeças da época: o astrônomo Tycho Brahe, o matemático Johannes Kepler, o filósofo hermético Giordano Bruno, o pintor Giuseppe Arcimboldo e o astrólogo e mago John Dee. Rodolfo também advogava a tolerância religiosa e, embora vacilasse nisso, como vacilava em praticamente todas as outras coisas, sob seu governo protestantes e judeus receberam um tratamento mais justo que em qualquer outra parte da Europa.

Devido a uma paixão renascentista pelo conhecimento, Rodolfo encorajou a liberdade de expressão e pensamento e, embora fosse responsável pela manutenção do poder temporal da Igreja Católica, sua visão liberal, humanista, colocou-o em conflito com ela. Combinado com uma patológica indecisão, isso acabou levando-o a cair nas mãos do irmão, Matthias, que se tornou imperador após a morte de Rodolfo. Matthias mostrou-se um governante medíocre e, quando de sua morte, apenas alguns anos após a do próprio Rodolfo, o título de Sagrado Imperador Romano passou às mãos do Habsburgo católico, fanaticamente intolerante, Ferdinando II. Ferdinando II foi educado pelos jesuítas e, como era de esperar, anulou de imediato todas as políticas de tolerância religiosa de Rodolfo. Não obstante, durante o reinado de Rodolfo tinham brotado esperanças de que a hegemonia da Igreja Católica, personificada no poder político e militar dos Habsburgos, pudesse ser abrandada.

HEREGES

A Igreja já havia enfrentado considerável oposição a seu papel e fora implacável com ela. Desde seus primórdios, tivera de eliminar uma interpretação rival dos ensinamentos de Cristo defendida pelos vários grupos cristãos primitivos, conhecidos como gnósticos. Os cristãos cujos pontos de vista acabaram se tornando os da igreja oficial liam os evangelhos como verdade *literal*, mas os gnósticos os liam *simbolicamente*. Para eles, a crucificação e ressurreição de Cristo não eram acontecimentos históricos, mas espirituais; todos os verdadeiros cristãos os experimentariam em suas próprias vidas como morte e renascimento espirituais. Os gnósticos ficaram conhecidos por balançar negativamente a cabeça ante os cristãos fanáticos que acreditavam que entrariam no céu deixando-se estropiar pelos leões romanos. Onde os literalistas viam fé e obediência como essência da salvação, os gnósticos se voltavam para o conhecimento e a experiência espiritual; o nome é derivado do grego *gnosis*, "conhecimento", e hoje se tornou sinônimo de prática oculta. Onde a Igreja se movia para uma estrutura hierárquica, os gnósticos permaneciam frouxamente ligados, individualistas e, ao contrário da Igreja, encaravam as mulheres como iguais aos homens. Provavelmente mais ofensiva para a Igreja era a crença gnóstica de que o mundo é criação de um demiurgo idiota, ou semideus, associado ao Iahweh da Bíblia. A salvação para os gnósticos significava escapar da armadilha do demiurgo por meio do despertar da centelha da substância divina que dorme dentro de cada um, metáfora central para todas as disciplinas ocultas e esotéricas posteriores.

Crenças semelhantes foram compartilhadas por seitas "heréticas" mais tardias, que foram também eliminadas. Os bogomilos, por exemplo, na Bulgária do século X, cujo nome significa "amados de Deus", e os albigenses e cátaros (os "purificados"), que se sobressaíram nos séculos XI, XII e XIII na região do Languedoc, na França, chocaram-se com a crença da Igreja de que só ela podia oferecer à humanidade pecadora um caminho seguro para o amor de Deus, ainda que garantir a salvação significasse fechar os olhos ao tipo de violência responsável pelo massacre dos cátaros, em Montségur, em 1244.[21] Alguns historiadores do esoterismo sugerem que há um elo direto associando gnósticos, cátaros e rosacruzes. Seja isso verdade ou não, eles de fato parecem compartilhar um campo comum de ideias e crenças.

Oponentes menos místicos também se mostraram espinhos incômodos no flanco da Igreja. Jan Huss (1373-1415) pregava o igualitarismo, rejeitava a violência e praticava um tipo de fundamentalismo baseado na vida dos primeiros cristãos, unindo pequenos grupos em comunidades muito cerradas. A Igreja desaprovou suas atividades e ele foi queimado na fogueira pela Inquisição em 1415, inaugurando assim as Guerras Hussitas. Foi nesse clima que as teses de Lutero chegaram às portas da igreja de Wittenberg.

PANSOFIA

Na época em que apareceram os manifestos rosa-cruzes, as tensões cercando a Reforma tinham atingido um ponto de crise e a Contrarreforma havia começado. Alguma mudança súbita no estado de coisas parecia estar prestes a acontecer e a "busca do milênio", na expressão do historiador Norman Cohn, era corrente. A *pansofia* ou "sabedoria universal" era muito discutida. A pansofia era um movimento de aprendizado que, segundo o estudioso do esoterismo Joscelyn Godwin, combinava "as ciências naturais e sobrenaturais para o melhoramento da humanidade",[22] uma iniciativa com ecos evidentes do experimento rosa-cruz. Paracelso foi um dos primeiros pansofistas, assim como John Dee. A obra de Dee foi uma influência importante nos manifestos rosacrucianos, especialmente no *Confessio*; suas incursões pelo esoterismo na política o levaram à corte de Rodolfo II e a cunhar a expressão "Império Britânico", muito ao gosto da rainha Elizabeth I. Os pansofistas compartilhavam um desejo de conciliar a crescente disciplina da ciência empírica com as percepções da tradição esotérica, uma unidade que muitos achavam estar sendo bloqueada pela hegemonia da Igreja.

CONFEDERATIO MILITIAE EVANGELICAE

Outro pansofista foi o obscuro estudioso e místico Simon Studion, nascido em Urach, Württemberg, na Alemanha, em 1543. É lembrado hoje por sua estranha obra *Naometria* ou "A Medida do Templo", que não saiu em livro, mas circulou amplamente em manuscrito. Em *Naometria*, Studion adapta o sistema de três idades de Joaquim de Fiore para fazer predições acerca de seu próprio tempo. Uma delas é que a terceira era, que Studion, assim como Joaquim, acredita que começará em 1620, será simbolizada por uma cruz. Studion apresentou seu trabalho como um presente para o duque de Württemberg em 1604, que, nós sabemos, foi um ano importante para cruzes e rosas. Talvez o mais interessante é que Studion fala de uma ordem misteriosa, a Confederatio Militiae Evangelicae, fundada em Lüneburg em 1586. Não está claro se tal organização realmente existiu, mas Studion a descreve como uma aliança protestante entre o rei de Navarra, o rei da Dinamarca e a rainha da Inglaterra, formada para bloquear as tentativas feitas pela Liga Católica de impedir a ascensão de Henrique de Navarra ao trono francês. Na dedicatória ao duque de Württemberg, Studion observa que o próprio duque tinha uma posição de alguma importância nessa confederação.

Em seu *Brotherhood of Rosy Cross*, o estudioso do esoterismo A. E. Waite argumenta que a *Naometria* e a Confederatio Militiae Evangelicae são fontes fundamentais para os manifestos rosa-cruzes. Waite estudou o manuscrito da *Naometria* e afirma que o desenho de uma rosa e uma cruz nele encontrado serviu de modelo para o símbolo rosa-cruz. Pesquisadores mais tardios não estão muito certos disso, mas Frances Yates concorda que o movimento rosa-cruz estava associado a uma aliança de simpatizantes protestantes ávidos de obstruir a Liga Católica dos Habsburgos. Em *Turris Babel*, publicado em 1619, Andreae recorre à *Naometria* para as profecias de acontecimentos futuros, especificamente aquela de que o ano de 1620 veria a queda do papa e o fim do reino do Anticristo, começando o novo milênio em 1623. Como Studion, Andreae associa sua especulação a Joaquim de Fiore e a outros visionários, como Paracelso. Ecos da *Naometria* aparecem também no *Confessio*.[23]

Andreae pode ter sido apresentado à obra de Studion em seu tempo de estudante, como membro do que McIntosh intitula de "Círculo Tübingen", um grupo de zelosos intelectuais luteranos com inclinações socialistas. Christoph Besold, membro do círculo, era cabalista e uma espécie de mentor para Andreae. Pode ter compartilhado com ele sua visão de uma Europa livre de rivalidade religiosa e renovada por meio de uma união das novas ciências com a verdadeira fé cristã. Outros membros eram discípulos do ex-frade dominicano italiano Tommaso Campanella, autor da obra pansófica *A Cidade do Sol*. Embora não publicada até 1623, após o aparecimento dos manifestos rosa-cruzes, a obra foi escrita por volta de 1602. Campanella descreve uma utopia seguindo linhas gnósticas e rosa-cruzes, uma sociedade igualitária com homens e mulheres como iguais. A cidade tem sete muros, lembrando a câmara de sete lados que alojava o túmulo de Christian Rosencreutz; que seja uma "cidade do Sol" lembra o sol em miniatura encontrado no túmulo. Em seu centro está um clero hermético, que usa magia estelar ficiniana em benefício de seus habitantes. Em 1600, Campanella quis pôr sua política visionária em prática e liderou, no sul da Itália, uma revolução contra os ocupantes espanhóis. A revolução fracassou e Campanella foi detido, torturado e depois aprisionado durante 27 anos; foi na prisão que escreveu *A Cidade do Sol*. Dois discípulos de Campanella, que o visitaram na prisão, eram amigos *tübingen* de Andreae e levaram manuscritos da obra de Campanella, incluindo *A Cidade do Sol*, de volta com eles para a Alemanha.[24]

FREDERICO E ELIZABETH

Andreae não foi o único protestante que levou a sério as predições de Studion. Na época da febre rosa-cruz, as esperanças de um desafio sério à dominação dos Habsburgos e da Igreja Católica se apoiavam em Frederico V, o Eleitor Palatino do Reno (o Palatinado, um estado da Alemanha Ocidental, era parte do Sagrado Império Romano; como eleitor, Frederico tinha um voto na escolha do Sagrado Imperador Romano). Frederico, que era uma espécie de visionário, gostava da mistura rosa-cruz de protestantismo e ciência hermética. Seu castelo em Heidelberg, renovado pelo arquiteto e especialista em hidráulica Simon de Caus, era decorado num estilo ocultista e incluía inúmeras maravilhas mecânicas, como órgãos hidráulicos e fontes cantantes (que fazem lembrar as "músicas artificiais" encontradas no túmulo de Christian Rosencreutz) instalados em fantásticos jardins e grutas. Exibindo traçados alegóricos e mitológicos, os jardins estavam baseados nas ideias do arquiteto clássico Vitrúvio, cuja obra redescoberta fazia parte do Renascimento. Combinando música, matemática e ciência, eles eram mencionados como uma "oitava maravilha do mundo".

Em 1613, Frederico se casou com a princesa Elizabeth, filha do rei James I da Inglaterra e, para o casamento na capela real em Whitehall, "abriram-se os cofres de todos os tesouros da Renascença inglesa". O retorno dos dois a Heidelberg foi triunfante. Cortejos e comemorações se estenderam por vários dias. Frederico, vestido como Jasão, "navegava" numa carruagem preparada como o Argos em busca do Velocino de Ouro, um símbolo da mitologia grega com correspondências alquímicas. O velocino tinha fama de curar doenças e reviver os mortos, e a união do protestante Frederico com a princesa inglesa Elizabeth sugeria que uma Europa debilitada pela dissensão religiosa e o domínio dos Habsburgos poderia em breve ser rejuvenescida. O pai de Elizabeth, James I, era reconhecidamente contrário aos Habsburgos e acreditava-se que, numa crise, sairia em ajuda da filha e do genro.

A TRAGÉDIA BOÊMIA

A ideia de que Frederico lideraria uma campanha contra os Habsburgos parece ter sido promovida por Christian de Anhalt, principal conselheiro em Heidelberg e, como tantos outros nobres protestantes da época, estudioso das artes herméticas. Anhalt era um patrocinador do cabalista Oswald Croll e amigo íntimo do conde Rotmberk, cujas propriedades boêmias perto de Trebon tinham, por um certo período, abrigado John

Dee, durante sua missão a Rodolfo II. Rotmberk era um liberal rodolfino e um estudioso de alquimia e do ocultismo. É provável que as ideias de Dee sobre um "imperialismo místico" tenham chegado a Anhalt por meio de Trebon. Anhalt já estivera envolvido em planos traçados por Henrique IV para dar fim à predominância dos Habsburgos e, quando Henrique morreu, Anhalt se voltou para Frederico. Embora jovem, Frederico tinha muita coisa a indicá-lo para o trabalho. Vindo de uma tradição de ativismo protestante, era uma opção natural para encabeçar a União dos Príncipes Protestantes. Tinha fortes ligações com poderosos protestantes franceses, alemães e holandeses. E era casado com a filha de James I. A imagem do monarca inglês sem dúvida sugeria ecos de uma anterior ligação britânica de Anhalt com Dee, estando as visões de pansofia do mago elizabetano mais do que provavelmente associadas ao que parecia ser o destino do Eleitor Palatino.

Quando Ferdinando II tornou-se rei da Boêmia em 1617, a era da tolerância religiosa estava encerrada. Um de seus primeiros atos foi suprimir a igreja boêmia, que tinha dado continuidade à obra de Jan Huss, e os Irmãos Boêmios, uma seita mística associada a ela. A longa tensão mantida em equilíbrio pela Paz de Augsburgo havia explodido e as forças anti-Habsburgos sabiam que tinham de agir com rapidez. Uma tentativa diplomática feita por liberais católicos para impedir a supressão mostrou-se inútil; os conselheiros jesuítas de Ferdinando opuseram-se ferozmente a qualquer tratamento brando. Uma reação igualmente determinada endureceu os protestantes. Numa barulhenta reunião em Praga, dois partidários dos católicos foram atirados por uma janela, incidente conhecido como "Defenestração* de Praga". Os rebeldes boêmios sustentavam que a coroa da Boêmia era um cargo eletivo e não hereditário, como Ferdinando e os jesuítas insistiam.[25] Em 26 de agosto de 1619, perguntaram a Frederico se ele aceitaria a coroa. Um mês mais tarde ele concordou.

Suas convicções espirituais o fizeram decidir. Tanto o poeta John Donne quanto o arcebispo de Canterbury aconselharam Frederico a aceitar a responsabilidade. Escrevendo ao tio, o duque de Bouillon, um líder huguenote e um dos protestantes franceses com cujo apoio ele contava, Frederico disse: "É uma chamada divina a que não devo desobedecer". "Meu único objetivo", dizia ele, "é servir a Deus e Sua Igreja."

---

* Ato de atirar alguém ou algo pela janela. (N. do T.)

Esse desafio aberto aos Habsburgos logo se mostrou desastroso. Não muito depois de Frederico iniciar seu período como rei da Boêmia, os Habsburgos lançaram suas forças contra ele. O apoio de James I, com que ele e Anhalt haviam contado, não chegou; na realidade o rei inglês estava tentando conseguir as boas graças dos inimigos de Frederico. Os poucos que tomaram o partido de Frederico não foram suficientes e, no dia 8 de novembro de 1620, na Batalha da Montanha Branca, seu exército foi dizimado. A Guerra dos Trinta Anos havia começado e, entre suas muitas vítimas, estavam os fantásticos jardins de Heidelberg. Foram destruídos, e com eles, se poderia dizer, as esperanças de uma aurora rosa-cruz.[26]

UMA TRAGÉDIA ROSA-CRUZ?

Muita coisa sugere um elo entre o experimento rosa-cruz e a tragédia boêmia. Os manifestos rosa-cruzes pediam uma grande "reforma" e, embora reconhecessem o "Império Romano" como seu "chefe cristão", tinham também consciência de que "estavam prestes a ocorrer mudanças". O tolerante Rodolfo II era ainda Sagrado Imperador Romano quando o *Fama* foi escrito (embora publicado em 1614, o *Fama* parece ter sido escrito em 1610 e ter circulado durante algum tempo em manuscrito); daí o gesto de respeito. Seu autor ou autores, contudo, estavam conscientes das esperanças que se congregavam em torno de Frederico V e, como vimos, Andreae fora um ávido leitor da *Naometria* de Studion, com suas predições da chegada de uma nova era. Falar de "portas" se abrindo na Europa, da "ajuda secreta" que os rosa-cruzes ofereceriam e da "parede" que logo seria "removida" aponta para certa expectativa de uma mudança específica. Cassel, onde os manifestos foram publicados, ficava perto do Palatinado e, como Frances Yates ressalta, compartilhava as mesmas simpatias ocultistas e protestantes. Württemberg, onde Andreae morava, era outro principado protestante vizinho.

Indícios textuais também sugerem uma ligação. Referências no *Confessio* a "penas de águia" "dificultando" o esforço rosa-cruz é uma alusão aos Habsburgos, cujo emblema era uma águia dupla. O papa como Anticristo era um epíteto protestante comum. Os jardins mágicos, mencionados em *As Núpcias Alquímicas,* podem ser uma alusão aos jardins herméticos de Heidelberg. Embora escrito pela primeira vez nos tempos de estudante de Andreae, *As Núpcias Alquímicas* teve partes reescritas antes de ser publicado em 1616 e os relatos dos jardins de Heidelberg, como "oitava maravilha do mundo", teriam chegado a Andreae. O emblema de um leão, símbolo do Palatinado, desempenha um papel importante em *As Núpcias Alquímicas*. E como *As Núpcias Alquímicas*, o próprio casamento de Frederico e Elizabeth fora uma coisa de sonho, que lembrava um conto de fadas.[27] Que nenhuma nova comunicação rosa-cruz tenha aparecido após o fatídico ano de 1620 sugere que a campanha deles terminou juntamente com Frederico.

Muito convincente é a torrente de calúnias que se seguiu à vergonhosa derrota de Frederico, relacionando sua causa impossível com os rosa-cruzes, uma tática de difamação que seria usada contra futuros entusiastas de política esotérica. Caricaturas satíricas e panfletos mostravam a águia dos Habsburgos vitoriosa sobre o leão do Palatinado e seus cúmplices herméticos. Humilhados, Frederico e Elizabeth fugiram de seu devastado Palatinado. Viveram o resto de suas vidas como exilados em Haia.

Contudo, se a derrota na Montanha Branca significou um fim da tentativa rosa-cruz de uma "reforma hermética" da Europa – para colocar o esotérico sob a plena luz da cena exotérica –, sob outras formas, menos óbvias, o experimento rosa-cruz continuou. E, como convém a uma ordem invisível, a política envolvida não foi, por certo, exposta abertamente.

2

Colégios Invisíveis

Uma ideia do desespero que se seguiu à derrota de Frederico V pode ser encontrada numa das obras mais comoventes a emergir do rastro rosa-cruz. Enquanto as esperanças estavam em alta, mesmo na prisão, o pansofista Tommaso Campanella conseguia escrever sobre a "cidade do Sol". Agora as trevas haviam chegado. Uma resposta à confusão foi a obra *O Labirinto do Mundo*, do filósofo, educador e cientista boêmio Comenius (Jan Amos Komensky). Como muitos que atenderam ao chamado rosa-cruz, Comenius, conhecido como "mestre das nações" e " pai da educação universal", acreditara que uma nova alvorada de racionalidade e regeneração universal estava prestes a surgir. Mas em vez de seguir pelas amplas avenidas da ciência e da verdadeira fé cristã, Comenius se viu circulando num labirinto de ilusão e logro – literalmente, visto que foi forçado a fugir da Boêmia e passar o resto da vida no exílio. *O Labirinto do Mundo*, que descreve uma sociedade onde "tudo está errado" e onde "todas as ciências do homem não levam a nada",[1] pode ser o primeiro exemplo de uma "distopia" na literatura moderna. É por certo uma resposta pungente ao fim do sonho rosa-cruz.

Mas estava o sonho rosa-cruz realmente acabado? As calúnias de que os rosa-cruzes foram alvo após a derrota de Frederico V fizeram muitos pensarem duas vezes antes de admitir qualquer associação ou relação "simpatizante" com eles. Nessa época, até mesmo alguns que tinham sido essenciais para o experimento rosa-cruz pareciam ter mudado de opinião.

MENTIRAS VERDADEIRAS E PIADAS SÉRIAS

Alguns autores argumentaram que Johann Valentin Andreae foi realmente hostil, desde o início, ao embuste rosa-cruz. Tomam seu reconhecimento de que *As Núpcias Alquímicas* era uma espécie de piada como prova de que Andreae estava realmente satirizando os ingênuos que aceitaram o *Fama* pelo que ele parecia ser. Outros sugeriram que ele estava de alguma forma tentando cristianizar o mito rosa-cruz.[2] A verdade, porém, pode ser mais sutil. Em *Turris Babel*, Andreae parece confessar que toda a febre rosa-cruz foi um equívoco. "Em vão vocês esperam a chegada da Irmandade", escreve ele, "a comédia está encerrada." Frances Yates ressalta que Andreae era apaixonado pelo teatro, jogos e performances. Isso parece confirmar que, em vez de ser um alquimista utópico que tentou inflamar uma regeneração mística da Europa, Andreae estava de fato se divertindo com um trote literário que, infelizmente, saiu do controle. Mesmo antes da derrota na Montanha Branca, os rosa-cruzes estavam ficando com má reputação. Sua invisibilidade fazia deles uma fraude e as associações que se alegava existir entre eles, feitiçaria e outras coisas ruins, não ajudavam em nada. A intenção de Andreae teria sido certamente não ser encarado como farinha do mesmo saco. Contudo, mesmo esta justificativa perfeitamente sensata para sua evidente *meia-volta* não é de todo satisfatória.

A chave aqui é o uso que faz Andreae do termo *ludibrium*. A palavra pode significar um "brinquedo", um "jogo trivial", um "objeto de troça" ou de "desprezo e escárnio". Na época do experimento rosa-cruz, a noção de que, para citar de novo o ilustre contemporâneo de Andreae, "o mundo inteiro é um palco e os homens e mulheres meramente atores" não era incomum; era de fato um tema comum da filosofia hermética que os rosa-cruzes seguiam. Em *The Theatre of the World*, *The Art of Memory* e *Giordano Bruno and the Hermetic Tradition,** Frances A. Yates examina a enorme importância que "a arte da memória", que foi descoberta na Renascença, tinha para os antigos. O recurso frequentemente usado para dominar essa arte difícil era um teatro. O praticante "erigia" um teatro imaginário em sua mente (empregando um poder de visualização infelizmente raro em nosso tempo) e depois distribuía entre diferentes

---

* *Giordano Bruno e as Tradições Herméticas*, publicado pela Editora Cultrix, São Paulo, 1987.

"papéis" os conteúdos do trabalho que quisesse lembrar. "Olhando" para seu teatro mental, teria, de certo modo, o trabalho "na frente dele", que poderia "ler" como se fosse um livro. De novo uma das influências sobre a filosofia rosa-cruz foi uma extraordinária obra de alquimia espiritual escrita pelo filósofo hermético Heinrich Khunrath, *O Anfiteatro da Eterna Sabedoria*, que chegou a eles por meio da ligação com John Dee.[3] O teatro mais antigo do Ocidente surgiu dos mistérios dionisíacos, e as tragédias gregas, na fundação da literatura ocidental, têm raízes em iniciações espirituais e ocultistas.

Em nossa época, o teatro, embora um local de ilusões, foi usado, de modo muito eficaz, para objetivos políticos muito concretos, no trabalho do teatrólogo marxista Bertolt Brecht e, numa escala maior e talvez mais "revolucionária", pelos Situacionistas, o grupo anarquista que transformou as ruas de Paris num teatro de revolta em maio de 1968. De fato, o reconhecimento de que aquilo que a pessoa vê num teatro *é* uma ficção pode ser usado para demonstrar verdades muito sérias, como fez Brecht com sua famosa técnica "de distanciamento". O filósofo Friedrich Nietzsche observou que "o grande homem é o que representa seu próprio ideal", significando que para que nos tornemos, como Nietzsche coloca, "o que se é", é preciso primeiro *fingirmos* sê-lo. O teatro, então, pode ser um meio para comunicar, como diz o título de um filme de Arnold Schwarzenegger, "*True Lies*" (Mentiras Verdadeiras), o que para mim não parece muito distante de "piadas sérias".

OS VERDADEIROS ROSA-CRUZES

Andreae era um homem versado em letras, consciente dos perigos de ser literal. Ao negar a realidade *factual* dos rosa-cruzes, estava advertindo sobre os perigos de uma leitura demasiado literal de sua obra, assim como os gnósticos evitavam uma interpretação literal da crucificação e ressurreição de Cristo. O que havia de verdadeiro no experimento rosa-cruz eram seus ideais, bem como o reconhecimento da necessidade de uma regeneração do protestantismo luterano, que se tornara exatamente tão inflexível quanto a igreja romana que rejeitava. Isso era verdade, houvesse ou não alguma irmandade "real". O importante era a sensibilidade rosa-cruz, o olhar rosa-cruz e, bem possivelmente, o "estado de espírito" rosa-cruz, um estado alterado de consciência, alcançado por meio das disciplinas herméticas que os "rosa-cruzes" seguiam. Isso sugere que perguntar quem eram "realmente" os rosa-cruzes pode ser um equívoco e que pesquisas mais recentes sobre a "verdade" por trás de sociedades secretas similares podem ser outro equívoco.

Vendo que sua piada séria tinha gerado um clamor por milagreiros e magos, bem como uma reação violenta, Andreae distanciou-se dessa leitura demasiado literal do conceito rosa-cruz. Mas quis também garantir que a parte séria da piada não se perdesse. Isso não era novo; se tivesse tido uma participação no *Fama*, Andreae já teria advertido contra a vinculação da irmandade àqueles bajuladores e seus protetores, que queriam transformar chumbo real em ouro. Mesmo que alguns alquimistas, como Michael Maier, acreditassem que a irmandade possuía o segredo de produzir ouro de verdade, sua verdadeira preocupação era com as transformações espirituais que isso envolvia.

Contudo, a questão da existência literal de uma irmandade secreta ou "cadeia iniciática" continua hoje. Alguns filósofos ocultistas têm manifestado duas opiniões a esse respeito. Em *Tertium Organum*, o filósofo russo P. D. Ouspensky escreveu que a humanidade estava evoluindo para uma nova forma de consciência e que as pessoas em quem essa nova consciência emergia estavam "começando a se reconhecer". "Senhas, sinais e contrassinais já estão sendo estabelecidos",[4] disse Ouspensky, e a "seleção continua em todas as raças e nações da Terra." Isso sugere que a "nova consciência" que Ouspensky reconhecia estava generalizada, não localizada num grupo específico. Contudo, depois de escrever *Tertium Organum*, Ouspensky passou o resto de sua vida procurando o que chamou de "Círculo Interior", uma sociedade *real* de seres humanos "despertos", uma espécie de Fraternidade Rosa-Cruz, uma ideia que absorveu em seus primeiros tempos na Sociedade Teosófica.[5] Não se nega que existiram e continuam a existir sociedades secretas ou ocultas; seria difícil escrever este livro se elas não existissem. Contudo, eu me pergunto se a sensibilidade ou estado de espírito associados a alguns desses grupos exigem uma *verdadeira* "iniciação" e contato com eles. Pode-se ter uma sensibilidade rosa-cruz sem jamais ter encontrado um "verdadeiro" rosa-cruz? O estudioso do tarô e da cabala Paul Foster Case pensa que sim. "A pessoa *se torna* rosa-cruz", ele escreveu, "ela não se *junta* aos rosa-cruzes."[6]

Alguns proponentes da "política iluminada" argumentariam assim. Isso levanta uma importante questão no que poderíamos chamar de "política do esoterismo": se devemos adotar uma abordagem "liberal" ou uma mais "conservadora" das ideias esotéricas. Apesar dos ornamentos exteriores de uma ordem secreta de elite, o impulso rosa-cruz era, penso eu, democrático, progressista, e o apelo rosa-cruz, mesmo com o sutil *ludibrium*, foi dirigido a qualquer um que compartilhasse sua sensibilidade.

CIDADES DO SOL

A carreira posterior de Andreae viu a criação do que ele chamou de Sociedades Cristãs – expressões visíveis, exotéricas, do etos rosa-cruz, sem a parafernália hermética dos manifestos. A maioria delas logo se perdeu no caos da Guerra dos Trinta Anos, mas uma acabou levando a uma sociedade mais tardia que cumpriria, de maneira organizada, parte da missão da irmandade. Que Andreae não abandonara a causa rosa-cruz e estava na realidade trabalhando para promovê-la, embora de um modo muito diferente, é visto num trabalho que muitos consideram sua obra mais importante – sua própria "cidade do Sol", a utópica *Cristianópolis*.

É difícil pensar numa obra com uma visão mais distante de *O Labirinto do Mundo,* de Comenius; quando refletimos que Comenius conhecia Andreae e era influenciado por ele, o desencantamento de seu *O Labirinto* se torna ainda mais pungente. *Cristianópolis* apresenta a utopia que os rosa-cruzes esperavam pôr em prática. No prefácio, Andreae rejeita os manifestos; contudo, para aqueles suficientemente sutis para percebê-lo, Andreae também confirma os vínculos desse novo trabalho com eles. Faz comentários sobre a confusão provocada pela febre rosa-cruz; deplora, no entanto, a predominância do Anticristo sobre a Igreja e aplaude o esforço para reformá-la, pedindo uma nova reforma que vá além de Lutero, nitidamente um dos alvos da irmandade.

Cristianópolis é uma cidade baseada na geometria sagrada do círculo e do quadrado. Seus habitantes são cristãos piedosos, devotados à ciência e sua aplicação prática. Chamam atenção as artes mecânicas e a música, o que nos faz lembrar das "músicas artificiais" descobertas no túmulo de Christian Rosencreutz. A medicina também é importante e nos recordamos de que curar a doença era um dos votos dos Irmãos da Rosa-Cruz. A matemática e o teatro são fundamentais como ferramentas educacionais: boa parte do ensino envolve as figuras que decoram os muros da cidade. A arquitetura é crucial, fazendo lembrar os jardins herméticos de Heidelberg. Anjos também desempenham um papel importante, como faziam na filosofia de John Dee e na cabala cristã que emergiu do Renascimento. Na verdade, a combinação de anjos, com os quais os habitantes de Cristianópolis têm contato íntimo, frequente, com o zelo desses habitantes em levar a termo atividades socialmente conscientes lembra a sociedade celeste retratada pelo cientista, filósofo e teólogo sueco Emanuel Swedenborg. Swedenborg afirmava ter visitado o céu durante profundos, meditativos estados de transe e, mais adiante, ficaremos mais a par de seus laços com o esoterismo na política.

Um leitor de *Cristianópolis*, fosse ele outro caçador de utopias ou um censor dos Habsburgos, teria notado o desprezo de Andreae por "uma certa fraternidade" que era, a seu ver, "uma piada". Menos óbvio é que a viagem para seu paraíso piedoso e tecnológico é feita num barco com a marca do signo zodiacal de Câncer. Essa embarcação astrológica, como salienta Yates, é a mesma em que Christian Rosencreutz viaja no encerramento de *As Núpcias Alquímicas*.

ESCRITA ESOTÉRICA

Em *Perseguição e a Arte de Escrever*, o filósofo Leo Strauss, rotulado em anos recentes de antepassado intelectual do neoconservadorismo, sustenta que, antes do período moderno, os filósofos desenvolveram uma forma de escrever que ele chama de "esotérica" – não no sentido hermético, mas como uma maneira de evitar perseguições sem deixar, ao mesmo tempo, de alcançar sua audiência. Um texto poderia ter um significado superficial, que não despertasse o alarma dos censores, mas embaixo ou dentro disso, o leitor atento poderia detectar a parte verdadeiramente essencial da comunicação. Strauss acreditava que tais obras forçam os leitores a pensar ativamente, a trazer à tona o significado e não meramente absorver informação de modo passivo. Isso também garante que ideias perigosas não serão aceitas com rapidez excessiva. Lembrando que Andreae – se de fato foi ele um de seus autores – advertia os leitores do *Confessio* contra uma rejeição imediata da mensagem do *Fama* ou sua aceitação com demasiada pressa, e que seu *ludibrium* da irmandade pode ser o que Strauss chamou de "nobre mentira" – um mito proposto para alcançar um fim desejável –, parece possível que esse perpetrador de piadas sérias estivesse praticando táticas straussianas séculos antes de qualquer agenda neoconservadora.

A NOVA ATLÂNTIDA DE BACON

A de Andreae não foi a única cidade do Sol associada à irmandade. Francis Bacon, pai da ciência experimental, não é geralmente considerado particularmente "ocultista". Contudo, seu *Avanço do Saber* parece compartilhar alguns dos ideais educativos dos Irmãos. Nele, Bacon sustenta que exatamente como há "irmandades" em famílias e entre aqueles vinculados a certas habilidades (corporações de ofício), também deveria haver uma "fraternidade de aprendizado e iluminação".

O nexo Bacon-Rosa-cruz transborda inevitavelmente para a controvérsia Bacon-Shakespeare, com a alegação de que Bacon seria o verdadeiro autor das obras de Shakespeare. Proponentes dessa teoria têm esquadrinhado as peças de Shakespeare em busca de vestígios baconiano-rosa-cruzes. Os resultados são, na melhor das hipóteses, inconcludentes; na pior, tocam as raias do absurdo – ver, por exemplo, *Bacon, Shakespeare and the Rosicrucians*, de F. W. C. Wigston (Wigston chama Shakespeare de "o capitão fantasma Shakespeare, o máscara rosa-cruz"). Manly P. Hall afirma que "é de todo evidente que William Shakespeare não poderia, sem ajuda, ter produzido os escritos imortais que levam seu nome"[7] e enfileira provas para essa alegação. Para Hall, Bacon "era um rosa-cruz, alguns sugeriram *o* rosa-cruz". Hall se afasta da ideia de que Bacon fosse "o Ilustre Pai C.R.C.", mas conclui que era "certamente um alto iniciado da Ordem Rosa-cruz".

A hipótese Bacon-Shakespeare, por mais fascinante que seja, não consegue nos prender, ainda que muitos estudiosos tenham de fato detectado elementos esotéricos nas peças. Hall sustenta inclusive que elas contêm "ensinamentos secretos" rosa-cruzes, assim como os "verdadeiros rituais" dos maçons, de que falaremos em breve. John Dee é com frequência considerado o modelo do Próspero em *A Tempestade*, enquanto *Trabalhos de Amor Perdidos* inclui um grupo de estudiosos celibatários dedicados a uma vida de aprendizado. Visto que essa peça foi apresentada pela primeira vez em 1595, não poderia ter sido diretamente influenciada pelos manifestos rosa-cruzes. Não obstante, isto sugere que as ideias que viriam à tona duas décadas mais tarde estavam se filtrando para o espírito da época.

A prova de que Bacon era pelo menos um simpatizante rosa-cruz vem de sua *Nova Atlântida* (1626), que retrata uma sociedade utópica descoberta por marinheiros numa terra que não aparece nos mapas. Como *As Núpcias Alquímicas*, *Nova Atlântida* é uma ficção, um *ludibrium*. Seus habitantes são, como os rosa-cruzes, cristãos piedosos dedicados à promoção do saber, que usam em benefício da humanidade. Quando os marinheiros de Bacon atingem a terra desconhecida, entregam a eles um manuscrito de instruções com uma curiosa imagem estampada: as asas de um anjo pendendo junto a uma cruz. O *Fama* termina com a divisa: "Sob a sombra das asas de Iahweh" e, como Yates enfatiza, asas são uma espécie de marca registrada rosa-cruz. Os habitantes tratam dos marinheiros doentes e recusam pagamento pelos serviços. Viajantes da Nova Atlântida visitam outras terras para recolher notícias sobre o mundo exterior; vestindo os estilos nativos, viajam sem ser detectados. Um funcionário que se encontra com os marinheiros usa um turbante branco coroado por uma pequena cruz vermelha. A cruz vermelha – rosada – é óbvia, e não será redundante salientar que o turbante sugere um nativo do "Oriente", onde Christian Rosencreutz procurou conhecimento esotérico?

Essas e outras "pistas" sugerem que, embora Bacon não fosse Christian Rosencreutz e não "pertencesse" aos Irmãos da Rosa-Cruz em qualquer sentido factual, sabia dos manifestos e adotou algumas de suas imagens e temas para objetivos próprios.

Um entusiasta rosa-cruz, no entanto, estava convencido da filiação de Bacon e costumava inclusive comemorar sua associação à irmandade. John Heydon era astrólogo, alquimista e utopista; em seu retrato na National Portrait Gallery, em Londres, está de fato relacionado como "rosa-cruz". Em seu *Guia Sagrado* (1662), Heydon interpreta a *Nova Atlântida* de Bacon como uma obra indiscutível de filosofia rosa-cruz, fazendo referências diretas à ordem. Identifica o homem do turbante branco com a cruz vermelha como um "padre cristão, e da Ordem da Rosa-Cruz". Os habitantes da Nova Atlântida alegavam possuir algumas das obras perdidas de Salomão; Heydon observa que estão na verdade se referindo ao livro "M", encontrado no túmulo secreto de Christian Rosencreutz e que esse livro fora escrito na Nova Atlântida (no *Fama*, é claro, trata-se do livro que C.R. traduz em Damasco).[8]Heydon, que fez muita coisa para promover a imagem dos rosa-cruzes como magos e milagreiros, afirma ter traduzido essa obra para o inglês, ou pelo menos é o que diz em seu estranho livro: *The Wise-Man's Crown, Set with Angels, Planets, Metals, etc., or The Glory of the Rosie Cross.*[9]

Que Bacon provavelmente conhecia o *Fama* e que sua *Nova Atlântida* expõe ideais rosa-cruzes não significa que ele fosse rosa-cruz, não obstante os argumentos de Heydon. Mas essas possibilidades de fato sugerem que a ideia de uma reforma geral e de uma nova, utópica sociedade cristã voltada para um espírito político progressista estava "no ar".

MAIER E FLUDD

Outro entusiasta rosa-cruz foi o alquimista e curandeiro Michael Maier (1568-1622), em certa época médico pessoal de Rodolfo II. Nascido em Rendsburgo, no Holstein, após terminar seus estudos médicos foi para Praga – uma opção natural, dado que, como Paracelso antes dele, Maier combinava alquimia com medicina: depois do grande sábio suíço, Maier foi o vulto mais importante na "medicina alternativa" da época. Após a morte de Rodolfo em 1612, Maier viajou para a Inglaterra, onde acredita-se que tenha conhecido o filósofo Robert Fludd, um dos mais decididos defensores dos rosa-cruzes. Sabemos que conheceu William Paddy, médico de James I, e que mandou para o rei uma curiosa saudação de Natal. Numa peça de pergaminho de 90 por 60 centímetros, com pequenos fragmentos de versículos e alguns cumprimentos convencionais, Maier desenhou uma rosa com oito pétalas em grande destaque no centro. A mensagem em latim diz: "Cumprimentos a James, há longo tempo rei da Grã-Bretanha. Possa a rosa ser satisfeita por sua leal proteção".

Não se tem certeza se Maier chegou a ter uma audiência com o rei; como ex-médico de Rodolfo II, isso não teria nada de extraordinário. O interessante é que James recebeu seu protocartão de Natal dois anos antes de o *Fama* ser impresso – embora o manuscrito já estivesse circulando durante esse tempo – e bem antes do casamento da filha. Será que Maier via James como um partidário, até mesmo um protetor, da causa rosa-cruz ou queria que ele o fosse? James I era notoriamente hostil à feitiçaria; chegara a escrever um livro contra ela, a *Demonologia*, o que é compreensível, visto que um "coven" de bruxas havia confessado ter tentado afundar o navio em que ele e sua rainha, Ana da Dinamarca, retornavam à Inglaterra após o casamento. Contudo, talvez James tenha se mostrado aberto a práticas mais espirituais. Shakespeare e Bacon (ou, dependendo do ponto de vista, possivelmente apenas Bacon) floresceram durante seu reinado, como aconteceu com as artes em geral, e até a catástrofe na Montanha Branca James foi visto como um protetor do protestantismo. Contudo, a atitude de James com relação a John Dee não chegou a ser encorajadora. Quando Dee requereu uma audiência, o rei, além de não recebê-lo, na verdade o sentenciou a uma espécie de banimento interno. Dee, outrora "mago da rainha" e um dos homens mais brilhantes, mais completos de sua época, morreu pobre e abandonado. Contudo, até a Tragédia Boêmia, mais de um filósofo hermético cortejou James em busca de apoio ou desejou criar a impressão de que já o tinha.

Maier é mais conhecido pela requintada obra alquímica *Atalanta Fugiens* (Atalanta Foge), uma espécie de texto multimídia inspirado pelo relato de Ovídio de como Hipomenes perseguiu Atalanta até violentá-la num templo dedicado a Zeus, que prontamente transformou os dois em leões. Com poesia, imagens e música, Maier concentra as faculdades de seus leitores na narrativa alquímica, retratando a *coniunctio oppositorum*, a união dos opostos, e a necessidade de o alquimista rejeitar a tentação e perseverar na Grande Obra.

Maier acreditava que os rosa-cruzes eram herdeiros de uma antiga tradição esotérica; em seu *Themis Aurea*, retrata-os como dedicados cientistas e médicos usando seu conhecimento para criar um mundo melhor. Contudo, não é nada concreto com relação a especificidades. Diz que "não pode designar os locais onde eles se encontram, nem o momento", mas que lembram "ginásios olímpicos, não longe de um rio", numa cidade que poderia se chamar "S. Spiritus" ou talvez "Hélicon ou Parnaso", que é onde Diana se banhava, assistida por Vênus, Saturno e Pégaso, o cavalo alado – uma retórica fantasista, esquiva.[10] Quando Maier explica que um leitor inteligente saberá o que ele quer dizer, mas o ignorante ficará confuso, vem à nossa memória a técnica straussiana de escrita "esotérica" de Andreae.

Peter Marshall relata que um dia Maier realizou uma cura mediúnica num protegido de Rodolfo II.[11] O período de Maier na Inglaterra, seu encontro com Fludd e o fato de seu primeiro livro, *Arcana Arcanissima* (Segredo dos Segredos), ter sido publicado lá, em 1614, são sinais de que o impulso rosa-cruz que, como Yates sustenta, teve início com a "missão a Praga" de John Dee estava retornando à sua fonte. Infelizmente, Maier, como os fantásticos jardins em Heidelberg, foi uma vítima da Guerra dos Trinta Anos. Segundo os relatos, morreu durante o cerco de Magdeburgo, em 1622.

É debatido se Maier realmente se encontrou com Robert Fludd (1547-1637) durante o período que passou na Inglaterra, mas é provável que o tenha feito. *Arcana Arcanissima*, de Maier, era dedicada ao médico inglês William Paddy, amigo de Fludd, e sabemos que Maier se encontrou com Paddy. Embora importante, a comunidade esotérica na Europa era pequena e, nessa época, formar redes de relacionamentos significava um pouco mais do que pegar os e-mails. Viajava-se para buscar educação e encontrar cabeças parecidas, e é improvável que Maier perdesse a oportunidade de conhecer as ideias de Fludd. Maier e Fludd compartilhavam o mesmo editor, Johann Theodore De Bry, de Oppenheim, uma cidade do Palatinado.[12] Que as extensas obras dos dois aparecessem em rápida sucessão sugere que a maior parte delas foi escrita bem antes da publicação. Que o editor estivesse estabelecido no Palatinado também sugere simpatia pelas esperanças que surgiam em torno de Frederico V. E embora não fossem escritos de propaganda, as obras dos dois escritores teriam ajudado a disseminar a sensibilidade rosa-cruz favorável à esperada "reforma geral".

Como Maier, Fludd enfatizava que não era membro da irmandade; com exceção de John Heydon, essa é uma tática adotada pela maioria dos simpatizantes rosa-cruzes. As simpatias de Fludd ficavam óbvias, mesmo que de uma maneira prolixa, no título de sua primeira obra publicada, *Apologia Compendiaria Fraternitatem de Rosea Cruce suspicionis et infamiae maculis aspersam, veritatis quasi Fluctibus abluens et abstergens* (Um Compêndio de Defesa da Fraternidade da Rosa-Cruz, coberta com a lama da suspeita e da infâmia, mas agora limpa com as águas da verdade). Como "enchente" ou "águas" em latim é *fluctibus*, Fludd estava fazendo um gracejo com seu próprio nome; mas o livro em si era extremamente sério. Aqui, e no restante de sua produção rosa-cruz, Fludd liga a irmandade à *prisca theologia*, trazida à luz por Ficino, e argumenta que a "magia" que ela emprega é estritamente "científica" e "sagrada".

Esse primeiro esforço e aquele que o seguiu, o *Tractatus Apologeticus* (Tratado Apologético da Integridade da Sociedade da Rosa-Cruz), foram defesas integrais da irmandade, assim como tentativas de contatá-la. Contudo, se Fludd, como Maier, acreditava que a irmandade realmente existia, ele também argumentava, como Andreae, contra uma compreensão demasiado literal dela. Em seu *Summum Bonum*, respondendo a ataques do monge francês Marin Mersenne, Fludd expressa de novo a opinião de que não se devia confundir os rosa-cruzes com os "impostores" que degradavam a verdadeira magia espiritual com falsas alegações de fabrico de ouro e outros falsos prodígios. Assim como a verdadeira Igreja é constituída de crentes devotos, o Espírito Santo não é feito de argamassa e tijolos, mas de crença nos rosa-cruzes e seus ideais. A fraternidade proporciona afinidade espiritual, não de sangue.

A afinidade rosa-cruz de Fludd fica evidente em sua colossal *Utriusque Cosmi Historia*, publicada por De Bry em 1617, uma história dos "dois mundos", o macrocosmo e o microcosmo. Assim como Maier expressou o aspecto alquímico do pensamento rosa-cruz, Fludd, utilizando o trabalho de Dee, Paracelso, Ficino e dos demais hermetistas da Renascença, sintetizou as ideias do homem como um "pequeno universo". O trabalho foi dedicado a James I, que é saudado como "Ter Maximus", título concedido ao próprio Hermes Trismegisto, equiparando o rei ao fundador da ciência que a obra celebra. Como fez Maier com seu cartão de Natal rosa-cruz, Fludd parece ter tentado trazer James para bordo ou dar a impressão de que ele já era simpático aos ideais dos trabalhos e às associações desses ideais com o Palatinado e seu genro.[13]

Fludd liga de maneira razoável o experimento rosa-cruz a outra fraternidade, muito mais visível, que ia ter seu próprio entrelaçamento com política esotérica. Se Fludd era ou não maçom continua sendo debatido. Seguindo A. E. Waite, Christopher McIntosh sugere que sim, embora a prova disto seja circunstancial.[14] Contudo, as obras de outros seguidores rosa-cruzes sugerem ligações possivelmente fortes entre Fludd e a Maçonaria.

O PARAÍSO DO CORAÇÃO

Se Maier e Fludd carregaram a tocha hermético-alquímica dos rosa-cruzes, outros simpatizantes deram continuidade ao impulso utópico, educativo. Um deles foi Comenius (Jan Amos Komensky), cujo desesperançado *O Labirinto do Mundo* deu início a este capítulo. O nome de

Comenius pode não ser familiar à maioria dos leitores de língua inglesa, mas ele é herói nacional na Europa Central. Seu aniversário é feriado nacional. Na Hungria, uma faculdade de letras e um programa de educação de adultos receberam seu nome. Rembrandt pintou seu retrato. Embora símbolo do nacionalismo tcheco, Comenius é também uma figura internacional, como é adequado a um pensador rosa-cruz. Foi convidado a ser o primeiro reitor da Harvard University e a Unesco oferece uma Medalha Comenius a realizações de destaque na educação. Tudo considerado, seu título de "mestre das nações" é bem conveniente.

Comenius pertencia aos Irmãos Boêmios, a tendência mística do protestantismo que começou com Jan Huss; quando a Contrarreforma atacou, ele foi um de seus alvos. Com a queda de Frederico V, tropas espanholas capturaram sua cidade natal; queimaram-lhe a casa, a biblioteca e todos os seus manuscritos. Ele conduziu os irmãos para o exílio, viajando através da Suécia, Lituânia, Transilvânia, Holanda, Hungria, Polônia e Inglaterra – sem dúvida o labirinto no título do seu livro não era simples metáfora. A caminho da cidade de Brandeis, onde encontraria proteção por algum tempo na propriedade do conde Zerotin, um patriota boêmio que, não obstante, não apoiara Frederico V, a esposa e um dos filhos de Comenius morreram. Foi nesse ponto que ele escreveu *O Labirinto do Mundo*.

Comenius, como Campanella, era pansofista e, como Andreae, via o teatro como um tema importante. Sua primeira obra pansófica foi *Um Teatro de Todas as Coisas do Mundo*. É possível que tenha conhecido Andreae em Heidelberg, em cuja universidade estudou. Graduou-se em junho de 1613, apenas alguns dias após a chegada de Elizabeth, noiva de Frederico, e é provável que tenha testemunhado o esplêndido cortejo e festival com que ela foi recebida. Muitos professores de Comenius tinham fortes laços com a corte de Heidelberg e podem ter falado aos jovens alunos das grandes mudanças que o casamento de Frederico e Elizabeth pressagiava. Em Heidelberg, Comenius também conheceu George Hartlib, cujo irmão, Samuel Hartlib, ser-lhe-ia de grande auxílio na Inglaterra.

Muitos dos ideais rosa-cruzes teriam sido familiares a Comenius desde sua associação com os Irmãos Boêmios, que eram conhecidos pela benevolência, boas obras e piedade. E embora seu recuo ante o fracasso do sonho rosa-cruz fosse mais extremo, Comenius, como Andreae, encontrou refúgio na fé cristã. O labirinto que o Peregrino – o protagonista de seu livro – enfrenta é vasto e desorientador, mas ele é salvo da escuridão por uma voz, que o convida a deixar o labirinto e penetrar no "Paraíso do Coração". Assim como Andreae abandonou o *ludibrium* rosa-cruz por iniciativas mais diretas, como a criação das Sociedades Cristãs, Comenius deixou para trás o desmoronamento de seus sonhos para encontrar nova esperança em Cristo. No término do livro, Comenius (que devemos presumir ser o Peregrino) tem uma visão de anjos. Eles são, Comenius vê, os guardiões dos que são bons, mas são também seus mestres. "Frequentemente lhes dão o conhecimento secreto de diversas coisas", Comenius escreve, "e lhes ensinam os profundos mistérios secretos de Deus." Para esses instrutores angélicos, "nada que um homem piedoso possa ter vontade de saber poderá ser secreto e, com a permissão de Deus, eles revelam aquilo que sabem".[15]

Os anjos de Comenius formam uma espécie de "colégio invisível", uma assembleia que os habitantes da *Cristianópolis* de Andreae também frequentam. Como Andreae, Comenius rejeita a forma de seus antigos ideais utópicos, mas não os ideais em si. Como Dee, Andreae e Fludd, acredita que a busca do conhecimento inclui tanto o reino terreno quanto o espiritual. Esse conhecimento deveria ser compartilhado por aqueles que dedicam suas energias a adquiri-lo e a disseminá-lo a serviço de uma causa esclarecida, filantrópica. A febre rosa-cruz foi uma decepção e Frederico V uma causa perdida, mas a visão progressista de uma humanidade esclarecida, liberta ainda está no centro do paraíso de Comenius.

O CONTATO INGLÊS

Samuel Hartlib pertencia a uma das Sociedades Cristãs promovidas por Andreae, uma seita mística, filantrópica, que experimentaria a ira dos Habsburgos. Quando precisou fugir de sua casa na Polônia para escapar da Contrarreforma, Hartlib foi para a Inglaterra. Como muitos que tinham se apegado ao sonho rosa-cruz, Hartlib estava entre aqueles que, como Comenius, frequentavam a corte de Elizabeth, a exilada ex-rainha da Boêmia, em Haia. Após a morte de Frederico em 1623, as esperanças que ainda existiam de um retorno do leão do Palatinado foram depositadas nela.

Hartlib compartilhava a crença de Comenius na educação e se conduzia como um irmão rosa-cruz vivo, que respirava e unia uma apaixonada piedade cristã com extrema sensibilidade científica e um compromisso de ajudar o próximo. Fundou uma escola em Chichester; quando ela se mostrou um fracasso, Hartlib retornou a Londres. Por essa época, Comenius havia dado início, na Polônia, a uma comunidade de Irmãos Boêmios exilados e começara a escrever e publicar obras educativas promovendo seu ideal pansófico. Outro participante do círculo de Hartlib era o pregador escocês John Dury, que conhecera Hartlib em Elbing e se deixara contagiar pelo entusiasmo dele com a reforma científica e social. Dury também mantinha um contato íntimo com Elizabeth em Haia.

A Inglaterra que Hartlib descobriu repetia, sob muitos aspectos, a Boêmia que precedera o colapso rosa-cruz. À beira de uma catastrófica Guerra Civil, o clima intelectual e político da Inglaterra era estranhamente liberal e comunicativo. Hartlib se aproveitou dessa situação para iniciar um tipo monumental de *networking*; ficou conhecido como um "agente de informações" que se mantinha atualizado numa atordoante variedade de áreas e distribuía seu conhecimento entre um amplo círculo de correspondentes. Uma de suas ideias prediletas era o que chamou de "central de endereços", um "*bureau* de informações do cidadão", que disponibilizava material sobre uma série de assuntos diferentes – uma espécie de versão século XVII do Google.

Em 1640, Hartlib dirigiu-se ao Parlamento, falando a eles de sua própria cidade do Sol com a *Descrição do Famoso Reino de Macaria* – sendo "Macaria" o nome do país imaginário na *Utopia*, de Thomas More, da qual se deriva o termo *utópico*. Como acontecia com outras utopias rosa-cruzes, a de Hartlib associa a piedade religiosa ao aprendizado científico e espiritual. Como a de Andreae, é um *ludibrium* expressando o sonho rosa-cruz; contudo, também inclui sugestões mais práticas, sugestões que um órgão legislativo como o Parlamento poderia adotar. Hartlib deve ter julgado que sua fala fora bem-sucedida; encorajado, instigou Comenius e Dury a irem para a Inglaterra. Parecia que lá, afinal, anos após o *Fama* ter feito pela primeira vez rolar a bola rosa-cruz, a reforma geral e a regeneração do mundo poderiam começar.

O destino se opôs a isso. Quando Dury e Comenius se juntaram a Hartlib em Londres, em 1641, foram calorosamente recebidos por seus respeitados associados. A emoção estava no ar. Mas no ano seguinte todos os planos para a "reforma geral" foram engavetados. A Guerra Civil irrompeu. O caos não era tão devastador como o do continente, mas era bastante terrível, especialmente para homens como Hartlib e Comenius, que já tinham passado por ele. As breves luzes da rosa-cruz tornaram a se dissipar na escuridão. Comenius partiu para a Suécia; Dury para Haia. Comenius teve ter sentido um pesar em dobro. Em *O Caminho da Luz*, escrito enquanto estava na Inglaterra, Comenius tinha novamente feito apelos pela difusão da sabedoria universal, por um "colégio" de estudiosos e pensadores que trabalhassem juntos pelo bem comum. Mas a morte e a destruição tinham mais uma vez triunfado sobre essa causa.

ROYAL SOCIETY

O apelo por um "colégio" foi respondido, mas não do modo como Comenius e seus camaradas esperavam. Por volta de 1645, no meio das guerras civis, alguns entusiastas da ciência se reuniram em Londres. Um deles era Theodore Haak, agente de Comenius em Londres. Exilado do Palatinado e um dos contatos de Hartlib, acredita-se que a proposta dos encontros tenha partido de Haak. Embora não mencionadas no relato "oficial" de suas origens, essas reuniões possivelmente foram o início do que acabaria se tornando a Royal Society (Real Sociedade de Londres), a mais antiga e respeitada sociedade científica do mundo. Se a ligação Haak-Hartlib-Comenius não for suficiente para situar a Royal Society numa linha de descendência do *Fama*, cartas referentes aos encontros, escritas em 1646 e 1647 pelo eminente cientista Robert Boyle – considerado o pai da química moderna –, proporcionam prova mais forte. Escrevendo para o ex-tutor, Boyle pergunta por certos livros que o tornarão "extremamente bem recebido em nosso Colégio Invisível". Boyle descreve os membros desse "Colégio Invisível" ou "Filosófico" como homens "de espírito penetrante e investigativo", que "se empenham em desafiar a mentalidade estreita" e que "colocam todo o conjunto da humanidade sob seus cuidados". Em outra carta, escrita a Hartlib, Boyle, que professava fortes crenças cristãs, fala dos planos de sentido cívico e filantrópico do "colégio".[16]

A Royal Society foi fundada em 1660 e, embora preenchesse algumas expectativas rosa-cruzes, não se desenvolveu no sentido rosa-cruz. Nessa época, a ciência angélica promovida por Dee, Fludd e outros fora desacreditada como ciência e por ter algo de demoníaco. Em 1659, o *Diário Espiritual* de Dee, com os relatos de suas comunicações com anjos, foi publicado, e um prefácio de Meric Causabon acusava Dee de consorciar-se com demônios (anteriormente, o pai de Meric, Isaac, amortecera o entusiasmo hermético datando os textos herméticos traduzidos por Ficino do século II ou III d.C., mostrando assim que não poderiam ter sido escritos pelo próprio Hermes). Espalhou-se uma antipatia geral pela ciência hermético-rosa-cruz, e a paranoia religiosa e política se inflamou. Os membros da Royal Society tinham de observar onde pisavam; prudentemente, eles se distanciaram de ideias sobre "sabedoria universal" e uma "reforma geral", passando a fazer ciência no mundo "real". O próprio Bacon, embora incluído no clã rosa-cruz, argumentou contra a "magia matemática" de Dee, e a intransigente abordagem empírica, hoje associada à ciência, tornou-se dominante.

Sonhos ocultistas de sabedoria secreta não foram muito longe. Um dos membros fundadores da Royal Society era o antiquário Elias Ashmole, mais conhecido hoje pelo Ashmolean Museum, em Oxford, que guarda sua coleção. Astrólogo, alquimista e filósofo hermético, Ashmole acreditava firmemente no espírito rosa-cruz. Copiou à mão traduções inglesas do *Fama* e do *Confessio*, e escreveu em latim uma estranha carta à Fraternidade Rosa-Cruz, pedindo para se juntar à fraternidade. Não é de surpreender que jamais a tenha enviado – qual era o endereço? Mas entre seus curiosos pedidos por nossa atenção, um em particular se destaca. Em outubro de 1646, Elias Ashmole tornou-se maçom.

3

Manobras Maçônicas

As origens da Maçonaria têm inspirado mais teorias do que talvez as de qualquer outro grupo na tradição esotérica ocidental. Os próprios maçons contribuíram para essa incerteza e, em diferentes momentos de sua história, admitiram ou rejeitaram uma associação com o oculto. A mácula de conspiração que aderiu aos maçons no século XVIII ainda permanece, mas os maçons modernos rejeitam a alegação de que são "uma sociedade de homens que fazem os juramentos mais solenes, reforçados por terríveis punições, de promover seus próprios interesses contra os dos 'profanos' (não maçons)".[1] Os infames *Protocolos dos Sábios de Sião*, publicados na Rússia em 1905, acusavam os maçons de terem planos para dominar o mundo. Sendo supostamente um documento secreto esboçando um esquema para a conquista do mundo financeiro, escrito por um órgão dirigente de judeus internacionais, os *Protocolos* ligavam a Maçonaria a dois outros alvos de violenta paranoia: os próprios judeus e um parente recém-chegado, o comunismo. Todos os três foram mais tarde alvos de Adolf Hitler, um grande leitor dos *Protocolos*, que fez discursos sobre eles em Munique, nos primeiros dias do Nacional-Socialismo, e a eles se refere num tom aprovador no *Mein Kampf*. Depois que Hitler chegou ao poder e a Maçonaria foi banida, os *Protocolos* se tornaram texto obrigatório em escolas alemãs e continuam sendo leitura obrigatória para muitos teóricos da conspiração direitistas nos dias de hoje. O fato de, em 1921, uma série de artigos no *The Times* ter mostrado que os *Protocolos* eram uma obra de plágio e falsificação não alterou seu status de obra clássica tanto do antissemitismo quanto da paranoia antimaçônica.

Em 1924, a acusação de domínio do mundo feita contra a Maçonaria retornou em *Sociedades Secretas e Movimentos Subversivos*, da teórica da conspiração Nesta Webster. Outro texto seminal para os caçadores de conspiração dos tempos modernos, seus primeiros leitores incluíram um futuro primeiro-ministro britânico, o maçom Winston Churchill.[2] Cinquenta anos mais tarde, Webster encontrou um círculo de leitores novo e dotado de maior discernimento divulgando a obra do falecido humorista esotérico Robert Anton Wilson, coautor do clássico *ludibrium* moderno, o *Illuminatus!*, trilogia que apresenta os nefandos Illuminati bávaros, uma ramificação maçônica, numa série de hilariantes aventuras esotéricas. Webster, no entanto, era implacavelmente séria com relação à ameaça judaico-maçônica, que relacionava com a teosofia, com o socialismo e com o seu papel em combatê-la; segundo um relato, só atendia à porta com uma pistola carregada na mão.[3]

Hoje, para a maioria dos maçons, essas preocupações beiram a insanidade, embora os maçons jamais tenham dissipado a noção de que estão envolvidos em algo clandestino. Nas décadas de 1970 e 1980, livros como *The Brotherhood*, de Stephen Knight, que "expõe" os objetivos secretos da Maçonaria, e *Jack, o Estripador: A Solução Final*, que sustenta que os assassinatos horripilantes de várias prostitutas na década de 1880 no East End* de Londres foram obra dos maçons, renovaram as suspeitas. Na década de 1990, na Grã-Bretanha, escândalos cercando a "corrupção" maçônica na polícia, na política e nas finanças encheram as páginas dos tabloides e levaram a pedidos de uma legislação que obrigasse os maçons a tornar "transparente" suas filiações – não diferente do decreto na Alemanha Nazista forçando os judeus a usar uma estrela amarela ou à exigência, na América de Joe McCarthy, de que os "comunistas" confessassem seus sentimentos "vermelhos". Em tempos mais recentes, a ameaça maçônica ressurgiu nitidamente em postos elevados, com Hillary Clinton sendo "exposta", juntamente com o marido e ex-presidente, como membro dos Illuminati e outras sociedades secretas.[4]

---

* Área onde estão os bairros populares de Londres. (N. do T.)

Política Maçônica

Queira ou não assumir o comando do mundo, de todos os movimentos esotéricos examinados neste livro, a Maçonaria teve talvez a mais sensacional associação com o esoterismo na política, estando ligada à Revolução Americana, Francesa e a outras revoluções europeias. Participantes da Festa do Chá de Boston e muitos signatários da Declaração de Independência foram, ou logo depois se tornaram, maçons. Alguns escritores, como David Ovason e Robert Hieronimus, sustentam que os Estados Unidos são – ou pelos menos foram originalmente planejados para ser – o tipo de utopia que os rosa-cruzes tinham em mente e que Washington, D.C., está traçada conforme os preceitos da geometria sagrada, uma disciplina associada à Maçonaria.[5]

Para Manly P. Hall, "a marca dos Mistérios ainda pode ser vista no Grande Selo dos Estados Unidos", que inclui "uma gama de símbolos ocultos e maçônicos".[6] Se Hall, como o historiador do oculto, pode ser tendencioso, consideremos este comentário feito por Charles Eliot Norton, o estudioso respeitado, homem de letras, tradutor de Dante e professor de história da arte na Universidade de Harvard. Falando do Grande Selo, Norton diz: "A figura adotada pelo Congresso... dificilmente pode (ainda que artisticamente tratada pelo desenhista) parecer outra coisa do que um rotineiro emblema de uma fraternidade maçônica".[7] Hall liga a Nova Atlântida de Bacon ao Novo Mundo e declara que "não pode ser colocado em dúvida que as sociedades secretas da Europa conspiraram para estabelecer no continente americano 'uma nova nação, concebida em liberdade e dedicada ao princípio de que todos os homens são criados iguais'".[8] Para Hall, a fundação dos Estados Unidos era sem dúvida obra "daquele *órgão silencioso* que durante tanto tempo guiou o destino de povos e religiões". Comenta sombriamente que as nações que conseguem incorporar os altos ideais dessa sociedade secreta prosperam, mas as que se desviam desse curso "desaparecem como a antiga Atlântida". Ele chega inclusive a oferecer uma evidência interessante, mesmo que não suscetível de verificação, para sua crença. De acordo com Hall, quando os projetos para a bandeira americana estavam sendo discutidos, George Washington, Benjamin Franklin e outros da comissão visitaram uma casa onde um estrangeiro misterioso, mencionado como "o professor", estava hospedado. Por meio de certos sinais secretos, Washington e

Franklin o reconheceram e pediram-lhe que se juntasse a eles. Ele o fez e todas as suas sugestões sobre a bandeira foram adotadas. O professor então desapareceu, jamais sendo visto de novo. Washington e Franklin eram, é claro, maçons, e Hall sugere que Franklin era também rosa-cruz. Não está claro quem poderia ter sido o professor.

ORIGENS MAÇÔNICAS

Como foi mencionado, os relatos sobre os primórdios da Maçonaria variam. As "Antigas Obrigações", um texto maçônico datado de 1400 e encontrado no que é conhecido como manuscritos de Cooke e Regius, afirma que a Maçonaria remonta a tempos antediluvianos; seus segredos foram recuperados após o Dilúvio e foram a fonte do conhecimento de Hermes Trismegisto e de Pitágoras. Outro relato conta a história de Hiram Abiff, o mestre construtor do Templo de Salomão que foi assassinado por três pedreiros subalternos quando se recusou a revelar a secreta "palavra do maçom". Em anos recentes, uma enxurrada de livros populares tem ligado as origens da Maçonaria a muitas coisas: ao Sudário de Turim, ao antigo faraó egípcio Seqenenre, à Arca da Aliança, a João Batista, aos essênios, ao apócrifo Livro de Enoque, ao Priorado de Sião e a uma antiga civilização de homens do mar que circum-navegou o globo e produziu mapas do planeta numa época em que, pela narrativa oficial, ainda estávamos morando em cavernas.[9] O pino que mantém unidas essas e outras especulações é a Ordem dos Cavaleiros Templários. A ordem foi suprimida em 1307 e finalmente dissolvida em 1312. Mas alguns teóricos, como John Robinson em *Born in Blood*, sustentam que muitos Templários escaparam da captura e fugiram para a Escócia, onde foram bem recebidos, e que foi dessa imigração forçada que a Maçonaria, como a conhecemos hoje, surgiu.

UMA BREVE HISTÓRIA DOS CAVALEIROS TEMPLÁRIOS

A Ordem dos Cavaleiros Templários foi instituída em 1118 para garantir o trânsito seguro dos cristãos na Terra Santa durante as Cruzadas. Hugo de Payns, um nobre francês da região de Champanhe, reuniu oito de seus cavaleiros e levou a ideia ao rei Balduíno II de Jerusalém. Balduíno deve ter gostado dela. Permitiu que os cavaleiros estabelecessem seu quartel-general na mesquita de al-Aqsa, no Monte do Templo, um local sagrado para cristãos, judeus e muçulmanos. Diz-se que as ruínas do Templo de Salomão estariam lá, assim como o monte Moriah, onde Iahweh pediu que Abraão sacrificasse seu filho, Isaac. O Domo da Rocha, o santuário muçulmano que guarda a pedra de onde Maomé ascendeu aos céus, também está lá. Judeus ortodoxos encaram essa mesma pedra como aquela em que Jacó sonhou com anjos e com sua escada para o céu, embora haja alguma discussão a esse respeito. Os cavaleiros rebatizaram a mesquita de "Templum Domini", o Templo do Senhor, daí o nome *Cavaleiros Templários*.

Os cavaleiros pediam donativos para financiar seu empreendimento. Os caridosos ajudariam a defender a Terra Santa dos pagãos, mas também garantiriam para si próprios um bom lugar no céu – era uma primeira versão das indulgências que perturbariam Martinho Lutero alguns séculos depois. Embora os cavaleiros fizessem um voto de pobreza e, mais tarde, quando seus efetivos aumentaram, vivessem comunitariamente, receberam consideráveis contribuições em dinheiro, terras, materiais e trabalho voluntário. Todos os nobres que se filiavam tinham de doar suas terras e riqueza para a ordem. Por fim, os Templários se tornaram incrivelmente ricos, com imensas propriedades; chegaram a "possuir" Chipre. Oficialmente sancionados pela Igreja no Concílio de Troyes, em 1129, também receberam o importante patrocínio de Bernardo de Clairvaux, o clérigo mais respeitado da época. Bernardo, com efeito, deu-lhes, como James Bond, uma "licença para matar". Boa parte da crítica a quem "matava por Cristo" dissipou-se depois de ele escrever um tratado defendendo os "monges guerreiros".

Em 1139, o papa Inocêncio II emitiu uma bula papal, *Omne Datum Optimum*, garantindo aos cavaleiros livre trânsito por qualquer fronteira, isentando-os de impostos e tornando-os responsáveis unicamente perante ele. A proeza militar dos cavaleiros foi lendária; além de serem uma espécie de versão medieval dos Boinas-Verdes, foram também banqueiros poderosos, e boa parte das finanças modernas tem suas raízes na ordem. Embora a usura – algo que os judeus tinham a má reputação de praticar – fosse proibida pela Igreja (assim como matar), os cavaleiros eram suficientemente sofisticados e poderosos para contornar essa ordem.

O próprio sucesso dos cavaleiros, no entanto, começou a torná-los suspeitos ante os olhos de alguns, principalmente depois do fracasso final das Cruzadas – apesar dos esforços templários – e do desmoronamento do reino cristão de Jerusalém. Quando Acra, o último posto avançado cristão, caiu nas mãos dos mamelucos egípcios em 1291, sua *raison d'être* desapareceu e os Templários retornaram à Europa. Um exército independente, rico, bem treinado, sem missão imediata e responsável apenas perante o papa teria provocado considerável nervosismo no continente e, quando os Templários falaram em adquirir suas próprias terras no Languedoc (onde viviam, como já mencionei, os albigenses e os cátaros), houve uma certa consternação. Extremamente preocupado estava o rei francês Filipe IV, chamado de Filipe, o Belo. Filipe já estava em débito com os Templários e, quando lhes pediu mais dinheiro para continuar a guerra com a Inglaterra, eles o recusaram.

Relatos do que aconteceu em seguida variam, mas é muito provável que Filipe, com inveja das riquezas dos Templários, tenha persuadido o papa Clemente V, seu amigo de infância, a "investigá-los". Acusações forjadas de heresia foram devidamente feitas. Eles foram acusados de negar a natureza divina do Cristo, de cuspir e urinar na cruz, de homossexualidade, de se associarem a demônios, cultuando uma divindade chamada Baphomet, e também de cultuarem uma cabeça cortada. No dia 13 de outubro de 1307 – uma sexta-feira, dando origem, segundo dizem alguns, à crença de que esse é um dia "de azar" – os Templários foram detidos por toda a França. Prisões foram feitas também em outros países, mas não com o entusiasmo exibido pelos franceses. Confissões de se entregarem a práticas heréticas foram obtidas por meio de torturas, aplicadas por um corpo de interrogadores profissionais chamados Inquisidores. Só os Templários que foram torturados confessaram e as acusações foram muito parecidas com aquelas que Filipe tivera vontade de fazer contra o papa Bonifácio VIII num sequestro fracassado, ordenado quando, anteriormente, Bonifácio se recusara a agir contra os Templários. Parece provável que os Templários fossem inocentes dessas heresias e que Filipe simplesmente as usasse como meio de chegar à riqueza templária. Embora a Igreja se mostrasse relutante em tomar providências contra os cavaleiros, quando os relatos de suas "heresias" chegaram ao povo, um clamor público se ergueu e os pedidos para que fossem punidos começaram a surgir.

Em 1314, Jacques de Molay, o último Grande Mestre dos Templários, e Geoffrey de Charnay, seu subordinado imediato, foram queimados na fogueira em Paris, na Îlot aux Juifs, a minúscula ilha do Sena perto de Notre-Dame. Para garantir que nenhuma relíquia sobraria, as cinzas foram despejadas no rio. Acredita-se que Molay, enquanto era queimado, jogou uma maldição contra Filipe e Clemente, dizendo que, antes de um ano, ambos compareceriam diante de Deus para serem julgados. Ele estava certo; os dois morreram menos de um ano depois de Molay. A posição da Igreja, na época e até os dias de hoje, é que as acusações contra os Templários eram falsas e que Clemente foi forçado a agir devido à pressão de Filipe e às "exigências populares". Em 2007, o Vaticano anunciou que o Pergaminho de Chinon, um registro das audiências sobre heresia dos Templários, fora descoberto depois de ter passado séculos posto em lugar errado. O documento exonera os Templários de todas as acusações e argumenta em favor da teoria de que as "heresias" eram parte de seu treinamento para enfrentar "a humilhação que os cavaleiros sofreriam se caíssem nas mãos do líder muçulmano Saladino".[10]

TESOURO TEMPLÁRIO

Vários relatos sugerem que, juntamente com uma considerável riqueza, os Templários tinham também outro tipo de tesouro. Eles são conhecidos por terem usado uma série de túneis sob sua fortaleza no Monte do Templo e algumas fontes sustentam que eles próprios se empenharam em escavações importantes – e que as escavações na mesquita de al-Aqsa teriam sido, inclusive, a razão pela qual foram para lá. Como na lenda sobre os cátaros, em que se acredita que alguns deles tenham escapado do massacre em Montségur transportando um misterioso tesouro, a natureza exata do tesouro templário não está clara. Para alguns, era uma coleção de manuscritos originários da mesma fonte que os famosos Manuscritos do Mar Morto, descobertos em 1947, em Qumran, na margem ocidental, e que teriam sido escritos por uma seita mística judaica, os essênios. Acredita-se que esses manuscritos templários forneçam provas condenatórias contra a Igreja estabelecida, mostrando que a Igreja como a conhecemos não é a verdadeira igreja de Cristo e que os ensinamentos originais de Jesus eram consideravelmente diferentes daqueles que nos ensinaram.

Para outros, os manuscritos continham um material que inspirou os símbolos centrais da Maçonaria. Outros ainda acreditam que o tesouro descoberto por Hugo de Payens e seus cavaleiros eram mapas elaborados, como já mencionei, por uma antiga civilização de homens do mar. Mostrariam a localização, entre outros lugares, da América, e teriam sido usados por alguns Templários para alcançar o Novo Mundo bem antes de Colombo. Alguns, ainda, dizem que o tesouro era a Arca da Aliança ou tinha relação com ela.[11]

Outra sugestão é que o tesouro, de que os Templários tinham tomado posse na Terra Santa, não era um determinado objeto ou coisa, mas um ensinamento: a filosofia hermética, mantida viva em terras árabes quando foi perdida para o Ocidente. Isso teria incluído a geometria sagrada e a matemática, necessárias para a arquitetura de algo tão significativo quanto o Templo de Salomão, o prédio que é um elemento básico da lenda maçônica.

A CONEXÃO ESCOCESA

Independentemente do que possa ter sido o misterioso tesouro templário, acredita-se que um considerável número de Templários tenha fugido do severo castigo de Filipe, o Belo. Alguns podem ter encontrado refúgio na Suíça. Quando Leopoldo I, da Áustria, não muito tempo depois da dissolução da ordem, tentou conseguir o controle do Passo de São Gotardo, seu exército de 5000 homens foi emboscado e derrotado por uns 500 camponeses. Histórias populares falam dos "cavaleiros brancos" que foram ajudar os camponeses; não conhecidos como guerreiros, os suíços ganharam daí por diante uma reputação de combatentes ferozes. Mas a terra onde a lenda mais sugestivamente coloca os Templários exilados é a Escócia.

Em 1312, a Escócia foi colocada sob excomunhão e Robert the Bruce, um lorde escocês, fora ele próprio excomungado em 1306 por assassinar um rival numa igreja. Isso deixou Roma sem poder na Escócia ou pelo menos nas áreas controladas por Bruce. A Escócia estava repelindo com dificuldade uma invasão inglesa e, quando os Templários fugitivos procuraram um destino, haveria algum lugar melhor? Não apenas ficava fora do alcance do papa; era um lugar onde poderiam inclusive encontrar trabalho. Em *The Temple and the Lodge*, Michael Baigent e Richard

Leigh sugerem que os escoceses repeliram os ingleses na decisiva batalha de Bannockburn, em 1314, graças a um imprevisto contingente de reforços templários.

Como muitas ordens esotéricas através da história, os Templários foram forçados a ir para a "clandestinidade", mas sua presença, Baigent e Leigh sustentam, pode ser detectada na estranha arquitetura da Capela Rosslyn, que não fica longe de Edimburgo. Um relato descreve seu interior como "febril alucinação em pedra... um compêndio petrificado de 'esotérica'".[12] Um entalhe parece descrever uma iniciação maçônica ritual e acredita-se que William St. Clair, que iniciou a construção da capela em 1446, tenha sido templário. A família Sinclair, como foram mais tarde conhecidos, tornou-se, "talvez mais que qualquer outra família na Grã-Bretanha... associada com a posterior Maçonaria".[13] Alguns encontram provas da "conexão escocesa" maçom-templária na suposta "Coluna do Aprendiz", onde dragões e videiras que se enroscam sugerem um elo com o simbolismo vegetal do Homem Verde.[14] Segundo a lenda, quando um modelo da coluna chegou de Roma, o mestre pedreiro sentiu-se incapaz de reproduzi-la sem examinar o original e viajou para vê-lo. Enquanto estava fora, seu aprendiz tomou a frente e a fez. Quando o mestre retornou e viu a obra do aprendiz, ficou com inveja e matou o rapaz. Um entalhe do aprendiz assassinado, com um corte na têmpora direita, está sobre a porta oeste da capela. Próximo fica a cabeça do mestre maçom e também a de uma mulher, a mãe viúva. A conclusão é que o rapaz assassinado é um "filho da viúva", uma frase do ritual maçônico, e que o crime faz eco ao de Hiram Abiff.

Há uma evidência adicional de um elo maçom-templário. O barão alemão do século XVIII, Karl Gottlieb von Hund, que voltaremos a encontrar mais adiante, promoveu um tipo peculiar de Maçonaria conhecido como Estrita Observância. Era, ele reivindicou, uma "restauração do Templo". Curiosamente, em seus primeiros dias maçônicos, o tradicionalista René Guénon foi envolvido numa breve ressurreição dos Templários. Em 1908, depois de receber uma ordem supostamente do próprio Jacques de Molay durante uma sessão espírita, Guénon organizou a Ordem Renovada dos Templários em Paris. O grupo consistiu de Guénon e alguns martinistas – seguidores das ideias de Martines de Pasqually – e teve uma vida muito curta[15] (aliás, Guénon tinha também algumas ideias estranhas sobre os rosa-cruzes; acreditava que tinham abandonado a Europa depois da Guerra dos Trinta Anos e ido para a Ásia).[16] Não é surpreendente que os Templários tenham continuado a ser uma influência importante nos círculos franceses esotéricos e ocultos e fossem considerados uma fonte fundamental para as curiosas ideias políticas do ocultista francês Alexandre Saint-Yves d'Alveydre.

RETOMADA ROSA-CRUZ?

A conexão escocesa templário-maçônica parece forte e, como veremos, a Maçonaria tinha laços íntimos com a política escocesa. Mas como Richard Smoley ressalta em *Forbidden Faith*, existem algumas falhas no argumento. Em primeiro lugar, os Templários eram, antes de mais nada, soldados. Isso não exclui a ideia de que alguns possam ter tido conhecimento esotérico, mas provavelmente ele teria pouca coisa a ver com arquitetura ou geometria sagradas. O historiador Jasper Ridley assinala que "as ideias dos maçons especulativos no século XVIII... nada tinham em comum com as dos Templários". "Os Templários do século XIV não eram deístas", como os maçons mais tarde se tornaram. "Não eram sequer protestantes heréticos", como eram os rosa-cruzes. Ainda assim, embora acredite que a história dos Templários vencendo a batalha de Bannockburn é "certamente absurda", Ridley concorda que "não é impossível que alguns Templários tenham fugido para a Escócia" e que "seus descendentes... se juntassem a lojas maçônicas". Ridley nega, porém, que tenham tido qualquer participação "no desenvolvimento da Maçonaria especulativa na Escócia e na Inglaterra".[17] E como o próprio legado da Maçonaria admite, há uma nítida ligação entre os construtores antigos e os da época das "Antigas Obrigações".

Existe também o elo rosa-cruz. Num longo poema escrito em 1638 pelo escocês Henry Adamson, "The Muses Threnodie", encontramos estes versos:

Pois o que pressagiamos não está no conjunto,
Pois somos irmãos da Rosa-Cruz;
Temos a Palavra do Maçom *e visão profética,*
Coisas a vir podemos predizer sem erro.[18]

Essa é uma das mais antigas referências à Maçonaria como ela é conhecida hoje – na verdade, é a primeira referência impressa à "palavra maçom".[19] É também uma das primeiras a ligar a Maçonaria aos rosa-cruzes e a sugerir que os maçons, juntamente com os rosa-cruzes, possuem poderes ocultos, neste caso, "visão profética", uma forma de vidência. E em 1676, um folheto maçônico punha em destaque esta referência cômica a um jantar com alguns convidados incomuns: "Para informar que o Moderno Fita Verde e a Cabala, juntamente com a Antiga Fraternidade da Rosa-Cruz, os Hermetick Adepti e a companhia dos Maçons Aceitos pretendem todos participar de um jantar no dia 31 de novembro do próximo...". A notícia brincava com a antiga anedota rosa-cruz, sugerindo que os que comparecessem deviam levar os óculos para que alguns convidados não parecessem invisíveis.[20]

Um pesquisador maçônico estava convencido de que as origens da Maçonaria se encontravam nos Irmãos da Rosa-Cruz. Em seu longo ensaio sobre os rosa-cruzes, Thomas De Quincey, o "inglês comedor de ópio",* concluiu que "os maçons originais formavam uma sociedade que brotou da mania rosa-cruz, certamente dentro dos treze anos que vão de 1633 a 1646, provavelmente entre 1633 e 1640". De Quincey concorda que não havia uma "verdadeira" ordem rosa-cruz, chamando-a de "fraude posta em prática por um jovem de extraordinários talentos", mas para "um objetivo mais elevado do que o envolvido na maioria das fraudes"; não obstante, ele acreditava que o impulso rosa-cruz levou à Maçonaria. "A Maçonaria", para De Quincey, "é nem mais nem menos que o rosa-crucianismo modificado pelos que o transplantaram para a Inglaterra."[21] Vimos os que podem ter sido alguns dos responsáveis por transplantá-lo: Fludd, Comenius, Hartlib e Haak.

O impulso rosa-cruz mostra claramente uma "semelhança familiar" à Maçonaria, mas a resposta completa não pode estar aí. As "Antigas Obrigações" de 1400 atestam contra isto, como a evidência de William Schaw, que em 1583 foi designado mestre de obras por James VI, da Escócia, prestes a se tornar James I, da Inglaterra. Responsável pela organização das lojas da nação, Schaw trouxe uma curiosa adição à prática do maçom, exigindo que cada nova loja que requeresse aprovação fosse tes-

---

* Conforme o título do livro de Quincey, "Confissões de um Inglês Comedor de Ópio". (N. do T.)

tada "na arte da memória e em sua ciência".[22] Seria a mesma arte da memória praticada pelos conhecedores da Renascença? Talvez Schaw estivesse se referindo à memória cotidiana de que qualquer trabalhador precisaria, necessária para decorar rituais e senhas. Precisaria, contudo, algo tão banal ser submetido a teste? E Schaw se referiria a isso como "arte"? Se de fato se tratava da arte hermética da memória, então pelo menos alguns maçons tiveram conhecimento dela antes da diáspora rosa-cruz.

DA MAÇONARIA OPERATIVA À ESPECULATIVA

O teste de memória de Schaw sugere pelo menos que o relato-padrão das origens da Maçonaria – de que ela se originou das guildas medievais de pedreiros – é ainda talvez o melhor. Na Idade Média, havia, segundo um autor, uma "sensação geral" de que os pedreiros eram "diferentes das outras pessoas".[23] Enquanto a maioria das pessoas dificilmente deixava suas aldeias, os pedreiros tinham de viajar para trabalhar nas poucas construções que eram feitas de pedra: castelos, catedrais, abadias, igrejas. Eram empregados em trabalhos sacros pela Igreja, o rei e os nobres, e os pedreiros de elite, que faziam os entalhes ornamentais nas grandes catedrais, formavam uma espécie de guilda própria. Na França, formavam uma das *compagnonnages*, que também incluíam os *carbonários* ou "carvoeiros"; na Alemanha, eram conhecidos como *Steinmetzen*, cujo trabalho pode ter incluído símbolos esotéricos.[24] Esses especialistas trabalhavam no que era chamado de "pedra de cantaria", que permitia um entalhe mais fino, enquanto os "pedreiros brutos", que assentavam as fundações de um prédio, trabalhavam com pedra não aparelhada. Daí a expressão inglesa "freestone masons" ou "freemasons".*[25] Eles precisavam reconhecer os colegas pedreiros quando viajavam, daí as senhas, apertos de mão e sinais secretos, que também ajudavam a garantir seus empregos, já que só mestres do ofício os aprendiam. O fato de trabalharem em lugares sagrados relacionava suas atividades aos grandes monumentos religiosos do passado, como o Templo de Salomão.

---

* Isto é, pedreiros que trabalham com cantaria ou canteiros. "Pedreiro livre" é uma tradução literal de *freemason*. (N. do T.)

Entre 1550 e 1700, a Maçonaria misteriosamente se alterou, transformando-se no que é conhecido como "Maçonaria especulativa". Ao contrário dos pedreiros (maçons) "operativos", que realmente trabalhavam com a pedra, os "especulativos" especulavam sobre o *sentido* da arquitetura. A transformação era similar, mas estranhamente oposta, à passagem da alquimia à química, que estava acontecendo no mesmo momento. Enquanto a alquimia espiritual estava focada na transformação interior, a química que dela emergia se concentrava na experiência, tipo "mãos à obra", de compreender as mudanças na matéria. A Maçonaria começou com a experiência "mãos à obra" de trabalhar com a verdadeira pedra e passou gradualmente às especulações espirituais da Maçonaria de hoje.

Numerosas teorias tentaram explicar essa transformação, mas ela parece compartilhar o mesmo despertar de liberalismo religioso e espiritual que acompanhava o experimento rosa-cruz. As primeiras Obrigações ou preceitos que um maçom devia seguir incluíam não dormir com a esposa ou filha do mestre e observar completa lealdade primeiro à Igreja e depois ao rei. Não se sabe se os preceitos sobre dormir com a esposa ou filha do mestre se alteraram. Mas lá para o início do século XVIII os maçons passaram de uma "associação profissional" que "aceitava todas as doutrinas da Igreja Católica" e hipotecava obediência absoluta ao rei para uma "organização de cavalheiros intelectuais que apoiavam a tolerância religiosa e a amizade entre homens de diferentes religiões, acreditando que a simples crença em Deus deveria substituir controvertidas doutrinas teológicas".[26]

De repente, nobres e aristocratas adquiriram um imenso interesse no que os humildes maçons estavam fazendo, como se os Quinhentos Mais Ricos de hoje ficassem fascinados da noite para o dia por trabalhadores da construção civil. Não era incomum as guildas aceitarem como membros homens que não tinham nenhuma relação com a profissão e foi assim, segundo uma explicação, que a família St. Clair, em Rosslyn, instituiu um "direito hereditário de exercer autoridade sobre os pedreiros (maçons) da Escócia".[27] Mas agora era diferente. A popularidade da nova Bíblia vernacular na esteira da Reforma reduziu o controle da Igreja e o relato da construção do Templo de Salomão também levou a um interesse pelo trabalho dos pedreiros. De certa maneira, "a possibilidade de amizade entre homens de diferentes religiões",[28] meta rosa-cruz, associava-se aos pedreiros, assim como ideias sobre arquitetura sagrada.

| 74 |

As origens secretas da Maçonaria, reunidas no *Livro das Constituições*, de James Anderson, só foram publicadas em 1723, seis anos após a formação da Grande Loja Inglesa, embora seja muito provável que tenham começado a circular bem antes. Entre outras coisas, retratava-se Deus como uma espécie de maçom, o Divino Arquiteto, uma ideia encontrada no *Timeu* de Platão e com raízes na crença de Pitágoras de que os números se encontram no centro da criação. Dizia-se que Abraão tinha ensinado geometria a Euclides. Outras histórias bíblicas explicam outros aspectos da Maçonaria. A necessidade de sinais e códigos secretos, por exemplo, surgiu do caos linguístico que se seguiu ao desmoronamento da Torre de Babel, dando à "palavra do maçom", originalmente um meio de os pedreiros escoceses distinguirem entre mestre e aprendiz, uma aura de mistério. Era usada em empolgantes rituais de iniciação e cerimônias secretas, mas não estaria também no misterioso idioma que antecedeu a queda de um tal monumento à arrogância humana? Mais tarde a busca dessa *língua original*, que muitos associaram às "correspondências" de Swedenborg, seria relacionada a ideias renovadas de uma reforma social geral.

MAÇONARIA JACOBITA

A menção de Swedenborg nos traz à Maçonaria jacobita, uma forma de Maçonaria ligada ao movimento político dedicado a restaurar a linhagem Stuart nos tronos inglês e escocês. Em 1710, durante sua primeira visita a Londres, acredita-se que Swedenborg tenha sido iniciado numa loja jacobita. E na década de 1740, antes de se transformar de cientista iluminista em vidente místico, Swedenborg teria renovado os contatos com essa e outras sociedades secretas de Londres.

Jacobita se deriva de "Jacobus", o equivalente latino de *James*, e a causa jacobita teve início em 1688, quando James II (também conhecido como James VII da Escócia) foi deposto pela filha Anne e o marido, Guilherme de Orange (da Holanda). Para resumir, James II havia se tornado um católico fervoroso e quando finalmente, e inesperadamente, gerou um herdeiro masculino por meio da segunda esposa, a nobreza inglesa ficou horrorizada com a ideia de uma possível dinastia católica. Os nobres convidaram William a forçar James II a abdicar em favor de Anne, esposa de William e filha protestante de James II. William concordou e, quando desembarcou na Inglaterra com suas tropas, James II escapou para o continente, onde permaneceu exilado.

Durante os sessenta anos seguintes, até a derrota final de Charles Edward Stuart (também conhecido como "Belo Príncipe Charlie", descendente de James II e "Jovem Pretendente" ao trono) na batalha de Culloden, em 1745, a causa Stuart encontrou apoio da França, Espanha e outros países que tinham interesse em restaurar o poder dos Stuarts. A causa ganhou expressão romântica nas obras de *sir* Walter Scott e Robert Burns, dando origem a uma variedade de sociedades secretas, subversivas, algumas com fortes ligações com a Maçonaria.

No início do século XVIII, a Maçonaria, pelo menos na Inglaterra, começou a se acomodar às correntes sociais dominantes. Logo depois que a Grande Loja da Inglaterra – constituída em 1717 – começou a coordenar as atividades de distintas lojas, a Maçonaria passou a se interessar cada vez mais por incutir valores associados a uma sociedade bem ordenada: sobriedade, responsabilidade e propriedade, mas também um certo espírito igualitário, um sentimento de liberdade pessoal e consciência cívica. No que parece uma ironia histórica, a sóbria Inglaterra era um modelo de sociedade esclarecida para Voltaire, cujos escritos ajudaram a inflamar a Revolução Francesa, que foi qualquer coisa, menos sóbria. Como Baigent e Leigh escrevem: "Na terceira década do século XVIII, a Maçonaria inglesa, sob os auspícios da Grande Loja, tornara-se um bastião da ordem social e cultural vigente".[29]

Para chegar a essa posição "honesta", a Maçonaria inglesa teve de alijar certos elementos, assim como o impulso rosa-cruz teve de se purificar para se tornar a Royal Society. Isso significou livrar-se dos jacobitas, que, aos olhos do público, tinham dado à Maçonaria um caráter sinistro. Maçons proeminentes, como o duque de Wharton e o conde de Lichfield, eram não apenas partidários de fundamental importância da causa Stuart, mas também cofundadores do célebre Hell Fire Club* (mais tarde popularmente associado a *sir* Francis Dashwood, que organizou uma versão dele em 1746), uma sociedade pagã conhecida, como o nome sugere, pela orgia de suas farras. Alertado para as atividades lascivas do clube e os germes de sedição nas lojas jacobitas, o governo emitiu em 1721 um decreto contra "certas lojas e clubes escandalosos";[30] a Grande Loja

---

* Clube do Fogo do Inferno. (N. do T.)

reagiu expulsando seus elementos radicais. Quis assegurar ao governo que não constituía ameaça e, de fato, dava pleno apoio ao regime hanoveriano vigente. Este Ato Patriota do século XVIII levou às *Constituições* de James Anderson, uma tentativa de apaziguar de uma vez por todas os medos de atividade subversiva maçônica.

Em seguida a essa filtragem política, a Maçonaria inglesa se limitou aos três graus do "Ofício": Aprendiz Iniciado, Companheiro de Ofício e Mestre Maçom. Os chamados graus "opcionais" ou "mais elevados" continuaram sendo propriedade das lojas renegadas associadas à causa jacobita e quem buscava iniciação mais elevada tinha de ir para elas. A relação entre esses graus mais esotéricos e política subversiva levou a uma distinção duradoura entre Maçonaria inglesa e continental. A Maçonaria inglesa ainda transmite um toque de desconfiança, mas de fato encontrou um lugar no interior do sistema. No continente, e especialmente na França, isso nunca aconteceu. A Maçonaria era, e ainda é, vista como furiosamente anticlerical e antissistema, ameaça contínua a uma sociedade obediente à lei e temente a Deus. Por isso, o que poderíamos chamar de "esoterismo continental" sempre carregou uma certa aura de perigo político e social.

SUPERIORES INCÓGNITOS

Um maçom que pode ter sido particularmente desqualificado pelo final da causa Stuart foi o barão Karl Gottlieb von Hund, fundador, lembremos, da norma da Estrita Observância da Maçonaria. A Estrita Observância ganhou esse nome porque o rito exigia um voto de obediência absoluta àqueles que Hund chamava de "superiores incógnitos", Grandes Mestres secretos das fileiras superiores de uma Maçonaria extremamente esotérica que tinha suas raízes nos Cavaleiros Templários. Hund foi um típico "nobre viajante" do século XVIII, cumprindo jornadas a diferentes capitais europeias e visitando inúmeras lojas maçônicas. Afirmava que fora iniciado nesse novo rito maçônico templário em 1743, quando estava em Paris, por um "superior" que conhecia apenas como "Cavaleiro da Pena Vermelha". Hund também afirmava que fora apresentado a Charles Edward Stuart, que, Hund foi levado a acreditar, talvez fosse o "incógnito" mais superior dentre todos eles, o Grande Mestre Oculto de todos os maçons.

Contudo, no início da década de 1750, enquanto Hund promovia sua Estrita Observância, pediram que ele desse mais informações sobre o misterioso rito. Hund confessou que não tinha nenhuma; os superiores incógnitos, ele explicou, haviam desaparecido. Tinham lhe assegurado que retornariam e forneceriam novas instruções, mas Hund jamais tornou a ouvir falar deles e não tinha ideia de como contatá-los. Como os irmãos rosa-cruzes (ou o Morrião Escarlate), não podiam ser encontrados em parte alguma. Compreensivelmente, as afirmações de Hund foram postas em dúvida.

Baigent e Leigh sugerem que a história de Hund possivelmente é verdadeira, sendo mais do que provável que seus superiores incógnitos tivessem sido jacobitas importantes. Quando ele foi iniciado, a causa jacobita ainda estava viva e os Stuarts ainda eram figuras de prestígio na cena continental. Mas na década de 1750 as esperanças dos Stuarts tinham se dissipado e os "superiores incógnitos" de Hund estariam mortos, na prisão ou escondidos.[31]

Contudo, a noção de "superiores incógnitos", tão crucial para a política esotérica, não pode ser posta de lado com essa facilidade.

4

Revoluções Esotéricas Eróticas

Em 1723, um grupo de Irmãos Boêmios, seguidores dos ideais de Jan Huss e Comenius, que tinham vivido na Morávia depois de fugir da Boêmia, chegaram à propriedade Berthelsdorf, do conde Nikolaus Ludwig Zinzendorf, na Alemanha Oriental, e perguntaram se podiam estabelecer uma comunidade nas terras dele. Os Irmãos Boêmios dedicavam-se à vida simples e ao tipo de piedade associado aos rosa-cruzes; outros aspectos de sua prática religiosa, que os diferenciavam de cristãos mais ortodoxos, incluíam ter tanto o pão quanto o vinho como parte do sacramento da comunhão e ter sua liturgia escrita no idioma nacional em vez do latim. Zinzendorf, um devoto jovem, idealista, comprometido a ajudar os pobres e necessitados, concordou, e os morávios, como os Irmãos passaram a ser chamados, deram início a um povoado que chamaram Herrnhut, "a Sentinela do Senhor".

Embora dedicados à vida comunitária e compartilhando uma forte paixão religiosa, os Irmãos enfrentavam tempos difíceis e um período de discórdia quase arruinou seu experimento. Então, o que parecia ser um milagre aconteceu. Durante uma reunião particularmente acalorada, os morávios passaram de repente por uma transformação grupal em que toda a desavença desapareceu e uma calma profunda e unanimidade mística difundiu-se entre eles. Julgaram mais tarde que a experiência fosse como a visita do Espírito Santo, descrita na Bíblia como Pentecostes. Acreditando que essa transformação e renovação de fé deveria ser levada a todas as igrejas, a proscrita comunidade morávia tornou-se o centro de um movimento missionário protestante mundial.

Curiosamente, embora os morávios acabassem por fundar sua própria igreja, a *Unitas Fratum* ou "Unidade dos Irmãos", esse não era seu objetivo primeiro. O plano fundamental dos Irmãos era se unirem a outras igrejas estabelecidas, levando a elas sua experiência pentecostal. Essa tática de "infiltração" em igrejas estabelecidas faz curiosamente lembrar os Illuminati bávaros, cujos membros ingressavam em diferentes lojas maçônicas para converter os maçons apropriados a seus próprios e peculiares ideais políticos. Na verdade, os morávios enfrentaram precisamente este tipo de crítica acerca de suas atividades missionárias, que muitos viram como a tentativa de erguer uma espécie de "igreja secreta" dentro da Igreja.

Talvez os morávios tenham achado que algo mais do que o acaso os levara a bater na porta de Zinzendorf. Além de deixá-los construir um novo lar em suas terras, o jovem conde logo se associou aos Irmãos, tornando-se um de seus líderes mais importantes. Trabalhando diligentemente para disseminar a palavra, Zinzendorf enviou missionários morávios às Américas do Norte e do Sul, à África e ao Extremo Oriente. O próprio Zinzendorf visitou o Novo Mundo e, entre seus êxitos, está a conversão do cacique Tomochichi, dos índios creek. Outros missionários morávios pioneiros fundaram igrejas entre os escravos nas Antilhas. Durante uma visita à América, Zinzendorf ajudou a unificar os protestantes alemães que viviam na Pensilvânia. Isso levou à fundação da cidade de Bethlehem, onde as filhas de Zinzendorf dariam início, mais tarde, ao Moravian College. Mas a missão morávia importante para nossa história foi a que se estabeleceu em Fetter Lane, Londres, em 1738.[1]

O CONDE ZINZENDORF
E A ORDEM DO GRÃO DE SEMENTE DE MOSTARDA

Em retrospecto, vemos que o conde Zinzendorf e os morávios quase parecem ter sido feitos um para o outro. Zinzendorf nasceu numa família nobre em 1700, em Dresden, Saxônia; o pai morreu quando ele era criança e o menino foi criado pela avó devota. Uma profunda fé religiosa manifestou-se cedo em sua vida, levando mais tarde a um choque entre sua natureza mística, espiritual, e os deveres como conde. Embora externamente aceitando as exigências de sua posição, por dentro o jovem conde nutria um forte desejo de ingressar no sacerdócio e pregar o Evangelho. Essa tensão foi um pouco abrandada perto dos seus 20 anos, quando era estudante da Halle Academy. Lá, Zinzendorf e alguns colegas formaram uma sociedade secreta, a Ordem do Grão de Semente de Mostarda, nome tirado da parábola do Evangelho, onde o reino de Deus é equiparado a uma semente de mostarda que, embora muito pequena, produz uma árvore com muitos galhos.

A ideia por trás da ordem era que os membros, todos nobres destinados a ocupar posições importantes na sociedade, usariam secretamente sua influência para disseminar a mensagem de Cristo. Todos compartilhavam um senso profundo de confraternização com o próximo e tomaram como divisa: "Ninguém vive sozinho", que tinham gravado nos anéis que usavam como símbolo de seu compromisso. Em anos posteriores, quando Zinzendorf reativou sua ordem juvenil, trouxe para o rebanho os arcebispos de Canterbury e de Paris, assim como Christian VI, rei da Dinamarca. Essa versão tardia da ordem estava ligada tanto à Maçonaria quanto aos rosa-cruzes e operava com base na ideia de informar o mínimo possível: um candidato não conhecia a identidade do irmão que o entrevistava e os membros frequentemente não conheciam a identidade uns dos outros.[2]

Zinzendorf teve uma espécie de experiência mística durante seu Grande Giro, na época um "ano de viagem" *de rigueur** para todos os jovens aristocratas. Num museu em Dusseldorf, Zinzendorf viu uma pintura do artista barroco Domenico Feti, mostrando Cristo com a coroa de espinhos a caminho da crucificação. Intitulada *Ecce Homo* (Eis o Homem), sua inscrição dizia: "Fiz isto por você... O que agora você fará por mim?". Zinzerdorf não soube responder, mas a pintura mostrava, de maneira muito profunda, de um modo que ele jamais experimentara, a realidade do sofrimento e humilhação do Cristo. Era um Cristo plenamente humanizado e Zinzendorf quase podia sentir sua natureza carnal. Era o extremo oposto da crença, frequentemente atribuída aos gnósticos e conhecida como *docetismo*, de que o corpo mortal e a crucificação de Cristo eram uma espécie de ilusão, que ele era totalmente espiritual e de modo algum mortal. Para Zinzendorf, pelo contrário, só por meio de uma compreensão profunda da humanidade de Cristo e

---

* Isto é, obrigatório. Em francês no original. (N. do T.)

uma participação nela poderíamos nos unir, em sentido literal, a seu corpo místico.

Para Zinzendorf esse corpo místico-humano do Cristo incluía não só os ferimentos que ele sofrera durante a paixão mas também sua sexualidade. Pode parecer estranho para nós, e certamente pareceu escandaloso para alguns dos contemporâneos de Zinzendorf, mas durante o que se tornou conhecido entre os morávios como "Fase da Peneira" – indicando um período de igualitarismo, vida comunitária, práticas esotéricas e antinomianismo* sexual – Zinzendorf pregava que a meditação profunda sobre os órgãos sexuais do Cristo, assim como sobre os ferimentos, levaria a uma experiência mística. "Meditação", contudo, talvez fosse um termo demasiado brando para o tipo de culto que os morávios praticavam em Londres e em outras partes da Europa, uma vez que envolvia atividades que geralmente associaríamos ao tantra e a outras formas de sexualidade sagrada. Como um cronista observou, na forma peculiar de culto de Zinzendorf, "todos os sentidos devem ser mobilizados, o corpo inteiro deve participar",[3] uma advertência que a congregação de Zinzendorf certamente seguia.

METAFÍSICA SEXUAL

Na época em que organizou a missão em Fetter Lane, Zinzendorf estava convencido de que o misticismo da cabala judaica – a leitura esotérica dos livros sagrados judaicos – poderia reconciliar tanto judeus e cristãos quanto católicos e protestantes. Sua crença de que seguidores de diferentes fés poderiam se unir numa devoção comum concordava sob muitos aspectos com noções maçônicas de fraternidade universal e crença comum num Ser Supremo, e certamente repercutia o espírito rosa-cruz. Sua epifania em Dusseldorf com respeito à natureza carnal do Cristo parece tê-lo aproximado das noções cabalísticas do que podemos chamar de "metafísica sexual". De acordo com os cabalistas, a fonte não manifesta da criação, o *Ein Sof*, executou um ato de amor quando manifestou a essência "Dele" nas emanações masculina e feminina que constituem as dez *sefirot* ou "recipientes" da Árvore da Vida. As polaridades sexuais ex-

---

* Doutrina de Johannes Schnitter (1492-1566), discípulo de Lutero, segundo a qual a salvação dependia unicamente da fé e não dos atos. (N. do T.)

pressas nas diferentes *sefirot* levam da divindade ao mundo material e, meditando sobre suas combinações – geralmente por meio da visualização das letras do alfabeto hebraico como figuras masculinas e femininas em diferentes posições sexuais –, o cabalista pode unir as emanações e desencadear uma visão da fonte andrógina das coisas. Mas essa visão unificadora não era alcançada por intermédio apenas da meditação interior; como nas formas de espiritualidade tântrica, o sexo em si era tanto um meio de unificar os opostos quanto de refletir o ato original de criação.

Como na alquimia espiritual para a cabala, na união sexual macho e fêmea superam as cisões do mundo degradado e alcançam um êxtase que faz eco à unidade original do ser. Do mesmo modo, o clímax do intercurso, quando o macho explode dentro da fêmea, faz eco à emanação original da Divindade das *sefirot*, que dá origem ao cosmos – uma visão meio diferente do *big bang*. O próprio Deus faz sexo, acreditam os cabalistas, na cópula cósmica que desfruta com sua *Shekinah*, sua emanação feminina. Zinzendorf cristianizou esse sagrado casamento cabalístico e declarou que o Espírito Santo era feminino, a Mãe de Cristo. O sexo não era pecaminoso e degradante, como pregava a Igreja; para os cabalistas era talvez a parte mais importante da vida religiosa – desde que, é claro, a intenção espiritual de uma pessoa, a *kawwanah* da pessoa, se mantivesse pura, sem afundar na mera satisfação carnal, uma acusação que, compreensivelmente, Zinzendorf e seus seguidores tiveram de enfrentar em mais de uma ocasião.

PECAR NO SAGRADO

Outra influência sobre Zinzendorf foram as ideias dos que eram então os últimos seguidores do "falso Messias" Sabbatai Zevi.[4] Quando Sabbatai foi preso em Constantinopla, em 1666, por tentar depor o sultão Mehmet IV, muitos de seus seguidores ficaram arrasados por sua prudente decisão de se converter ao islã e renunciar à reivindicação messiânica em vez de ser torturado até a morte. Outros viram sua derrota sob outra luz, racionalizando a renúncia de Sabbatai como uma versão da crucificação de Cristo. Ambos tiveram de enfrentar aviltamento e humilhação, e ambos tiveram de realizar um tremendo sacrifício: Cristo se deixando crucificar, Sabbatai adotando de maneira desonrosa uma falsa religião. Ambos, no entanto, foram capazes de ressuscitar e proclamar a verdadeira fé. Essa aceitação de dor, de sofrimento e, em certo sentido, de "mal" levou a uma teologia de radical inversão entre alguns dos seguidores de Sabbatai, que acreditaram que só pelo abandono do caminho morno da hipocrisia a nova revelação mística chegaria. Assim, o pecado pavimentava o caminho para o milênio.

Seitas "heréticas" mais antigas, como os gnósticos, os cátaros e, evidentemente, os Cavaleiros Templários, todas partilhavam, ou se acreditava que partilhassem, de crenças antinomianas semelhantes, e não é difícil ver o próprio Cristo, que preferia a companhia de prostitutas e outros marginais à dos "virtuosos" arrogantes, como o original salvador antinomiano. Grupos religiosos místicos mais tardios, dos khlysty russos, com quem o famoso Rasputin, o "Diabo Santo", está associado, aos horripilantes seguidores de Charles Manson, que em 1969 praticaram vários homicídios que mais tarde alegaram ter cometido "por amor", expressaram alguma forma de "pecar no sagrado". A ideia é que, para alcançar a consciência unificada transcendendo a dualidade, a pessoa deve, na fórmula de Nietzsche, de que muito se abusa, ir "além do bem e do mal". Uma obra antinomiana foi ao mesmo tempo uma crítica de certas ideias de Swedenborg e um manual para "pecar no sagrado": o primeiro poema em prosa de Blake, *O Casamento do Céu e do Inferno*. Só o título já sugere uma reversão da moralidade dominante e seus "Provérbios do Inferno" apresentam máximas "perigosas" como: "A estrada do excesso leva ao palácio da sabedoria" e "Se persistisse em sua tolice, o tolo se tornaria sábio", ou então: "Mais vale matar um bebê no berço que acalentar desejos irrealizáveis".[5] O problema é que nem sempre é fácil saber se você está indo "além do bem e do mal" como santo ou pecador, um argumento que os ortodoxos levantam contra as ciladas do "entusiasmo" e os seguidores da espiritualidade mística. Se "qualquer coisa passa", as práticas mais discutíveis podem ser justificadas como expressões de uma espiritualidade mais profunda, o que é simplesmente temido pelos que aderem ao caminho seguro da retidão.[6]

Os seguidores de Zinzendorf certamente adotaram de coração, literalmente, sua mensagem. Sua nova *herzenreligion* (religião do coração) enfatizava a importância de um resgate do "sentimento mais profundo" em vez da obediência a rígidos padrões morais. Os seguidores eram estimulados a confessar seus pecados na íntegra, até mesmo com alegria (havia quem acrescentasse alguns para compensar esquecimentos), e abrir-se depois à graça salvífica transmitida por meio da meditação afetuosa sobre os ferimentos de Cristo. No que pode nos parecer, e de fato parecia a muitos dos detratores de Zinzendorf, uma forma revoltante de sadomasoquismo espiritual (ou o equivalente, já que o termo tinha ainda de surgir), Zinzendorf ensinava os seguidores a visualizar o ferimento de Cristo provocado pela infame lança de Longino como uma espécie de vagina e a lança em si como uma espécie de falo, cuja união tornava possível a regeneração espiritual. Associado à sua sexualidade plenamente masculina, o "buraco do lado", como o ferimento de Cristo passou a ser chamado, sem dúvida o transformava num ser andrógino, manifestação terrena do homem cósmico cabalístico, Adam Kadmon, que desfrutava da unidade primal dos sexos que os cabalistas e, de um modo diferente, os alquimistas espirituais, desejavam.

Entre outras práticas, que incluíam beijar e lamber mentalmente o "buraco do lado" para receber o sangue revigorante, Zinzendorf exortava os seguidores a visualizar o ferimento de Cristo como um útero e eles próprios como crianças, seguros dentro dele, mas suas formas peculiares de espiritualidade erótica também assumiam contornos menos bizarros, ainda que não menos escandalosos. Na Capela de Fetter Lane, os morávios falavam abertamente sobre suas vidas sexuais e recebiam conselhos de Zinzendorf e seus agentes sobre como melhorá-las, como as mulheres poderiam atingir o êxtase mais fácil e satisfatoriamente, e como os homens poderiam executar suas obras espirituais com maior perseverança. As reuniões, frequentemente conhecidas como "festas do amor", parecem ter incluído casais fazendo sexo na frente dos outros paroquianos, e os cantos, danças, a geral e intensa exaltação dos sentidos – necessária para apreciar plenamente a natureza humana do Cristo – poderiam acabar numa unificação comunitária dos opostos. Como os seguidores homens desfrutavam uma identificação com Cristo por meio de seus próprios genitais e como o "buraco do lado" de Cristo permitia que as mulheres também se identificassem com ele, a satisfação mútua era um meio poderoso, vibrante e extasiante de compartilhar o amor regenerativo do Salvador.[7]

Swedenborg e os morávios

Alguém que apreciava as ideias de Zinzendorf sobre espiritualidade erótica e a possibilidade de unir cristãos e judeus por meio da cabala – provocando assim o milênio – era o cientista sueco e visionário Emanuel Swedenborg. Se Swedenborg é lembrado hoje, é pelos seus estranhos relatos de jornadas aos mundos espirituais, que expôs na íntegra em livros como *O Céu e o Inferno*, e pelas ideias que deram origem, após sua morte, à Nova Igreja, com a qual Swedenborg não teve nenhuma relação. Mas durante sua vida Swedenborg foi um dos mais respeitados cientistas da Europa e nas muitas viagens que fez encontrou algumas das cabeças mais importantes da época, incluindo membros da Royal Society.[8] Homem de muitos talentos, além de cientista e teólogo visionário, Swedenborg foi também político, membro ativo do Parlamento sueco, onde frequentemente defendia causas progressistas que encontravam oposição. É, de fato, um bom exemplo de ocultista que era também político ou vice-versa.

Em 1744, Swedenborg chegou a Londres numa de suas muitas visitas, aparentemente para supervisionar a publicação de uma de suas muitas obras ou para se encontrar com outros cientistas. Como já mencionei, ele havia ingressado, uns trinta anos atrás, durante uma primeira visita a Londres, numa loja maçônica jacobita e, na última visita que fez a Paris, acredita-se que tenha participado de outras atividades jacobitas e maçônicas. No decorrer de todas as suas viagens, Swedenborg procurou cientistas de tendência rosa-cruz e maçônica, motivado pelo desejo de levar a termo o tipo de reforma religiosa, científica e social associada aos rosa-cruzes. Há razões para acreditar que essa última visita coincidiu com uma missão de inteligência, algo que ele já fizera antes. A Suécia tinha interesse na causa jacobita e, em 1744, a Inglaterra estava se preparando para uma invasão franco-jacobita – que se mostraria desastrosa – com o objetivo de pôr Charles Edward Stuart no trono. Quando de sua chegada, um companheiro de Swedenborg, um morávio, foi preso e interrogado, deixando Swedenborg receoso de estar também sob suspeita.[9] Não teria sido a única figura ocultista a se encontrar sob vigilância naquela época. Em 1745, o célebre conde de Saint-Germain foi preso em Londres, durante o levante jacobita, por suspeita de espionagem. Entre suas credenciais ocultistas, Saint-Germain afirmava ter dado a Cagliostro, que encontraremos em breve, o material para o influente Rito Egípcio da Ma-

| 86 |

çonaria; acreditava-se também que ele havia aperfeiçoado o alquímico Elixir da Longa Vida – um medicamento aplicável a todo tipo de coisa, capaz de conceder a imortalidade – e que havia transformado metais não preciosos em ouro. Como vários aventureiros ocultistas do século XVIII, Saint-Germain parece ter combinado ocupações esotéricas com uma vida confortável; é mais do que provável que complementasse sua renda com alguma espionagem ocasional.

Mas nem a política nem a ciência estavam realmente em primeiro lugar na mente de Swedenborg. Ainda que para as fontes "oficiais" Swedenborg exibisse o mais extremo decoro, até mesmo santidade, ele tinha, como Zinzendorf, um interesse e uma noção profunda de sexo espiritualizado. Embora se mantivesse solteiro, Swedenborg tinha amantes e, num de seus últimos livros, *O Amor Conubial*, que escreveu na faixa dos 80 anos, argumenta a favor do concubinato e do sexo extraconjugal, relatando que, no céu, os anjos desfrutam de um sexo feito com continuidade e mutuamente satisfatório.[10] Uma fonte para os fortes pontos de vista de Swedenborg sobre o sexo angélico eram os morávios.

Durante a visita de 1744, Swendenberg ficou hospedado na casa de Johann Brockmer, um membro importante da congregação de Fetter Lane, que morava em Salisbury Court, perto da capela, e Swedenborg comparecia regularmente aos cultos.[11] Swedenborg se encontrara com os morávios também em outros países e visitara as congregações. Suas pesquisas para demonstrar cientificamente a realidade da alma – um projeto que o obcecou durante anos – incluíra tanto as obras de anatomistas contemporâneos quanto de filósofos neoplatônicos e herméticos, um dos quais era Comenius, que tinha feito sua própria tentativa de compreender a alma usando algo semelhante a hieróglifos.[12] Em Praga, Swedenborg encontrou-se com cabalistas e sabatianos que tinham laços com a comunidade morávia local e, em Hamburgo, conheceu Arvid Gradin, um morávio sueco que lhe falou sobre suas tentativas de atrair judeus para a congregação. Como muitos durante o "Iluminismo ocultista", Swedenborg abraçou a ideia de unir judeus e cristãos numa fé compartilhada e os morávios eram talvez os promotores mais ativos dessa reforma religiosa.

Ele apreciava a piedade dos morávios e seu desejo de intensificar a fé, a fim de que ela se tornasse "um culto completo, abarcando o homem por inteiro".[13] A hipocrisia do "homem de duas caras", que podia "dizer" uma coisa, mas "pensar" outra, perturbou Swedenborg durante toda a sua vida. Nos relatos que fez do "mundo espiritual", um reino interme-diário entre a Terra e o céu, essa hipocrisia é impossível; lá os "verdadei-ros afetos" de uma pessoa são absolutamente claros e o que você vê é o que você tem.[14] Não é de espantar que, para ele, o "culto completo" dos morávios fosse uma revigorante expressão de honestidade espiritual. Contudo, embora o "culto completo" o atraísse, a vida comunitária dos morávios era sectária demais para Swedenborg e a justificação deles pe-la fé e da meditação sobre os ferimentos de Cristo repelente. Swedenborg tinha a mente demasiado científica para se satisfazer com o culto emo-cional, extático de Zinzendorf, mas buscaria uma espiritualidade erótica durante toda a sua vida.

SWEDENBORG NUMA VERSÃO MAIS LEVE

A maioria das fontes "oficiais" de Swedenborg reduz a ênfase em seus in-teresses sexuais e ocultistas. Essa caracterização deve-se principalmente à versão extremamente trabalhada da vida e ideias de Swedenborg produ-zida por Robert Hindmarsh, que, em 1788, pôs em funcionamento uma capela swedenborgiana em East Cheap, Londres, e cuja versão aguada de Swedenborg seria atacada por William Blake. Hindmarsh, um metodista que perdera posição no ministério, estava, de acordo com um relato, "es-forçando-se para separar sua igreja swedenborgiana dos ocultistas e para fazer dela uma igreja dissidente de um tipo não ameaçador, com preces, hinos e uma hierarquia paga",[15] coisas pelas quais Swedenborg não tivera o menor interesse. Como os gnósticos, Swedenborg rejeitava a interpre-tação literal da Bíblia. Além disso, tinha apenas desprezo pela Igreja Ca-tólica e sua doutrina da expiação, que via como uma afronta à dignidade do homem. Assim como o de Zinzendorf, o Cristo de Swedenborg era ple-namente humano e Swedenborg não ficava atrás de Zinzendorf quando chamava Deus e o universo de Grande Homem. A "igreja" de Sweden-borg era "uma nova Jerusalém, doada por Deus como uma comunidade aberta, onde homens e mulheres regenerados encontrariam preceitos de vida por intermédio da graça e do amor divinos",[16] um ideal que Blake afirmaria mais concretamente quando, debatendo com Hindmarsh, de-clarou que "toda a Nova Igreja está na Vida Ativa e não absolutamente em cerimônias".[17] Blake foi um grande leitor e crítico de Swedenborg e, como salienta a historiadora Marsha Keith Schuchard, seus pais foram membros da congregação de Fetter Lane. O próprio Blake praticaria formas de esoterismo erótico e se misturaria com outros praticantes num meio que Schuchard descreve como uma "heterogênea equipe de morávios, swedenborgianos, cabalistas, alquimistas e milenaristas que povoavam o mundo clandestino da Maçonaria iluminista em Londres".[18] Foi desse meio que a própria política esotérica de Blake, encarnada em seus poemas *América, Uma Profecia* e *A Revolução Francesa*, emergiu.

Tentativas de "desocultizar" Swedenborg à parte, Joscelyn Godwin observa: "Se dois dos objetos primários de magia cerimonial devem palestrar com anjos e conhecer as causas ocultas das coisas, então... Swedenborg foi, sob todos os aspectos, um mago".[19] Swedenborg falava com anjos por meio de métodos de controle respiratório e meditação, que o capacitavam a manter uma ereção e a sustentar um êxtase orgásmico por períodos prolongados. Como para Zinzendorf, crucial para sua compreensão dessas questões foi a cabala.

O MISTERIOSO RABINO FALK

As viagens de Swedenborg o levaram não apenas aos morávios mas também a comunidades judaicas; sabe-se que visitou os bairros judeus de Amsterdã, Hamburgo, Praga e Roma. Mas seu mais importante encontro judeu foi com o rabino e cabalista Samuel Jacob Chayyim Falk, um enigmático personagem que parece ter estado no eixo da vida esotérica na Londres de 1744 e durante as visitas mais tardias de Swedenborg à cidade, bem como nos últimos dias que ele passou lá (Swedenborg morreu em Londres em 29 de março de 1772, no dia exato em que predisse que isso ia acontecer).

Falk estava no centro de uma comunidade esotérica que incluía maçons, cabalistas, rosa-cruzes e alquimistas, assim como membros da Capela de Fetter Lane, de Zinzendorf. Em suas reminiscências da Ordem Hermética da Aurora Dourada, a mais famosa sociedade esotérica do final do século XIX, o poeta William Butler Yeats falou de "superiores incógnitos" de quem provinha a legitimidade da ordem, uma expressão que já encontramos, quando vimos o abandono do desventurado barão Hund por essas curiosas figuras. Tem sido sugerido que um dos superiores incógnitos de que Yeats fala era Falk; a ideia não pode ser inteiramente descartada, mas é duvidosa.[20] Contudo, considerando que Falk era um prodigioso viajante, ele podia ter estado em Paris em 1743, quando o barão Hund foi iniciado na "Maçonaria Templária", e poderia ter sido o próprio "superior incógnito" de Hund. Como argumenta Schuchard em *Restoring the Temple of Vision: Cabalistic Freemasonry and Stuart Culture*,[21] a filosofia cabalística e hermética dominava a vida da corte Stuart e o meio em que se moviam Swedenborg, Hund e outros teria oferecido um menu eclético de crenças esotéricas. Que um cabalista judeu pudesse iniciar um maçom alemão numa ordem templário-escocesa em Paris não estaria fora de cogitação. A própria Capela de Fetter Lane era suspeita de simpatias jacobitas e, durante o auge de seu culto erótico, com o radicalismo sexual agravado por acusações de conspirações políticas, fora alvo, em mais de uma ocasião, de hordas antipapistas.

Sabemos que Falk nasceu numa comunidade sabatiana na Galícia (Polônia) e que lá era conhecido como Ba'al Shem, "Mestre do Nome Divino", um título dado aos cabalistas praticantes. Falk deve ter se metido em alguma encrenca, pois foi quase queimado por heresia. Foi banido da Westfália, de onde viajou para a Holanda; chegou a Londres em 1742. Falk montou um laboratório alquímico na velha Ponte de Londres – cheia então de fachadas de lojas – e deu início em sua casa, no East End, a um tipo de escola esotérica, dando aulas de cabala, alquimia, astrologia e outras disciplinas esotéricas.

Swedenborg tinha um relacionamento íntimo com Falk. Foi por meio de um de seus contatos morávios que encontrou pela primeira vez Ba'al Shem. Os dois "bons israelitas" que Swedenborg nos diz estarem em sua moradia de Salisbury Court quando ele entrou num estado de transe podem ter sido Falk e um parceiro deste, Hirsch Kalisch. Nessa casa, em julho de 1744, Swedenborg sofreu um nítido colapso mental, parte do qual envolvia a crença de que ele, como Sabbatai Zevi, era o Messias, e que seu destino era ser crucificado para o bem dos judeus. No dia seguinte a essa estranha revelação, parece que Swedenborg foi sem roupa para uma vala de esgoto, rolou no lodo e depois atirou dinheiro para a multidão. A essa altura Swedenborg já havia praticado uma variedade de meditações cabalísticas espirituais e eróticas ensinadas por Falk e o esforço de manter controle sobre suas reações físicas e psíquicas pode facilmente tê-lo deixado com os nervos à flor da pele. Alguns meses antes havia experimentado uma visita de Cristo, acontecimento que marcou o início do que ele poderá chamar de seu "ministério".

Um ano mais tarde, em 1745, Swedenborg começou a ter as visões que levaram à missão que o ocupou pelo resto da vida: revelar o verdadeiro sentido das escrituras, comunicado pelos anjos e pelo próprio Deus, um objetivo também compartilhado por cabalistas e John Dee. Nessa época, Swedenborg estava morando em Wellclose Square, no East End de Londres, perto da mansão de Falk. Muitos swedenborgianos modernos resistem à ideia, mas parece bastante possível que as jornadas para o céu, o inferno e o mundo do espírito, que informam a leitura que Swedenborg faz da escritura e fornecem a base para a Nova Igreja originada de seu trabalho, talvez não tivessem ocorrido sem o "superior incógnito" rabino Falk.

Outro discípulo de Falk foi Cagliostro, um siciliano aventureiro, cabalista e aprovisionador da Maçonaria egípcia, que pode ter encontrado Swedenborg nos últimos dias do "Da Vinci escandinavo". Cagliostro visitou Londres pela primeira vez em 1772, último ano de vida de Swedenborg, e Swedenborg permaneceu lúcido até o final, resultado, talvez, de sua busca da "potência viril perpétua" por intermédio das técnicas de Falk e Zinzendorf. Cagliostro foi um dos *Illuminati* habitando o atordoante viveiro de sociedades ocultistas que deram um sabor peculiarmente esotérico aos dias que conduziram à Revolução. Antes, contudo, que o *ancien régime* caísse sob o baque da guilhotina, uma revolução diferente ocorreria do outro lado do oceano e muitos a veriam como o início de uma muito concreta "nova ordem mundial".

LEGADO DE SWEDENBORG

Como vimos, após a morte de Swedenborg, um aspecto de sua obra foi retomado por Robert Hindmarsh e a Nova Igreja que emergiu de sua interpretação das doutrinas de Swedenborg tornou-se mais ou menos a visão "oficial" dos ensinamentos de Swedenborg. Alguns swedenborgianos mais "iluminados", no entanto, rejeitaram a dócil versão de Hindmarsh. Nos anos que precederam a Revolução Francesa, relatos dos poderes espirituais de Swedenborg combinavam-se com as crenças de outros visionários místicos para formar doutrinas sociais e políticas radicais. A "ciência" do "magnetismo animal" do curador austríaco Franz Anton Mesmer, por exemplo, sustentava que a saúde depende do fluxo sem obstáculos, dentro de nossos corpos, de uma energia magnética vital que permeia o cosmos, noção similar à "energia orgástica" do freudiano renegado Wilhelm Reich e ao conceito taoísta de *ch'i*. De seu trabalho, que tinha grupos de pessoas se submetendo a "passes magnéticos" executados por Mesmer e seus discípulos, vem a palavra *mesmerizar*.* Discípulo de Mesmer, o marquês de Puysegur descobriu que a eficácia do "magnetismo animal" resultava não de algum fluido magnético vital, mas dos estados de transe que os passes induziam. Meio século após essa descoberta, o inglês James Braid cunhou o termo *hipnotismo*.

Uma das ideias mais influentes de Swedenborg é a doutrina de "correspondências", a crença de que nosso mundo físico é um reflexo do celeste e que as coisas e acontecimentos aqui são símbolos de realidades espirituais, uma doutrina que Swedenborg aprendeu dos anjos.[22] O salto pode parecer longo do magnetismo animal e da conversa com anjos para a política radical, mas, como observa um estudioso do período: "No século XVIII, políticos mais rebeldes costumavam se voltar para as doutrinas de Swedenborg e Mesmer para imaginar novas ordens sociais, mais inclusivas".[23] Como esclarece o historiador Robert Darnton, para alguns, mesmerismo e swedenborgianismo "proporcionam uma explicação séria da natureza, de suas maravilhosas forças invisíveis e até mesmo, em certos casos, das forças que governam a sociedade e a política".[24]

Um grupo que promovia uma abordagem mais radical das ideias de Swedenborg era a Sociedade Teosófica de Londres, fundada pelo reverendo Jacob Duche, em 1783 – nenhuma relação, fora o nome, com a mais tardia Sociedade Teosófica fundada por Helena P. Blavatsky e Henry Olcott em Nova York, em 1875; *teosofia* aqui se refere aos escritos de Jacob Boehme e seus seguidores. Americano de formação huguenote, Duche era o diretor da Igreja de Cristo, na Filadélfia, e sermões fervorosos fizeram dele capelão do Congresso Continental até que uma desavença com alguns dos Pais Fundadores forçaram-no a renunciar. Leitor de Boehme e de outros pensadores rosa-cruzes, Duche abraçou o swedenborgianismo praticamente ao chegar a Londres e, em seu grupo de estudos, podiam ser encontradas algumas das figuras mais interessantes dos subterrâneos esotéricos de Londres: o pintor e cenógrafo Philip de Loutherberg, que tinha conhecido Swedenborg pessoalmente e cujos precoces "efeitos especiais" foram postos em prática no Drury Lane Theatre,

---

* Isto é, magnetizar. (N. do T.)

de David Garrick; o alquimista e maçom sueco Augustus Nordensköld, que, entre outras ideias extravagantes, propôs uma viagem de balão até a África para começar uma comuna de amor livre; o marquês de Thomé, propagador de um Rito Swedenborgiano da Maçonaria; e os artistas John Flaxman e William Sharp. Outro membro foi William Blake.

Muito foi escrito sobre o interesse de Blake pela filosofia esotérica e hermética, tendo a falecida poetisa e estudiosa Kathleen Raine sido pioneira na pesquisa do tema.[25] Mas Blake foi também um poeta político e se movia em círculos políticos radicais. Como seu biógrafo Peter Ackroyd comenta: "Não há dúvida de que suas associações mais íntimas eram com pessoas que defendiam avançadas opiniões republicanas".[26] Ele conheceu Mary Wollstonecraft, pioneira feminista, autora de *A Vindication of the Rights of Women*. Também conheceu Thomas Paine, revolucionário americano nascido na Inglaterra, autor de *Common Sense* e do incendiário *The Rights of Man*, que aliás morou em certa época em Fetter Lane. Blake também trabalhou para o editor político Joseph Johnson e, a certa altura, foi preso por rebelião, experiência que atirou o poeta nervoso e com frequência alvo de rejeição social numa crise (ele foi finalmente absolvido).

As opiniões políticas de Blake, no entanto, eram, no fundo, muito diferentes do tipo de coisa cética, racional, iluminada, que Paine e Wollstonecraft endossavam. Blake era muito mais apocalíptico, milenarista e espiritual – como Swedenborg, estava na expectativa de uma Nova Jerusalém – e ficou famoso o modo como rejeitava a razão iluminista, que queria abolir a religião: "Zombarias, só zombarias, Voltaire, Rousseau", ele reclamava. Contudo, como muitos de seus contemporâneos, Blake estava empolgado com a Guerra de Independência americana e, no longo poema *América, uma Profecia*, combinava seu nacionalismo místico com um panteão mitológico – simbolizado pelo gigante Albion, o revolucionário Orc, a criativa Urthona e o repressivo Urizen – numa história da Revolução Americana vista como "conflito cósmico", que envolvia "as regiões perdidas da Atlântida" no contexto de um "impulso mais amplo em direção ao renascimento espiritual e à revelação".[27] Embora emblemas maçônicos apareçam em algumas de suas ilustrações, não está claro se Blake algum dia se tornou maçom. Em seus primeiros anos como gravador, morou perto da Freemason's Hall (Palácio Maçônico), na rua Great Queen, e muitos de seus amigos eram maçons. Tendo um fascínio por antiguidades e pelo passado remoto, Blake não deixaria de se interessar por uma sociedade de homens que "acreditavam que haviam herdado um acervo de conhecimento secreto de antes do dilúvio".[28] Muito provavelmente também teria conhecimento de que muitos dentre as pessoas responsáveis pela grande batalha cósmica do outro lado do Atlântico pertenciam, eles próprios, a esta sociedade.

GUERRAS DE INDEPENDÊNCIA

Que os maçons estivessem envolvidos na Guerra da Independência dos Estados Unidos é hoje um clichê. Dezenas de livros foram escritos acerca do assunto, alguns interessantes, outros não; alguns baseados em cuidadosa pesquisa, outros em desenfreada especulação, e outros ainda, coisa não pouco frequente, em pura fantasia. Assinalei anteriormente como as ideias maçônicas foram desde o início cruciais para a política americana – como o Grande Selo, por exemplo, com o emblema do olho na pirâmide, é um claro ícone maçônico. Talvez ainda mais óbvio seja o Monumento a Washington, um aceno irresistivelmente egípcio para os ideais esotéricos abraçados pelos primeiros americanos. E se autores como David Ovason estão certos, a própria capital da nação é uma espécie de talismã maçônico mágico, projetada para atrair as energias benéficas da constelação de Virgem que, ele argumenta, tem uma importância particular na Maçonaria.

Em *The Secret Architecture of Our Nation's Capital: The Masons and the Building of Washington, D.C.*, Ovason especula sobre a intenção esotérica por trás do projeto e da organização da capital, sustentando que o traçado da cidade incorpora, de maneira bastante literal, as crenças e ideais da Maçonaria. É uma tese fascinante, mesmo que discutível. Que, ao lançar a pedra fundamental do prédio do Capitólio em 1793, George Washington usasse um avental maçônico com bordados de símbolos esotéricos e maçônicos, assim como de um zodíaco, é um fato que chama atenção, mesmo que não tenha mais um sentido "secreto". Mas que ele e outros Pais Fundadores tenham disposto os mais conhecidos pontos de referência da cidade, como o Capitólio, a Casa Branca e o Monumento a Washington, de modo que refletisse um triângulo de estrelas na constelação de Virgem, consagrando portanto a cidade à sua influência, parece, pelo menos para este autor, um tanto forçado – e que faz estranhamente lembrar a tese proposta por Robert Bauval em *The Orion Mystery* de que o traçado do complexo das pirâmides em Gizé reflete similarmente o "cinturão" de estrelas na constelação de Órion. Contudo, como relatos menos especulativos da Maçonaria e da Revolução Americana deixam claro, não precisamos chegar a esses limites talvez extravagantes para entender que ideias e filosofias maçônicas participaram do nascimento desta nação particular.

Para um historiador da Maçonaria, "a influência dos maçons na Revolução Americana tem sido exagerada",[29] mas não precisamos concluir daí que o elo fosse negligenciável. Baigent e Leigh argumentam que não há provas de que a Guerra da Independência tenha sido parte de uma "coerente, organizada 'conspiração maçônica'" vê-la como "um movimento maquinado, orquestrado e conduzido por conspirações maçônicas de acordo com algum grande plano esmeradamente calculado" é provavelmente um equívoco.[30] Eles admitem que ideias rosa-cruzes podem ter atravessado o Atlântico desde a época do assentamento em Jamestown, mas o tipo de fundação deliberada de uma sociedade maçônico-rosa-cruz no Novo Mundo, que Manly P. Hall tem em mente, é duvidoso. Provavelmente estão certos. O que parece ter estado em ação aqui é algo ainda mais enigmático e sutil que as atividades de sociedades secretas ou "órgãos silenciosos": a disseminação de ideias através do meio esoterico do *zeitgeist*, o "espírito da época". Mesmo sem a ajuda de uma conspiração esotérica, os ideais maçônicos teriam permeado a consciência comum do modo, digamos, como fizeram as ideias sobre "correção política" nos recentes anos 1980 e 1990.

Na época da Guerra da Independência, os ideais maçônicos tinham se espalhado pelas colônias, principalmente por intermédio das "lojas de campanha" militares. A Maçonaria atraía homens de todos os níveis sociais; foi, de fato, esse igualitarismo que ligou a Maçonaria à política radical que logo irromperia no continente, transformando-a numa ameaça para a aristocracia e a Igreja. Contudo, como qualquer estudioso da época logo descobre, os maçons estavam em ambos os lados do conflito americano, assim como estariam em ambos os lados durante a Revolução Francesa. Na verdade, embora teóricos da conspiração, como o ruidoso abade Barruel, denunciassem a Revolução Francesa como um complô maçônico, ser maçom não salvava ninguém de um encontro com a guilhotina, como o maçom e revolucionário chamado Philippe

Egalité, que dera o voto de Minerva para decapitar Luís XVI, descobriu, consternado, quando ele próprio foi guilhotinado não muito depois de Maria Antonieta. A ideia de que os maçons foram "responsáveis" pelas revoluções americana e francesa não é, apesar da propaganda anti-iluminista, verdadeira. A de que estiveram envolvidos nelas é. Dada a popularidade que a Maçonaria tinha na época, teria sido surpreendente que não estivessem.

Quando os Pais Fundadores redigiram a constituição, era quase inevitável que as noções progressistas de liberdade, igualdade, irmandade, tolerância e os "direitos do homem", que eram princípios da Maçonaria, ganhassem destaque. Essas crenças, que caracterizavam boa parte do pensamento iluminista, não eram de maneira alguma "carreadas" para o *zeitgeist* por meio dos maçons – elas estavam "no ar". Mas a Maçonaria era uma das vias por meio das quais elas atingiam uma ampla audiência, grande parte da qual provavelmente nunca tinha lido David Hume, John Locke ou Voltaire, nomes associados aos ideais iluministas.

Os ideais vistos como sagrados pelos maçons, que para muitos estavam atingindo uma notável realização na fundação dos Estados Unidos, podem inclusive ter sido responsáveis pelo fato de as colônias vencerem a guerra – ou, como Baigent e Leigh sugerem, pelo fato de os britânicos propositadamente a perderem. Alguns generais britânicos, eles próprios maçons, reconhecendo os sentimentos por trás da reivindicação americana por independência, deliberadamente cumpriram seus deveres com algo menos que zelo e, em mais de uma ocasião, permitiram que os americanos escapassem, recuassem ou se reagrupassem, quando poderiam facilmente tê-los esmagado. Um caso que chama atenção foi a desastrosa tentativa feita em 1777 pelo general britânico *sir* John Burgoyne – não maçom – de cortar as colônias ao meio fazendo seu exército avançar do Canadá para o sul para se combinar com o de *sir* William Howe, que, Burgoyne erradamente presumiu, levaria o exército dele para o norte, até Albany. Que os oficiais britânicos servindo na América não gostassem de Burgoyne certamente não ajudou, mas isso não pode explicar a relutância que Howe e outros mostraram não fazendo nada a mais do que era estritamente exigido deles. O fato levou, juntamente com a própria incompetência de Burgoyne, à sua rendição em Saratoga, a mais decisiva vitória da Revolução; apoiados nela, os franceses entraram na guerra do lado americano. Finalmente, como Baigent e Leigh argumentam, a campanha frouxa, fria, convenceu a Grã-Bretanha de que não valia a pena continuar.

Isso não significa dizer que não havia maçons americanos leais ao rei. Segundo uma fonte, "dos sete Grandes Mestres Provinciais, cinco apoiavam George III e condenavam a agitação revolucionária contra a autoridade estabelecida".[31] Os maçons já tinham exibido uma disposição conservadora antes; como vimos, o susto jacobita levou a Grande Loja a afirmar sua lealdade ao "sistema". Um maçom americano, o reverendo Duche – que deu início à Sociedade Teosófica de Londres –, abandonou as colônias precisamente porque era contra o rompimento dos laços com a Grã-Bretanha. Duche chegou a escrever uma carta a George Washington, quando o futuro presidente estava padecendo aquele inverno em Valley Forge, rogando para que abandonasse a batalha e negociasse a paz com os britânicos. Quando foi capelão do Congresso Continental, Duche ficou muito próximo dos Pais Fundadores; sua esposa, Elizabeth Hopkinson, era irmã de Francis Hopkinson, um dos signatários da Declaração de Independência. Maçom, Francis Hopkinson, esteve na comissão responsável pelo projeto da bandeira americana e do Grande Selo.

Os maçons, parece, ficaram em ambos os lados da cerca revolucionária americana, embora as razões esotéricas por trás da resistência britânica aos pedidos das colônias por independência tenham recebido pouca atenção até agora. Mas se a Revolução Americana teve mais de um elo com a Maçonaria e seus ideais, aquela que a França, sua aliada, enfrentaria daí a pouco mais de uma década foi, para muitos, iluminada de uma ponta à outra.

5

Iluminações

Possivelmente, o período que preparou o caminho na França para a Revolução Francesa (1789-1799) foi o mais carregado de políticas esotéricas dos tempos modernos, rivalizando apenas, talvez, com as décadas místicas, apocalípticas, que precederam a ascensão bolchevique ao poder na Rússia, pouco mais de um século depois. Como a baronesa d'Oberkirch, observadora contemporânea e participante de modismos ocultistas em centros que iam de Paris a Estrasburgo, comentou: "Nunca, certamente, foram rosa-cruzes, alquimistas, profetas e tudo relacionado com eles tão numerosos e tão influentes [...]. Olhando à nossa volta, vemos apenas feiticeiros, iniciados, necromantes e profetas".[1]

O fim do século XVIII é geralmente encarado como uma "idade da razão", mas historiadores como Robert Darnton e Christopher McIntosh deixam claro que isso era apenas seu aspecto "diurno". O lado "noturno" tinha uma face diferente, uma face, como frequentemente acontece, que se via melhor na cultura popular da época. Como hoje, os tabloides e a imprensa popular de Paris e de outras grandes cidades francesas andavam cheios de histórias do bizarro, do mágico e do sobrenatural. A maioria delas mal estaria à altura de um episódio de *Arquivo X*, mas o fato de terem ocupado a mente de milhares de leitores indica uma "insatisfação com o mundo como ele é" e o que em outro lugar chamei de "anseio instintivo por algum tipo de além, por *algo mais*".[2] Essa necessidade de "algo mais" era satisfeita, de um modo talvez vulgar, pelas numerosas poções e panaceias mágicas vendidas por atarefados camelôs parisienses, que faziam um lucrativo comércio. Quando tal necessidade, maior em certos perío-

| 98 |

dos que em outros, atinge uma certa intensidade, as expectativas ocultistas transbordam para a esfera social e política.

Na França pré-revolucionária, desejos ocultistas encontravam uma crescente agitação social e política, assim como as novas filosofias céticas, criando uma crença impetuosa numa mudança iminente na natureza das coisas. O ceticismo iluminista enfraqueceu a Igreja, mas também produziu uma fome por crenças espirituais mais satisfatórias, por mistério e pelo desconhecido. Um meio de satisfazer essa fome era por meio da Maçonaria e de outras filosofias ocultistas que se misturavam com os próprios sistemas céticos de pensamento que elas ressuscitavam e complementavam. Isso não surpreende. A história da consciência ocidental nos últimos três séculos tem sido uma oscilação entre extrema racionalidade e extrema irracionalidade, com o ocasional e breve equilíbrio entre as duas conseguindo "acertar as coisas", no que chamei em outro lugar de "síndrome de Goldilocks*".[3] Se a oscilação continuará ou se, por meios ainda desconhecidos, chegaremos ao que o filósofo Jean Gebser chama "a estrutura integral da consciência" – um fértil equilíbrio entre racionalidade e o que Gebser encara como formas mais antigas, mais primitivas de consciência –, é o que ainda vamos ver.[4]

ROMÂNTICO E CLÁSSICO

Esta oscilação na consciência ocidental assemelha-se a uma polaridade no temperamento ocidental que, de modos cruciais, eu acho, informa as manifestações futuras do esoterismo na política. Que sua expressão mais concisa venha de um poeta e ensaísta filosófico sem interesse pelo esoterismo, e cujo interesse pela política era realmente um complemento à sua preocupação com a estética e com formas de crença religiosa, pode ser uma vantagem.

T. E. Hulme é pouco lido hoje. Quando morreu, na Primeira Guerra Mundial, era conhecido principalmente como um tipo de jornalista filosófico, contribuindo para revistas como New Age, de A. R. Orage, um notável bureau central para ideias "alternativas".[5] No ensaio "Romantismo e Classicismo" – descoberto após sua morte num conjunto de cader-

---

* Referência à história "Goldilocks and the Three Bears" [Cachinhos Dourados e os Três Ursos].

nos –, Hulme argumenta que o "princípio positivo" por trás da Revolução Francesa estava fortemente ligado à ascensão do romantismo. Pessoas que eram "a favor" da revolução e a viam como uma espécie de "nova religião" tinham sido "ensinadas por Rousseau que o homem era por natureza bom, que fora apenas sufocado por leis e costumes ruins. Remova-se tudo isso e as infinitas possibilidades do homem teriam uma chance". Para os românticos, Hulme argumenta, o homem era "um infinito reservatório de possibilidades" e se pudermos nos livrar da "ordem opressiva, obteremos o Progresso".

Contra essa visão otimista, Hulme apresenta o que chama de visão clássica, que não está distante da visão religiosa, pelo menos a da Igreja. Para ela, "o homem é um animal extraordinariamente rígido e limitado cuja natureza é absolutamente constante. É só pela tradição e organização que alguma coisa decente pode ser tirada dele".[6] A Igreja tinha uma fórmula habilidosa para expressar esse conceito: o homem, ela ensinava, era culpado do pecado original. Longe de "infinitos reservatórios", somos criaturas caídas, precisando de salvação. O Iluminismo e o movimento romântico, embora opostos sob muitos aspectos, concordavam numa coisa: a necessidade de descartar essa ideia, que ambos acreditavam suprimir nosso potencial para o crescimento e a evolução, numa palavra, para o "progresso".

Esses pontos de vista radicalmente opostos parecem se ajustar à distinção feita na introdução entre política progressista e tradicional. Para Hulme, o romantismo é "extravasamento de religião". "Você não acredita num Deus", ele escreve, "então você começa a acreditar que o homem é um deus. Você não acredita no Céu, então você começa a acreditar num céu na Terra." Essa confusão acontece, Hulme sustenta, porque o que ele, juntamente com a Igreja, vê como a hierarquia dada das coisas – o divino no topo e o humano e natural em algum lugar embaixo – fica embaralhada. "Os conceitos que são corretos e adequados em sua própria esfera", ele escreve, "são misturados com tudo e, assim corrompidos, falsificam e embaçam os contornos nítidos da experiência humana."[7]

A GNOSE DE ERIC VOGELIN

A necessidade de hierarquia e tradição para tirar "qualquer coisa decente" de nós informaria o esoterismo da escola tradicionalista, que vamos examinar mais tarde. E a ideia de que porque "você não acredita no Céu, você começa a acreditar num céu na Terra" é uma formulação concisa do argumento do filósofo político Eric Vogelin contra o que ele chama de formas de gnosticismo em política – embora um gnosticismo colorido por seu peculiar uso da palavra. Como Richard Smoley adverte: "Para Vogelin, o gnosticismo se torna um termo genérico que abrange tudo o que ele detesta e teme na civilização ocidental".[8]

Como defensor do cristianismo e de uma visão muito conservadora dos valores ocidentais, Vogelin viu todas as tentativas de ter "um céu na Terra" como prova do que chamou "a imanentização do *eschaton*"* – a derrubada das condições permanentes da vida, incluindo o pecado original e a proclamação do Juízo Final (leitores da trilogia *Illuminatus!*, de Robert Anton Wilson e Bob Shea, recordarão o uso cômico que eles fazem dessa frase desajeitada). Existe algum mérito nesse ponto de vista e Vogelin tem razão em destacar os perigos inerentes às crenças milenaristas. Que a estrada para várias utopias futuras tem sido pavimentada com o derramamento atual de sangue humano está claro para qualquer estudioso da história moderna, mas Vogelin rotula mal como "gnóstico" o que é realmente uma visão apocalíptica. A noção, contudo, de que a humanidade deveria simplesmente aceitar as coisas como elas são não apenas se choca com nosso apetite inerente por "algo mais", mas implica uma colossal indiferença, política, social e econômica, com relação ao sofrimento humano. Lendo a prosa difícil, intrincada, de Vogelin, fico com a impressão de que por trás ele está dizendo: "Como estas criaturas limitadas, pecaminosas, se *atrevem* a acreditar que podem criar um mundo melhor?" – um projeto, sabemos, que os rosa-cruzes sustentavam.

UMA VIDA SEM RESTRIÇÕES

O medo de Vogelin da "imanentização do *eschaton*" e a crítica de Hulme do "extravasamento de religião" não são simplesmente preconceitos de autoritários de direita sem importância; juntamente com Leo Strauss (cujas ideias sobre "escrita esotérica" examinamos no Capítulo 2), Vogelin tem uma vigorosa influência sobre o moderno pensamento conservador.

---

* Isto é, do escatológico. (N. do T.)

E observando a Revolução Francesa e sua degradação no Reino do Terror, ou a contribuição da revolução bolchevique para o que P. D. Ouspensky chamou de "história do crime", podemos ver que Vogelin e Hulme têm razão. Recordando o "pecar no sagrado" do Capítulo 4, vemos uma necessidade de "pôr um freio no entusiasmo da pessoa". A liberdade absoluta, no sentido, digamos, de um marquês de Sade ou do notório mago do século XX, Aleister Crowley (conhecido antes por seu estilo de vida freneticamente indulgente que pela agudeza esotérica), degenera frequentemente em mera licenciosidade e no que podemos chamar de "liberdade negativa". O que é meramente estar "livre de" alguma coisa e não, como Nietzsche queria, estar "livre para" alguma coisa, algum objetivo mais elevado que a mera autossatisfação – uma ideia que se relaciona à "transcendental escala de valores" mencionada na introdução.

Que a "filosofia de libertação" que Hulme e Vogelin associam ao romantismo e gnosticismo não tem meramente um interesse histórico pode ser visto no curso da arte nos últimos dois séculos. Em *The Use and Abuse of Art*, o historiador cultural Jacques Barzun argumenta que boa parte da arte, certamente do período romântico em diante, tem sido motivada por uma rejeição da chamada vida burguesa – que é vista como "uma infâmia coletiva merecendo opróbrio e morte" – em favor do que ele chama "uma vida inteiramente sem restrições".[9] Não foi o desejo de reformar, renovar e regenerar que motivou os rosa-cruzes e, mais tarde, certas formas de Maçonaria, mas um impulso para livrar-se de quaisquer barreiras, fossem elas quais fossem. Podemos ver isso em muitos "heróis culturais" dos últimos dois séculos: o poeta Arthur Rimbaud, os dadaístas, os surrealistas, Henry Miller, os Beats, os hippies, os situacionistas, os punks. A chamada para uma "vida sem restrições" emergiu na contracultura dos anos 1960, quando ela adotou a máxima de Aleister Crowley: "Faze o que tu queres há de ser toda a lei", hoje popular entre o pessoal do *heavy metal* e os góticos. Mais sucinto e imediato foi Jim Morrison, cantor e líder do grupo de rock *The Doors*, que declarou: "Queremos o mundo e o queremos agora", um pedido adolescente pelo mundo inteiro. No mundo sem restrições, a gratificação imediata é suprema e, como a história mostra, isso é pelo menos uma parte do que abasteceu a Revolução Francesa.

DIREITO MAÇÔNICO

Um personagem dos dias revolucionários franceses que teria adotado tanto Hulme quanto Vogelin, e que foi ele próprio adotado por esotéricos de direita, como Julius Evola, foi o contrarrevolucionário saboiano e filósofo autoritário Joseph de Maistre. Brilhante, mordaz e possuidor de uma misantropia que fazia lembrar o Grande Inquisidor de Fiodor Dostoievski, De Maistre era um maçom radicalmente contrário aos ideais da Revolução Francesa. Iniciado numa loja esotérica do Rito Escocês em Lyon, na época um centro esotérico, e influenciado pelas obras dos iluministas Martines de Pasqually, Louis-Claude de Saint-Martin e Jean-Baptiste Villermoz, De Maistre não tinha paciência com o que via como ideias de confusa inspiração liberal sobre irmandade universal e tolerância religiosa. Como Isaiah Berlin comenta, De Maistre acreditava que "o homem só pode ser salvo estando limitado pelo terror da autoridade".[10]

Simpatizando a princípio com a necessidade de uma reforma, consciente da corrupção na corte de Luís XVI, De Maistre sentiu logo repugnância pelo selvagem "nivelamento" da Revolução e advertiu que só um governo com raízes na religião poderia dar fim ao caos e ao derramamento de sangue que ele desencadeara. Defensor filosófico da autoridade estabelecida, no Estado e na religião, teria sido levado para a guilhotina se o Comitê de Salvação Pública tivesse posto as mãos nele. Juntamente com o direito divino dos reis – uma concessão espiritual que, para ele, incluía as constituições das nações que, acreditava, eram "escritas" por Deus –, De Maistre defendia a infalibilidade papal e argumentava que o papa era, em última análise, a autoridade máxima em assuntos temporais, assim como espirituais. Um de seus epigramas resume sua crença: "Onde quer que se encontre um altar, a civilização existe". Não admira que, entre seus leitores dos dias de hoje, encontremos o analista político conservador Pat Buchanan. Contudo, não podemos descartar De Maistre como mero predecessor dos neoconservadores. Outro de seus grandes leitores foi o poeta "decadente" francês Charles Baudelaire que, juntamente com muitos outros, passou, em 1848, algum tempo nas barricadas revolucionárias de Paris.

Do outro lado do Canal da Mancha, fez eco às ideias de De Maistre o pensador conservador Edmund Burke, um intelecto mais ponderado, cujo trabalho não possui o ímpeto obsessivo de De Maistre. Como Burke,

De Maistre se opunha ao racionalismo superficial do Iluminismo, razão para o apoio que deu durante toda a sua vida à Maçonaria esotérica, embora ela fosse condenada pela Igreja que ele adotou. Mas a oposição de De Maistre ao racionalismo ingênuo não se limitava à sua crença mística, religiosa. Ele desprezava a ideologia da "volta à natureza", associada a Rousseau, argumentando que a ideia de que o homem era "naturalmente bom" era pura fantasia. "O homem em geral", escrevia De Maistre, "se reduzido a si mesmo, é demasiado perverso para ser livre" e, quando Rousseau pergunta retoricamente por que, se o homem nasceu livre, ele está em toda parte em cadeias (fornecidas pela Igreja, o Estado e outros agentes da civilização), De Maistre responde perguntando por que, se nasceram carnívoras, as ovelhas ficam beliscando o capim? (A resposta é que elas são feitas dessa maneira e parece haver poucos apelos para as ovelhas abandonarem seus grilhões vegetarianos e expressarem sua "verdadeira" natureza.) O argumento de De Maistre é que não devíamos perguntar como o homem, ou qualquer outra coisa na natureza, *deveria* ser, mas devíamos olhar como ele *é*. E o que De Maistre viu foi que o homem, como tudo mais na natureza, era um matador. Em vez da plácida corrente sobre a qual os poetas se estendiam e calmamente meditavam, a natureza era "um enorme matadouro" e, como Isaiah Berlin destaca, o carrasco desempenha um papel central na filosofia de De Maistre.[11]

ILLUMINATI!

De Maistre não foi o único maçom a encontrar um lugar na direita. A Ordem da Cruz Dourada e Rosa-Cruz, uma sociedade maçônico-rosa-cruz alemã, foi fundada em 1710 e parece ter existido até 1793, época em que se fendeu em outros grupos: os Cavaleiros da Luz, os Irmãos da Luz e a Irmandade Asiática, todos incorporando elementos dos ensinamentos de Sabbatai Zevi.[12] Segundo Christopher McIntosh, a Cruz Dourada e Rosa-Cruz "defendia a fé contra o ceticismo, a revelação contra a razão, a doutrina cristã contra o deísmo ou paganismo, a monarquia e a hierarquia estabelecida contra a democracia, a tradição e estabilidade contra a mudança e o progresso"[13] – todos valores que De Maistre e outros da direita ocultista apoiariam. Mas em geral a Maçonaria era encarada por ambas as Igrejas, que a tinham proscrito em 1738, e por autoridades seculares, que deram passos similares alguns anos mais tarde, como agente de desavença e desordem social. E embora, como Jasper Ridley deixa claro, houvesse tanto maçons legalistas quanto maçons revolucionários,[14] os maçons conservadores, como a Grande Loja anos antes, tiveram de se esforçar ao máximo para não serem cobertos com o piche radical. Um grupo que tornava isso difícil eram os Illuminati bávaros.

Muito se escreveu sobre os Illuminati, em geral sob a inspiração de fantasias histericamente paranoicas, e já abordei, em outro lugar, a história deles com alguma profundidade.[15] Os dois maiores autores responsáveis por forjar o elo conspiratório entre os Illuminati e a Revolução Francesa foram o ex-maçom e abade Barruel e John Robison, professor de filosofia natural e secretário da Royal Society de Edimburgo. As credenciais científicas de Robison são impressionantes: ele colaborou com James Watt num primitivo veículo a vapor, contribuiu para a Enciclopédia Britânica de 1797 e inventou a sirene. O jovial relato em quatro volumes de Barruel, *Memoirs Illustrating the History of Jacobinism* (1797), e a obra de Robison, ligeiramente mais sóbria, mas igualmente paranoica, *Proofs of a Conspiracy Against All the Religions and Governments of Europe Carried on in the Secret Meetings of Freemasons, Illuminati and Reading Societies* (1797), forneceram o fundamento para uma consciência conspiratória que continua existindo até hoje.[16]

Criados por Adam Weishaupt, professor de direito canônico na Universidade de Ingolstadt, em 1º de maio de 1776 – dois meses antes da assinatura da Declaração de Independência dos Estados Unidos –, os Illuminati eram realmente um gigantesco paradoxo. Encarados como uma sociedade secreta ocultista, os Illuminati foram de fato um grupo fanaticamente racionalista oposto ao misticismo e ao ocultismo. Expoentes extremos dos ideais iluministas de ciência, ateísmo e igualitarismo, ainda assim empregavam, para alcançar seus fins, ocultismo, crença religiosa e hierarquia. Como os morávios, os Illuminati infiltravam-se em outros grupos maçônicos para convertê-los à sua causa, que era, como Weishaupt declarava, um mundo em que "príncipes e nações desaparecerão da face da Terra sem violência" para que "a raça humana atinja sua mais alta perfeição, a capacidade de julgar a si mesma".[17]

Em outro curioso encontro entre extrema-direita e esquerda, Weishaupt, fundador de uma organização refratária a toda autoridade (exceto, talvez, à própria), foi educado pelos jesuítas, uma "sociedade secreta" católica que também deu origem a De Maistre, o oposto ideológico de

Weishaupt. É provável que a casuística jesuíta auxiliasse o plano que tinha Weishaupt de dominar a Maçonaria continental (até mesmo Barruel e Robison admitiram que a Grande Loja inglesa era inocente desse diabólico complô iluminista). A Maçonaria proporcionava uma rede de comunicação pronta, um sistema de organização hierárquica e um espírito que compartilhava, em diferentes graus, muitos dos ideais que Weishaupt queria disseminar. Ele a usaria, absorvendo seus seguidores misticamente igualitários, até o tempo estar maduro para presenteá-los com a verdadeira iluminação.

Os primeiros movimentos de Weishaupt foram trôpegos; só na segunda tentativa conseguiu entrar numa loja de Estrita Observância (antes não teve como pagar a joia de ingresso). Mas logo as coisas passaram a correr com tranquilidade. A Maçonaria Iluminada se espalhou com rapidez, principalmente pelos países de fala alemã. Estranhamente a França, que se acreditava ter sido escolhida como alvo de tanta iluminação, resistiu a ela – compreensivelmente, visto que já tinha de lidar com um número bastante grande de sociedades maçônicas; segundo uma estimativa, em 1789 havia pelo menos 30 000 maçons na França. Por fim, figuras tão luminosas quanto Goethe, Mozart e Schiller, assim como o misterioso conde Cagliostro, ingressaram na nova e ainda mais secreta loja de Weishaupt. Contudo, só os iniciados mais próximos de Weishaupt conheciam seu verdadeiro plano: derrubar as autoridades estabelecidas, papais e seculares, da Europa.

Apesar de toda a paranoia, Barruel e Robison estavam certos ao reconhecer que Weishaupt, que originalmente só quisera quebrar o domínio dos jesuítas sobre sua Bavária nativa, tinha grandiosos planos revolucionários. Estavam, no entanto, errados ao sobrecarregar os Illuminati com a responsabilidade única pela revolução. Weishaupt pode ter sonhado com uma Europa livre do papa e dos reis, mas, como observou um cronista, era "praticamente incapaz de organizar um piquenique, quanto mais o Terror".[18] Contudo, isso pouca importância teve quando a verdade por trás dos Illuminati emergiu.

Aconteceu por causa de uma briga entre Weishaupt e um de seus imediatos, o barão Von Knigge. Knigge tinha mais inclinações místicas que Weishaupt e se juntara aos Illuminati depois de ter sido rejeitado por um grupo rosa-cruz. O zelo de Knigge trouxe muitos membros novos e ele esperava, agindo a seu modo, avançar ao longo da trilha esotérica. Mas quando seu progresso foi estranhamente detido, ele se deparou com Weishaupt. Não desejando perder Knigge, Weishaupt revelou seu verdadeiro plano. Knigge concordou em ficar calado, mas só se Weishaupt concordasse em transformar os Illuminati numa *verdadeira* sociedade esotérica. Knigge introduziu iniciações cada vez mais místicas, contrariando os planos de Weishaupt, que finalmente decidiu que Knigge teria de deixá-los. Ele o fez, mas não sem antes pôr a boca no mundo.

Outros maçons que suspeitavam dos objetivos de Weishaupt falaram contra os Illuminati. Quando a "mídia" teve informação da coisa, apareceram na imprensa resenhas prejudiciais, corroborando os rumores espalhados por membros descontentes. Temores de que houvesse infiltração no governo (o que faz lembrar o macartismo nos Estados Unidos) provocaram uma ansiedade pública. As coisas atingiram um ponto crítico em 23 de junho de 1784, quando o governo bávaro declarou ilegais todas as sociedades secretas, independentemente de serem iluminadas ou não. Maçons não iluminados se distanciaram da cabala de Weishaupt, mas na histeria poucos se preocupavam com essas distinções sutis. Maçonaria, esoterismo e ordens ocultistas de qualquer gênero foram colocados no mesmo saco como ameaças à "segurança nacional", manobra frequentemente empregada pelos governos para facilitar uma onda de repressão. O resto do continente foi logo atrás. O ponto de vista que engendrara Barruel, Robison e, mais tarde, Nesta Webster e os autores de *Protocolos dos Sábios de Sião* criou raízes e nunca realmente desapareceu. Alguns anos mais tarde, quando não apenas a Bastilha mas também muitas cabeças caíram, ficou evidente para muitos que o caminho para a iluminação passava pela destruição da civilização e pelo governo da multidão.

Sociedades harmoniosas... ou não

O ano de 1784 viu o começo de uma época sombria para as ordens esotéricas, mas foi também o ano em que uma convenção geral de maçons, convocada pela loja *Les Amis Reunis*, também conhecida como *Philalethes* (Amantes da Verdade), foi realizada em Paris. A convenção não correu assim tão bem; uma nota azeda foi dada pelo extravagante conde Cagliostro, iniciado da loja da Estrita Observância e dos Illuminati, e hierofante de sua própria versão de Maçonaria egípcia, que alguns estudiosos acreditam que ele tirou do rabino Falk, mas cujos detalhes Cagliostro afirmava ter descoberto numa banca de livros em Londres (embora não se possa saber se o imortal conde de Saint-Germain estava dizendo a verdade, ele afirmou ter aprendido o rito no próprio Egito antigo e tê-lo mais tarde transmitido ao conde). Cagliostro via sua obra como a regeneração da humanidade e suas tolerantes lojas iniciavam mulheres, assim como judeus; ele pediu com insistência que as outras lojas destruíssem todos os seus registros e se pusessem sob sua direção. Como era de esperar, elas ignoraram a sugestão. Esse choque particular entre irmãos maçons põe em destaque os cismas e dissenção endêmicos entre grupos ocultistas disputando espaços no primeiro alvorecer da Revolução. Como muitos outros na época, esotéricos e ocultistas que logo ficariam revoltados pelos assassinatos em massa da Revolução abraçaram, inicialmente, a sensação estonteante de mudança radical. Em *O Prelúdio*, o poeta William Wordsworth, que, assim como Rousseau, era um grande amante da natureza, deu a célebre declaração de que, naquela época, era "uma bênção estar vivo e ser jovem era o próprio céu". Depois que as lâminas caíram, Wordsworth e seu companheiro romântico Samuel Taylor Coleridge ficaram estarrecidos e passaram ambos para crenças políticas mais conservadoras. Uma mudança de ares similar ocorreu entre os ocultistas.

Um dos primeiros grupos ocultistas pressagiando a Revolução foi a Ordem dos Cohens Eleitos, inaugurada em 1754 pelo swedenborgiano, rosa-cruz e maçom Martines de Pasqually (*cohen* significa "sacerdote" em hebraico). Incorporando elementos maçônicos, a ordem se concentrava em teurgia e magia cerimonial, "operativa", em que o "mago operativo" invoca a encarnação visível de um deus, uma prática associada ao filósofo neoplatônico Iamblichus e, mais tarde, à Ordem Hermética da Aurora Dourada. A filosofia mística de Pasqually também adotou o cabalismo e uma forma de magia de números, "aritmosofia", e Pasqually teria sido iniciado numa loja maçônica *écossaise* (escocesa) pelo suposto "superior incógnito" do barão Hund, Charles Edward Stuart. O trabalho de Pasqually passou a ser chamado de martinismo – confusamente, o ensinamento de seu mais importante discípulo, Louis Claude de Saint-Martin, recebeu o mesmo nome – e é um tanto semelhante ao do beneditino Antoine-Joseph Pernety, que liderou um grupo dedicado a experimentos oraculares com o que chamavam "a Palavra Sagrada", uma espécie de incorporação mediúnica do século XVIII. A entidade em questão era mencionada como *la chose*, "a coisa".

O grupo de Pernety reunia-se em Avignon, terra de muitos refugiados jacobitas e acredita-se que Pernety tenha entrado em contato com a Ordem Dourada e da Rosa-Cruz em Berlim. Pernety fora, durante algum tempo, bibliotecário de Frederico Guilherme II, rei da Prússia, e em 1781 Frederico Guilherme foi iniciado na ordem por Johann Rudolf von Bischoffswerder.[19] Como argumenta Christopher McIntosh, isso teve consequências de longo alcance. Pernety acreditava que ele e seus seguidores tinham sido escolhidos como líderes de uma nova sociedade, o novo "povo de Deus". Depois que Frederico Guilherme ascendeu ao trono em 1786, seguindo Frederico, o Grande, Bischoffswerder "exerceu uma forte influência sobre a política externa prussiana e submeteu o jacobinismo francês a uma cruzada contrarrevolucionária" (os jacobinos eram os mais radicais da Revolução).[20] Outro membro da ordem, Johann Christoph Wöllner, teve influência ainda maior sobre o novo rei, tornando-se seu conselheiro econômico, redator de discursos e, mais tarde, ministro de assuntos eclesiásticos. As políticas de Wöllner ilustram a irônica verdade de que "o rosacrucianismo, no final do século XVIII, tornou-se um ponto de agrupamento para os que tinham uma visão conservadora e se opunham às tendências socialmente radicais, racionalistas e antirreligiosas que estavam se transformando num sério desafio na Alemanha".[21] Num exemplo do que C. G. Jung chamou de "enantiodromia" – quando algo se transforma em seu oposto –, Wöllner criou uma espécie de inquisição protestante rosa-cruz, uma "polícia secreta eclesiástica" que denunciava pregadores e professores dissidentes, na escola ou na universidade, coisa muito distante do original impulso rosa-cruz. Na França, essa virada conservadora teria de esperar até que o entusiasmo inicial pela Revolução se extinguisse.

MAÇONS MESMERIZADOS

Como já mencionei, o trabalho do cientista austríaco Franz Anton Mesmer contribuiu para as correntes esotéricas pré-revolucionárias. Embora Mesmer não fosse particularmente político (nem era um verdadeiro ocultista) e fosse muito dependente do patrocínio da classe superior, ainda assim suas ideias foram adotadas por indivíduos radicais e combinadas com as de Rousseau para formar uma versão mesmérica do "nobre selvagem". Para Rousseau, a civilização decadente era responsável pelos males da humanidade. Era preciso um "retorno à natureza", um recuo para nosso estado primal, anterior à queda; assim o homem seria regenerado e introduzido numa nova era, um tema anunciado de diferentes modos por rosa-cruzes, maçons e swedenborgianos. Mesmer acreditava que o "magnetismo animal" era uma nova e revolucionária percepção de uma antiga verdade e que só os interesses vigentes impediam que fosse reconhecido como remédio para uma variedade de males físicos e sociais. Como acontece hoje, sua forma de "medicina alternativa" era desprezada pelo sistema, mas seus oponentes não eram apenas de inclinação conservadora. Entre os cientistas que rejeitaram as afirmações de Mesmer, num exame encomendado pela Academia de Ciência francesa, estava o maçom e revolucionário Benjamin Franklin. Contudo, o marquês de Lafayette, herói francês da Revolução Americana, informou a George Washington que ele era considerado um dos mais entusiásticos discípulos de Mesmer e que havia uma forte ligação entre sua dedicação à república americana e a devoção ao mesmerismo.[22]

Muitos acreditavam numa conspiração que impedia "o povo" de se beneficiar das descobertas de Mesmer e que também visava bloquear outros esforços de cientistas "radicais" para ampliar os campos do conhecimento. Como afirma Robert Darnton: "Algumas obras mesmeristas manifestaram conotações políticas; mostraram que órgãos privilegiados, apoiados pelo governo, estavam tentando suprimir um movimento para melhorar a sorte do povo comum".[23] Embora o Parlamento francês nada fizesse contra Mesmer e sua taxa de sucesso assegurasse que não lhe faltariam pacientes, um clima impróprio grudou-se à sua prática, sem dúvida encorajado pelos relatos da atmosfera de orgia que acompanhavam os "banhos" mesméricos, centrais para a cura. O frequente traje íntimo e "crises" parecidas com orgasmos que se seguiam ao tratamento bem-sucedido de atraentes pacientes femininas de Mesmer sem dúvida contribuíam para as suspeitas sobre o elemento animal em seu magnetismo.

O próprio Mesmer cortejava a aristocracia e exibia um ar altivo, imponente, e teria constituído um alvo fácil para o ressentimento crescente contra as classes superiores; como era de esperar, quando a clandestinidade revolucionária tornou-se a nova ordem vigente, o mesmerismo foi proscrito como apenas outro modismo da classe alta. Alguns temiam que os contrarrevolucionários pudessem usar o magnetismo animal para transmitir planos secretos.[24] As ideias de Mesmer, no entanto, infiltraram-se na consciência radical por meio das Sociedades de Harmonia que ele fundou em 1783, cujo objetivo era ajudar na vindoura regeneração da humanidade. Dois membros não tão harmoniosos, Nicolas Bergasse e Jacques-Pierre Brissot, injetaram considerável radicalismo no sistema de Mesmer. Bergasse, protegido de Mesmer, declarou que, "erguendo um altar para o mesmerismo", estava de fato erguendo um altar à "liberdade", e acabou acusando Mesmer de se vender à alta sociedade. Do grupo mesmerista de Bergasse, emergiram dois importantes girondinos (revolucionários moderados que seriam submetidos à guilhotina dos jacobinos): Etienne Clavière e Antoine-Joseph Gorsas.[25]

Brissot, escritor e outro girondino importante, foi igualmente eloquente acerca dos elos entre Mesmer e a liberdade. Acrescentou um elemento de sigilo que parecia confirmar as piores suspeitas do bom abade Barruel. "Chegou agora o tempo da revolução que a França precisa", Brissot afirmava, "mas tentar produzi-la abertamente é se condenar ao fracasso. Para ter êxito é necessário cobrir-se de mistério; é necessário unir homens sob o pretexto de experimentos em física mas, na realidade, reuni-los para a derrubada do despotismo."[26] Assim como um paciente recuperaria a saúde "natural" em seguida à "crise" que libertava as energias magnéticas bloqueadas, a sociedade francesa seria restaurada em seu estado primordial assim que a Revolução expelisse suas impurezas.

Brissot, no entanto, que foi guilhotinado em 1793, era igualmente motivado pelo fracasso em ganhar uma reputação nos salões parisienses; determinado a se mostrar no mesmo pé de igualdade de qualquer *filósofo* urbano, ele, como filho de um gerente de taberna na província, não poderia competir nos elegantes cafés parisienses. Detestava o mundo do "bom-tom" literário e afirmava que o governo e as academias estavam determinados a asfixiar o pensamento novo, particularmente o dele.[27] "O domínio das ciências tem de se libertar de déspotas, aristocratas e eleitores", declarou. Brissot não estava sozinho em seu desprezo e pode servir como exemplo de como motivações vis frequentemente se misturam com ideais elevados quando a lenha revolucionária se inflama. Outro revolucionário que adotou ideias similares às de Mesmer foi Jean-Paul Marat, que escreveu sobre os segredos da eletricidade, da luz e do fogo e foi igualmente desconsiderado pela Academia, repúdio que engendrou um complexo de perseguição. Pode-se afirmar que, sob certos aspectos, a Revolução Francesa estava ligada a *filósofos* frustrados assim como a Segunda Guerra Mundial estava ligada a um artista frustrado, o pintor de terceira classe Adolf Hitler.

Mas se Bergasse e Brissot ligavam as ideias de Mesmer a uma humanidade "natural", primitiva, outros forjaram laços mais angélicos. Jean-Baptiste Willermoz, de Lyon, maçom da Estrita Observância desde os 20 anos de idade – e possível detentor do recorde do *Guinness* quanto ao número de sociedades místicas a que pertencia –, foi iniciado nos Cohens Eleitos de Martines de Pasqually em 1767. Após a morte de seu mestre em 1774, Willermoz desenvolveu a magia teúrgica de Pasqually, mas estava também preocupado com a crescente falta de direção da ordem. Para reverter isso, iniciou o que era efetivamente um novo rito maçônico. A Ordem dos Beneficentes Cavaleiros da Cidade Santa incluía seis graus do que se tornou conhecido como Rito Escocês Retificado, um desdobramento da Estrita Observância. Numa grandiosa conferência maçônica no final da década de 1770, organizada pelo duque Ferdinando de Brunswick e pelo príncipe Charles de Hesse-Cassel, duas figuras importantes da Estrita Observância, Willermoz persuadiu o Rito Escocês Retificado a abandonar a mitologia templária, instituída pelo barão Hund, e a adotar seu novo sistema martinista.

Willermoz, contudo, era também um ardente mesmerista e membro de uma Sociedade da Harmonia, onde parecia combinar mesmerismo e teurgia de Pasqually numa prática que fazia lembrar o beneditino Antoine Pernety. Nas reuniões, Willermoz registrava os pronunciamentos de mulheres experimentando um "transe magnético". Eram conhecidas como *crisíacas*, sonâmbulas que agiam como oráculos e cujas comunicações vindas do "mundo dos espíritos" (adicionando um toque de Swedenborg ao estonteante coquetel) Willermoz tentaria decifrar. Como acontece com os médiuns de hoje, as *crisíacas* de Willermoz frequentemente anunciavam revelações um tanto gerais sobre a futura nova aurora e o retorno da antiga religião, mas vez por outra produziam alguma coisa incomum, algo cuja decodificação Willermoz sentia que precisava de ajuda para fazer. Por isso ele se voltou para uma das mais profundas personalidades do período, Louis Claude de Saint-Martin, o "Filósofo Desconhecido".

O FILÓSOFO DESCONHECIDO

Ao contrário de muitos frequentadores habituais de círculos esotéricos em sua época, Saint-Martin era um verdadeiro filósofo hermético; como Swedenborg, estava profundamente preocupado com o destino espiritual da humanidade. Sabia que, para valer a pena, uma revolução política ou social tinha de ser baseada numa transformação interior. Como Wordsworth e Coleridge, ele inicialmente sentiu simpatia pelos ideais da Revolução, mas seu horror logo o repugnou. Foi uma vítima da própria sublevação; vindo de uma família nobre, a Revolução deixou-o sem um vintém. Escreveu que, em Paris, em 1792, "as ruas perto da casa onde eu estava eram um campo de batalha; a própria casa era um hospital para onde os feridos eram trazidos".[28] Em 1794, um decreto banindo a nobreza de Paris forçou-o a voltar a Amboise, local de seu nascimento. Para se proteger, escrevia sob o pseudônimo "o Filósofo Desconhecido".

A visão de Saint-Martin é de profunda responsabilidade; entre seus "conselhos do exílio", ele escreve: "A função do homem difere daquela de outros seres físicos, pois é a reparação das desordens do universo".[29] O único sinal de que estamos "regenerados", ele nos diz, é que "regeneramos tudo à nossa volta".[30] Numa época em que os direitos dos homens – e também das mulheres, para dar a Mary Wollstonecraft o que lhe é devido – estavam sendo reclamados, Saint-Martin sobrecarregava os leitores com uma obrigação metafísica que a cabala chama de *tikkun*, que significa reparar o dano causado pelo transbordamento das *sefirot*, os "recipientes" da Árvore da Vida. Em vez de esperar que a vida, a sociedade ou o governo garantam nossa felicidade, e nos queixarmos ruidosamente quando isso não acontece, Saint-Martin exige de nós o oposto: que dediquemos nossas vidas a fazer do mundo um lugar melhor – uma tarefa à primeira vista banal, mas na prática muito difícil. Como Jean Baptiste Willermoz, Saint-Martin era um seguidor de Martines de Pasqually, mas acabou rompendo com os ensinamentos teúrgicos de Pasqually para seguir seu próprio caminho, mais meditativo.

Saint-Martin foi inicialmente atraído para o mesmerismo, mas acabou por rejeitá-lo, julgando que era materialista em excesso e trazia o risco de atrair indesejáveis espíritos astrais. Um "indesejável espírito astral" em particular parece ter perturbado profundamente Saint-Martin. Willermoz informou-lhe que uma de suas *crisíacas* havia contatado uma "entidade" que Willermoz chamava de "Agente Desconhecido", uma variante dos "superiores incógnitos" do barão Hund. Um representante igualmente desconhecido dessa fonte sobrenatural deu a Willermoz alguns cadernos de notas contendo mensagens do Agente Desconhecido. Elas instruíam Willermoz a criar, dentro de seu Rito Escocês Retificado, um grupo esotérico que receberia orientações diretamente do Agente Desconhecido. Exatamente quem ou o que era o Agente Desconhecido continua sendo um mistério e, durante alguns anos, Willermoz e seu grupo lutaram para decifrar seus estranhos comunicados. A essa altura Saint-Martin e Willermoz já tinham seguido caminhos separados, mas quando Willermoz informou Saint-Martin sobre o Agente Desconhecido, o Filósofo Desconhecido correu para conferenciar com ele em Lyon. Alguma coisa, no entanto, em torno dessas diretivas do além perturbou Saint-Martin e, não muito tempo depois, ele abandonou as tentativas de decodificar as mensagens do Agente Desconhecido.[31]

Como Swedenborg, Saint-Martin acreditava que o "mundo material estava subordinado a um reino espiritual mais real onde o homem primitivo tinha um dia dominado e no qual o homem moderno precisava ser reintegrado".[32] Acreditava numa "sociedade ideal baseada numa teocracia natural e espiritual, governada por homens que seriam escolhidos por Deus e que se considerariam possuidores da 'incumbência divina' de guiar o povo".[33] Como muitos pensadores esotéricos, Saint-Martin via a miséria humana como uma consequência da Queda, de nossa descida de reinos mais elevados devido a um "crime" que nos aprisionara num universo de espaço, tempo e matéria. Saint-Martin representa, de certo modo, a alteração no mesmerismo nos últimos dias do *ancien régime*. Um número cada vez maior de mesmeristas abandonava o tratamento de indivíduos doentes para se concentrarem em prescrições para uma sociedade doente. Os comunicados das *crisíacas* que Saint-Martin ajudou Willermoz a decodificar desencadeariam, eles acreditavam, a crise que faria o Estado retornar à sua primitiva inocência.

CAGLIOSTRO

Um maçom que possivelmente ajudou a começar a Revolução foi o enigmático mago siciliano conde Cagliostro. Como já mencionei, Cagliostro, cujo nome real pode ter sido Giuseppe Balsamo, foi um discípulo do rabino Falk. Em 1787, enquanto estava em Londres, Cagliostro, juntamente com Saint-Martin, pode ter conhecido William Blake na Sociedade Teosófica de Jacob Duche; sabemos que o pintor Philip de Loutherbourg, membro da sociedade, era amigo do "Grande Copta" (um título que Cagliostro tirou do rabino Falk) e que Cagliostro ficou mais de uma vez hospedado na casa de Loutherbourg, em Hammersmith. Saint-Martin estava feliz em continuar sendo uma figura semiobscura, coberto pelo manto do Filósofo Desconhecido, mas a vida sensacional de Cagliostro é uma lição prática sobre os perigos da notoriedade.

Não é verdade que Cagliostro usasse sua versão de "Maçonaria Egípcia para minar governos e religião legítimos" e que tivesse planejado montar uma "guerra maçônica" contra Roma,[34] acusação usada para justificar a cruel prisão e finalmente execução do Grande Copta a mando da Igreja. Sua crença sincera na regeneração da humanidade e sua Maçonaria tolerante, inclusiva, proporcionavam um poderoso substituto para o rígido autoritarismo de Roma nos últimos dias da Inquisição. Embora fosse atraído para os Illuminati, Cagliostro, que não se prendia a regras, sem dúvida via o grupo de Weishaupt como apenas outra ordem; como Willermoz, colecionava iniciações como outros poderiam fazer com selos. Seu grande apelo para o povo comum era uma ameaça para o sistema. Como os rosa-cruzes, ele tratava gratuitamente dos doentes por toda a Europa e, com frequência, esse era o único tratamento disponível para o pobre. Nascido num bairro miserável de Palermo, Cagliostro conhecia a pobreza por experiência própria e fazia o que podia para aliviá-la.

Embora vez por outra, como outras grandes figuras esotéricas, Cagliostro agisse como uma espécie de charlatão (que se pense em Madame P. Blavatsky, Aleister Crowley e Gurdjieff), ao ser iniciado na Loja Esperance de Estrita Observância, no *pub* King's Head, na rua Gerrard, no Soho, em Londres, em 12 de abril de 1777, ele foi literalmente transformado. Se o objetivo da Maçonaria era a regeneração, com Cagliostro ela foi bem-sucedida. Ela se tornou a missão de sua vida; pelo resto de seus dias difundiu a mensagem maçônica através da Europa, chocalhando por

Veneza, Berlim, Paris e São Petersburgo em seu coche preto adornado com símbolos cabalísticos. Nem sempre ele teve êxito; a tentativa de iniciar Catarina a Grande, da Rússia, em seu rito maçônico egípcio foi um completo fracasso. Catarina era extremamente racionalista, estudiosa de Voltaire, e qualquer tipo de misticismo a desagradava, mas também receava que as lojas tolerantes de Cagliostro cultivassem perigosamente ideias democráticas. Cagliostro teve mais sorte com o duque de Orléans, também conhecido como Philippe Egalité, irmão de Luís XVI, que detestava Maria Antonieta e estava de olho no trono. O duque era um maçom inveterado e fora discípulo de Falk. Mas foi o desastroso choque de Cagliostro com Maria Antonieta no "caso do colar de diamantes" que precipitou sua queda.

Em 1781, o cardeal Rohan, membro de uma poderosa família nobre, foi induzido pela aventureira Jeanne de la Motte a pensar que Maria Antonieta queria que ele agisse como seu agente na compra de um colar fantasticamente caro, feito originalmente para madame Du Barry, amante de Luís XV. Embora Rohan tivesse buscado durante anos os favores de Maria Antonieta, tanto políticos quanto sexuais, ela o detestava e tinha frequentemente lhe bloqueado as tentativas de avançar em suas pretensões. O cardeal Rohan encarava Cagliostro como conselheiro espiritual e, quando Jeanne de la Motte, depois de convencê-lo que era íntima da rainha, informou-lhe que Maria Antonieta queria que ele fizesse a compra para ela, Rohan ficou eufórico e foi em busca do conselho de Cagliostro. Vendo a felicidade do cardeal, Cagliostro aconselhou-o a confiar em suas sensações. Esse comentário inocente, que Cagliostro sem dúvida imediatamente esqueceu, resultou em vários meses na Bastilha. Rohan conseguiu o colar e, num encontro clandestino durante o qual uma cortesã que Jeanne de la Motte havia contratado para se fazer passar por Maria Antonieta o aceitou, Rohan acreditou que estava prestes a desfrutar das intimidades da rainha.

O caso ficou grave quando os joalheiros abordaram Rohan cobrando a primeira parcela do pagamento. Jeanne de la Motte acreditava que Rohan fosse rico e que simplesmente iria pagar para evitar o escândalo, mas ele se recusou e, por fim, os joalheiros procuraram a rainha. Quando ela soube do complô, ficou furiosa e acusou Rohan e Cagliostro de serem os mentores daquilo. Luís XVI mandou-os prender e, embora tanto

Rohan quanto Cagliostro fossem finalmente absolvidos e Jeanne de la Motte aprisionada, as acusações tiveram consequências.

A participação de Cagliostro no negócio foi praticamente nula, mas fora suficiente para arruinar sua já comprometida reputação. Daí por diante ele viveu como um perpétuo "nômade infame",* jogado de um país para o outro por causa do escândalo. Mas a verdadeira vítima foi a rainha. A forma como maltratou Cagliostro e seu papel num caso desastroso em torno de um colar incrivelmente caro, enquanto o povo morria de fome – quando informada que eles não tinham pão, deu a famosa resposta: "Que comam brioches!" –, enfureceu os súditos. Goethe, maçom iluminado com inclinação política conservadora, acompanhou o caso na Alemanha e ficou estarrecido. "A intriga é extremamente destrutiva da dignidade real", escreveu. "O caso do colar é o prelúdio da revolução."[35] Ele tinha razão.

Exilado da França, Cagliostro se viu em Londres, onde seu Rito Egípcio atraía alguns iniciados. Escreveu uma estranhamente profética *Carta ao Povo Francês*, que vendeu bem em Paris e parecia predizer a catástrofe que se avizinhava. Ele não retornaria à França, Cagliostro declarou, até que a Bastilha fosse derrubada e transformada num parque público; havia chegado o tempo, dizia, de uma nova visão para orientar os governos do mundo. Evocações de uma nova visão eram até certo ponto lugar-comum, mas Cagliostro atinge a mosca com a Bastilha. Seu processo contra o rei por prisão injusta foi defendido por advogados contrários aos Bourbons, que se voltavam para o duque de Orléans como um possível substituto e que atacavam a política das odiadas *lettres de cachet*, decretos de Luís XVI que, no fundamental, permitiam prisões sem justificativa, versão do século XVIII de uma atual legislação antiterrorista. Tudo isso forneceu prova circunstancial suficientemente forte para a aristocracia da Europa voltar um olho desconfiado para o Grande Copta. Fazer amizade com o famoso judeu inglês convertido lorde George Gordon, responsável por uma onda de distúrbios anticatólicos em 1780, não contribuiu em nada para a reputação de Cagliostro. O Vaticano colocou-o em sua lista dos "mais procurados" e pensou numa maneira de dar fim à sua impertinente carreira.

---

* No original *ignoble traveler*, viajante ignóbil, trocadilho com *"noble traveler"*, viajante nobre. (N. do T.)

Infelizmente, Cagliostro cometeu o erro de ceder aos desejos da esposa e levá-la a Roma para visitar a família. Ela estava há vinte anos com Cagliostro e cansada da vida. Inconsciente de como a Igreja procurava seriamente o marido, concordou em depor contra ele, ela pensou, para obter uma separação completa. Cagliostro ficou desatento ao fato e, sendo incapaz de pensar pequeno, tinha planos de iniciar o papa e converter o catolicismo à sua Maçonaria Egípcia. Os deuses tinham outros planos. Em 1789, Cagliostro foi preso e atirado no infame presídio San Leo, de Roma. Sentenciado à morte por heresia e Maçonaria, a Igreja, em sua misericórdia, comutou a pena para prisão perpétua. Cagliostro passou os últimos anos numa cela fria, minúscula, tendo apenas uma pequena claraboia para iluminá-la. Foi sem a menor dúvida torturado. "Não acredito", escreveu, "que Deus puna os pecadores no inferno de forma tão cruel." Entre seus vários feitos, o Grande Copta goza da distinção de ser o último prisioneiro executado pela Inquisição – ignorando a comutação da sentença –, provavelmente estrangulado por seu guarda. Não deram crédito à sua morte e, quando soldados franceses capturaram a prisão em 1797, procuraram por ele, um herói da Revolução.

Cagliostro, no entanto, foi quem riu por último. Em 14 de julho de 1789, uma multidão assaltou e capturou a Bastilha, soltando os prisioneiros. Ironicamente, um dos presos recentes fora o marquês de Sade, que, segundo se diz, apenas alguns dias antes, havia se dirigido de sua janela a uma multidão na rua gritando: "Estão matando os presos aqui!" e dando início a uma espécie de tumulto. Ele foi transferido para o asilo de insanos em Charenton dois dias depois, perdendo a oportunidade de ser solto. A Revolução havia começado e logo depois o prédio foi demolido. Hoje, como Cagliostro previu, é um parque público, facilmente acessível pelo metrô de Paris.

6

Espíritos Rebeldes

A de Cagliostro não foi a única previsão sobre a Revolução Francesa. Catherine Théot, uma "mulher idosa e quase cega" que tinha reunido um grupo de seguidores, "profetizava e suas predições se realizavam". Uma, em particular, dizia respeito a Robespierre, a quem se referiu como "o rei de sacrifícios sangrentos", observando que "a cabeça de Luís XVI é pesada" e que só a de Robespierre "pode lhe servir de contrapeso".[1] Essas premonições régias, sugerindo que o próprio Robespierre deveria se coroar rei, levaram mais tarde à sua queda quando seus rivais o acusaram de pretensões messiânicas. Ela também anunciou que desencadearia o apocalipse dando à luz Deus, reivindicação pela qual se tornou conhecida como "mãe de Deus". Na época estava com 83 anos. Suzette Labrouse fez também predições sensacionais sobre o destino da Igreja e da aristocracia. Fez uma peregrinação a Roma onde, como Cagliostro, esperava converter o papa. Como Cagliostro, passou o resto de seus dias na prisão.

Talvez as predições mais famosas sobre a Revolução tenham sido feitas pelo escritor Jacques Cazotte. Num jantar em Paris, em 1788, Cazotte, autor da deliciosa comédia ocultista *O Diabo Apaixonado* e, como Saint-Martin e Willermoz, um iniciado da ordem de Martinez de Pasqually, profetizou com precisão o destino de várias pessoas que lá estavam. Um convidado, Guillaume de Malesherbes, propôs um brinde "ao dia em que a razão será triunfante nos assuntos dos homens", um dia, ele acrescentou, "que não viverei para ver". Cazotte discordou: Malesherbes viveria para ver esse dia, que chegaria em seis anos. Uma revolução es-

| 119 |

tava se aproximando, Cazotte informou aos convidados assustados, e afetaria a todos que estavam na sala.

Jean de La Harpe, cético e ateu, achou graça da confiança de Cazotte e anotou as previsões para provar mais tarde que toda profecia é mera superstição. Ironicamente, as anotações de La Harpe são a melhor prova da precisão de Cazotte. Cazotte disse ao marquês de Condorcet, o famoso filósofo e apóstolo do progresso, que ele morreria na prisão, de um veneno tomado para escapar à execução. Também disse que Chamfort, um favorito de Luís XVI, tentaria se matar cortando as veias, mas só morreria alguns meses depois. Mas o dr. Vicq d'Azyr, graças à assistência de outro, seria bem-sucedido neste horripilante feito. O astrônomo Jean Bailly morreria no patíbulo, assim como os *messieurs* Nicolai, Roucher e o próprio Malesherbes, todos vítimas da multidão. A anfitriã de Cazotte, a duquesa de Gramont, encontraria o mesmo destino, assim como as demais senhoras presentes.

O cético La Harpe perguntou sobre seu futuro. Ele também ia morrer? Não, Cazotte respondeu, ele se converteria ao cristianismo – para um ateu convicto, um destino talvez pior que a morte. E o próprio Cazotte? Nesse ponto o romancista foi um tanto vago, ligando seu destino ao do homem que, durante o cerco de Jerusalém, caminhou ao redor de seus muros gritando "desgraça para Jerusalém", até ser esmagado pela pedra de uma catapulta romana. Em 1792, após seus planos para uma contrarrevolução caírem em mãos erradas, Cazotte foi executado pelo tribunal de Paris.

As outras predições de Cazotte se mostraram igualmente corretas. Condorcet se envenenou numa cela de prisão. Chamfort tentou cortar os pulsos, mas não conseguiu e morreu meses mais tarde nas mãos de um médico que tratava de seus ferimentos. O dr. Vicq d'Azyr se saiu melhor, contando com os serviços de um colega prisioneiro que lhe abriu as veias para que ele pudesse evitar a lâmina. Os outros foram guilhotinados. La Harpe, horrorizado pelo banho de sangue, retirou-se para um mosteiro e tornou-se católico devoto. E, como Christopher McIntosh deixa claro, o triunfo da razão em que Malesherbes já não tinha qualquer esperança estava, no momento de sua morte, com força total.

Num exemplo macabro de ironia histórica, no meio do Terror insano, brotaram vários "cultos da razão", destinados a tomar o lugar da odiada Igreja. Um deles, o Théophilantropes, não apresentava "ritos, nem sacerdotes, nada que pudesse ofender qualquer seita",[2] prova de que o politicamente correto não está limitado a nosso próprio tempo. Robespierre tinha sua própria religião, o Culto do Ser Supremo, cujos devotos batizavam os filhos em nome da "liberdade, igualdade e fraternidade". Depois que a reação termidoriana de 1794 afastou Robespierre do poder, ajudada pelas imprudentes predições da Mãe de Deus, seu culto malogrou. Robespierre foi executado no mesmo ano, vítima do Reino do Terror que ajudara a imortalizar, mas a Revolução já vinha há algum tempo comendo os próprios filhos. O mesmo ano conheceu outro mártir da razão, o magnificamente chamado Anaxágoras Chaumette, cujo "culto da razão" incluía rituais na Notre-Dame com uma procissão de donzelas prestando homenagem a uma deusa de manto branco. A noção de um Ser Supremo é uma escora da Maçonaria, mas "o espantoso terror que atingira seu pico na execução do rei era abominável para o credo civilizado da maioria dos maçons".[3] Enquanto a guilhotina caía com nauseante monotonia, quem tinha espírito maçônico fez bem em se manter discreto.

Contudo, para os que apreciam a mitologia templária de raízes maçônicas, a execução de Luís XVI em 1793 foi de fato um ato de vingança contra a aristocracia que mandara Jacques de Molay para a fogueira. A lenda conta que, quando a cabeça de Luís atingiu a cesta, alguém saltou da multidão e, mergulhando os dedos no sangue, arremessou-a sobre a massa que aplaudia, gritando: "Jacques de Molay, você está vingado!", mostrando que o bom abade Barruel tinha razão em situar os agentes da Revolução entre o rebanho maçônico.

ENTRA A EGRÉGORA

O próprio Cazotte tinha consciência das perigosas energias desencadeadas pela Revolução. Chegou a romper com seu bom amigo Saint-Martin quando o brando místico manifestou certa simpatia pelos objetivos dos radicais. Embora Cazotte não usasse o termo, sem dúvida teria concordado que, não importa o que a iniciasse, a revolução logo tomava uma vida própria, ficando sob o poder de uma egrégora, palavra grega para "vigia", um tipo de entidade imaterial que é criada por e reina sobre uma atividade ou coletivo humanos. Segundo o autor anônimo do fascinante *Meditations on the Tarot*, não existem "boas" *egrégoras*, apenas "negativos". "Não se pode engendrar *egrégoras* positivas", declara este filósofo moderno e desconhecido. Verdade ou não, as *egrégoras* poderiam ser "engendradas pela vontade e imaginação coletivas das nações".[4] Como Joscelyn Godwin ressalta: "Uma *egrégora* é ampliada por crença humana, por um ritual e especialmente pelo sacrifício. Se for suficientemente nutrida por essas energias, a *egrégora* pode assumir vida própria e parecer uma divindade independente, pessoal, com um poder limitado em nome de seus devotos e um apetite ilimitado por sua futura devoção".[5] Se, como acreditam alguns esotéricos, os conflitos humanos são o resultado de forças espirituais agindo para fins espirituais, e se nem todas essas forças são "boas", então catástrofes coletivas como a Revolução Francesa assumem um significado diferente.

Mesmo se forças ocultas não são responsáveis por ele, uma *egrégora* parece uma expressão do que o filósofo Jean Gebser chama "a estrutura mágica da consciência", que ele associa a "consciência de grupo" e ao "entrelaçamento vegetativo de todas as coisas vivas". Gebser observou diretamente esse entrelaçamento nos camisas-marrons nazistas, em Munique, no fim da década de 1920. Dez anos mais tarde o tipo de consciência de grupo que eles tinham se espalha pela Europa, colocando-a em chamas. Movimentos de massa como o nazismo cultivam o poder da estrutura mágica da consciência para anular o discernimento crítico e atar as pessoas num todo, o *volk*.* Morris Berman, escrevendo de novo sobre os nazistas, faz uma observação gebseriana que parece combinar com a noção da *egrégora*: "Uma cultura inteira pode acabar passando por mudanças muito sérias como resultado da lenta acumulação de mudanças psíquicas e somáticas num nível invisível".[6] Muitos defensores da Nova Era que celebram a "consciência de grupo" podem tirar proveito da leitura de Gebser e da reflexão sobre a possível existência de *egrégoras*.

ZANONI

Uma obra de ficção ocultista que identifica as forças negativas alimentando a Revolução Francesa é o notável romance rosa-cruz *Zanoni*, do escritor, ocultista e político do século XIX, Edward Bulwer-Lytton. Infelizmente, Bulwer-Lytton é pouco lido hoje e é lembrado, quando é, por uma das mais batidas frases de abertura na literatura: "Era uma noite es-

---

* É o dito "povão" em alemão.

cura e tempestuosa", do romance *Paul Clifford* (para elevar seus méritos, ele é também a fonte do dito "a pena é mais poderosa que a espada"). Lytton merece uma crítica melhor. Juntamente com *Zanoni*, é responsável por um fascinante trabalho de ficção científica político-esotérica, *A Raça Futura*, sobre uma sociedade de super-homens extremamente evoluídos que habitam um reino subterrâneo. Lamentavelmente, com seu tema protofascista de uma "raça superior" oculta, o romance tornou-se um dos esteios do estranho gênero de literatura nazista ocultista. Lytton foi um dos primeiros investigadores científicos do paranormal e sua perturbadora história de fantasmas, *The Haunter and the Haunted*, continua sendo um clássico; outra obra ocultista, a alquímica *A Strange Story*, concentra-se na reencarnação e na busca do elixir da longa vida.

A vasta trama de *Zanoni* gira em torno das aventuras do iniciado rosa-cruz imortal que tem esse nome, do amor que ele tem por uma mulher mortal e do relacionamento que mantém com seu instrutor, o soturno mestre Mejnour, contadas contra o pano de fundo do Reino do Terror. Uma seção, "O Habitante do Limiar", um encontro com uma assustadora presença espiritual, foi adotada por Rudolf Steiner para sua própria visão da evolução espiritual no infuente *Knowledge of the Higher Worlds and Its Attainment*. Nessa prova iniciatória, o neófito ou a neófita enfrenta uma personificação de sua "sombra" ou impenitente "lado escuro". Em *Zanoni*, quando o Terror cria raízes, a sombra ou *egrégora* de uma sociedade inteira toma forma, corporificada por Lytton no personagem do pintor Nicot, uma figura repelente que vende seus serviços pela maior oferta e deseja a queda de tudo o que lhe é superior. Essa é a percepção de Lytton sobre o "nivelamento selvagem" dos jacobinos sedentos de sangue, mas é também sua visão do artista talentoso, mas oportunista, guiado pela ambição antes que pela dedicação à arte. Em *Zanoni*, Lytton redireciona a ciência oculta das minúcias do ritual cabalístico para a vontade e imaginação do próprio mago.

Esse tema, que tem raízes em conhecedores da Renascença, como Pico della Mirandola e Paracelso, alcança sua realização com a consciência romântica e a celebração da imaginação. Encontra expressão popular na obra do amigo e colega ocultista de Lytton, Éliphas Lévi. Talvez mais que qualquer outro, Lévi é responsável pela imagem do mago e ocultista que conhecemos hoje. Ele emergiu de um fascínio com o ocultismo popular que teve seu início nos anos que levaram à revolução.

Ocultismo popular: Uma digressão

O Regime do Terror foi uma época ruim para os esotéricos, mas, como vimos, os anos que o precederam assistiram à difusão de um gênero robusto de cultura popular, aquilo que chamamos de "ocultismo". Grande parte do nosso interesse místico contemporâneo se origina da retomada do oculto nos anos 1960, mas a fascinação desses anos com o oculto era ela mesma parte de uma atração popular que começou na França na década de 1770. Os primórdios são notoriamente de difícil compreensão, mas a publicação em 1773 do primeiro volume de um ambicioso trabalho intitulado *Le Monde Primitif* (O Mundo Primitivo ou Primal) pelo excêntrico Court de Gébelin pode servir ao nosso propósito. Teólogo protestante do Languedoc e mais tarde presidente de uma loja maçônica, Court de Gébelin foi um dos mais festejados pacientes de Mesmer, sendo curado de um inchaço na perna e da icterícia no rosto pelos passes magnéticos do austríaco. A imensa obra de Court de Gébelin, que o enciclopedista D'Alembert comentou, exigiria quarenta homens para ser terminada, foi um *best-seller* – o próprio Luís XVI foi um de seus leitores – e Gébelin ficou famoso, fazendo palestras com casas lotadas em seu próprio museu. Seu tema – que línguas antigas revelavam os traços de uma ciência "primitiva" perdida, similar à *prisca theologia* – foi bem acolhido pelos mesmeristas, que acreditaram que sua obra fizesse reviver a saúde "natural" perdida do homem antigo. Não tão bem acolhido foi o fato de Court de Gébelin ter morrido numa tina mesmérica ou *banquet* em 1784.[7]

A crença de Gébelin de que idiomas antigos carregavam ecos de uma sociedade primitiva, natural, que desfrutara de saúde e harmonia invejáveis foi talvez transmitida de maneira mais eficiente nos seus comentários sobre o tarô. Ele tangia a nota esotérica ainda popular quando observava que as cartas eram trabalho dos antigos egípcios, estando "num dos livros salvos das chamas que destruíram suas soberbas bibliotecas". Encarado ingenuamente desde o século XV como apenas "uma massa de figuras extravagantes que em si mesmas não têm significado", o tarô, Gébelin anunciou, era na verdade um repositório de um antigo conhecimento perdido.

Uma pessoa se beneficiou dos comentários provocadores de Gébelin e talvez seja mais responsável que qualquer outra pelas "raízes ocultas" do tarô: um curioso personagem chamado Alliette, que escreveu sob o pseudônimo "Etteilla", seu próprio nome escrito da frente para trás, um conhecido recurso mágico. Começando como cartomante comum, Etteilla contribuiu com as notáveis afirmações de Court de Gébelin, declarando que o tarô fora desenvolvido 171 anos após o Dilúvio, que uma comissão de magos passou quatro anos a produzi-lo e que ele foi inicialmente concebido pelo próprio Hermes Trismegisto. Daí em diante o tarô passou a ser também conhecido como "Livro de Thot", sendo Thot o deus egípcio associado com magia e com Hermes. Etteilla montou um lucrativo negócio ocultista fazendo talismãs, lançando horóscopos, dando aulas particulares de "magia prática", fazendo visitas domésticas como "doutor espiritual" e "eterno adivinho" e oferecendo leituras de tarô. Seu sucesso consistia em usar dispositivos cabalísticos de um modo que a nova audiência popular do ocultismo podia facilmente apreender, mais ou menos como certos autores da atual Nova Era alimentam, cheios de gentileza, as percepções místicas de seus leitores.

Outro explorador do "mundo primitivo" de Court de Gébelin foi o estudioso hebreu Antoine Fabre d'Olivet. Seguindo a tendência enciclopédica da época, ele planejou sintetizar cada fato então conhecido. Durante vinte anos estudou grego antigo e latim, assim como obras contemporâneas, e mergulhou numa leitura profunda de egiptologia, na época uma nova ciência, baseado antes em interpretação textual que trabalho de campo. Acreditava que a antiga sabedoria egípcia se encontrava escondida no Livro do Gênesis. A Bíblia passara por traduções execráveis e Fabre decidiu devolver o idioma hebraico a suas origens. Para esse fim, estudou árabe, sírio, caldeu, samaritano, chinês e novamente grego. Achou que havia encontrado o verdadeiro hebreu básico e acreditou que fosse composto de três níveis ou sentidos diferentes – uma ideia com que Swedenborg se deparou em sua própria leitura profunda da escritura.

O ocultismo popular encontrou uma audiência nos anos que se seguiram à Revolução na obra dos românticos franceses, especialmente nos contos fantásticos de Théophile Gautier e no trabalho não classificável do excêntrico poeta e ensaísta Gérard de Nerval.[8] Em *Les Illuminés*, que inclui relatos de Cagliostro, Jacques Cazotte e outras figuras do Iluminismo ocultista, Nerval compartilha as suspeitas do abade Barruel sobre o traiçoeiro Adam Weishaupt. Nerval também fornece um relato poético das origens da Maçonaria em seu exótico *Voyage in the Orient*. A essa breve menção de escritores românticos, podemos acrescentar Charles Nodier, que escreveu sombriamente sobre sociedades secretas tramando *coups* políticos. Leitores de *O Santo Graal e a Linhagem Sagrada* podem estar lembrados de que Nodier aparece como um dos Grandes Mestres do Priorado de Sião.

OS NOVOS PRETENDENTES

Depois da autodestruição da Revolução em 1799, Napoleão Bonaparte se apoderou do poder e, entre esse momento e sua derrota final em 1815, toda a Europa foi arrastada para a guerra. Fora um começo apropriado para um século que traria novas revoluções para a França, em 1830 e 1848, e também novas intrigas políticas. Como aconteceu com os jacobitas, elas envolviam um "pretendente" ao trono. O romantismo em torno desses pretendentes logo se metamorfoseava num movimento meio místico, similar ao que cercou os Stuarts. Talvez mais esotérica fosse a lenda do Delfim, o suposto filho de Luís XVI, que se acreditava ter escapado do destino de seus pais; assim como os pretendentes Stuarts, ele teria, como Luís XVII, uma legítima pretensão ao trono. Situação semelhante seguiu-se à execução da família real russa no início do século XX, com a filha dos Romanovs, Anastasia, supostamente escapando do assassinato. Dados recentes de DNA parecem ter encerrado a especulação em ambos os casos, mostrando que o Delfim morreu na prisão em 1795 e que todos os Romanovs foram assassinados.[9]

Em 1814, Luís XVIII, irmão do rei decapitado, um reacionário indiferente à falta de rumo de sua nação, ocupou o trono (teve de abandoná-lo brevemente em 1815 quando Napoleão voltou para seus "cem dias"). Duas catástrofes sucessivas haviam deixado a França com uma crise de identidade. Após décadas de loucura e guerra, é compreensível que surgisse uma fome por algum tipo de certeza ancorada na monarquia, cuja continuidade fora quebrada pela Revolução e pelo usurpador Napoleão. Um movimento realista conhecido como os "Salvadores de Luís XVII" atraiu muito apoio; seus partidários mais radicais acalentavam o mito de que a execução de Luís XVI fora, como já mencionei, um ato de vingança perpetrado pelos templários de época recente. A obra sensacional, mas em sua maior parte fictícia, do abade Barruel sustentava essa ideia.

Um candidato para o papel de Delfim foi Charles Edouard Naundorff, que se intitulava duque da Normandia, e foi da Prússia para a França no início da década de 1830, mostrando uma impressionante semelhança com o rei assassinado. Não foi bem recebido pelo governante do momento, Luís Filipe, sendo banido em 1836. Naundorff viveu muitos anos em Londres e morreu em 1845, em Delft, Holanda, onde foi enterrado como Luís XVII. Naundorff parece ter sido uma espécie de visionário; entre seus muitos livros, que afirmava serem divinamente inspirados, estava *A Doutrina Celestial do Senhor Jesus Cristo*. O filho de Naundorff, Charles Guillaume, como Charles Edward Stuart, levou avante a reivindicação e foi apoiado por alguns jornais.

A OBRA DE MISERICÓRDIA

Por trás do movimento naundorffista, contudo, encontravam-se motivos mais profundos que meramente defender a linha legítima de descendência real. Os excessos da Revolução tinham feito o pêndulo político oscilar para a direita e os naundorffistas viram a França como sede de uma nova ordem mundial enraizada na monarquia e decretada pela providência. Um desses profetas realistas foi um personagem bizarro chamado Ganneau, um homem idoso também conhecido como "Mapah", que usava roupas de mulher enquanto pregava sobre a queda do homem da graça divina. Mapah, presume-se, é um título indicando androginia, composto de "Ma" e "Pa". Outra figura que pregava o retorno de uma idade de ouro era o estranho visionário Eugène Vintras.

Em 1839, Vintras, gerente de uma pequena fábrica de caixas de papelão, conheceu Ferdinand Geoffroi, tabelião e fervoroso naundorffista. O encontro mudaria a vida de Vintras. Seu temperamento, já misticamente inclinado, foi estimulado pelos extravagantes pontos de vista de Geoffroi sobre o futuro regime naundorffista, visto como presságio do milênio. Vintras também adotou a causa de Naundorff e foi mais longe que Geoffroi quando comunicou que tinha recebido mensagens divinas do arcanjo Miguel – confirmadas pela Virgem Maria e São José – dizendo que ele, Vintras, se tornaria o líder naundorffista. O novo evangelho seria chamado de "obra de misericórdia" e a primeira tarefa de Vintras era reunir discípulos para compartilhar o trabalho de redimir o mundo estabelecendo um novo reino celeste centrado na França. A ideia de uma nação ter uma missão divina emergiu em outros lugares durante o século XIX – num sentido apocalíptico, na Rússia pré-revolucionária e, como doutrina do Destino Manifesto, nos Estados Unidos. A pragmática Inglaterra basearia seu império na razão mais banal do comércio.

Em sua fábrica de caixas de papelão em Tilly, Vintras construiu um oratório, onde conservava hóstias de comunhão que, segundo ele, lhe eram enviadas por pessoas que temiam que elas fossem profanadas por indivíduos ímpios. Seus medos eram justificados, Vintras acreditava, porque as hóstias tinham produzido sangue de verdade. Essas hóstias que sangravam se mostrariam um tanto problemáticas para o profeta. Nessa época Vintras já tinha reunido um grande número de adeptos, incluindo alguns clérigos. Um em particular, o abade Charvoz, tornou-se um vigoroso propagandista da causa. Vintras estava inclinado a não dar publicidade à história das hóstias de comunhão, mas para Charvoz elas constituíam uma excelente oportunidade de fazer relações públicas. Charvoz reuniu depoimentos, feitos sob juramento, acerca da autenticidade do sangue de uma série de pessoas eminentes, incluindo vários médicos. Com esses endossos, imprimiu milhares de cópias de um livrinho celebrando Vintras e seus milagres. Os livrinhos venderam bem, mas, quando o bispo de Bayeux pôs as mãos num deles, ficou estarrecido, declarou que os milagres eram mistificações e que o ensinamento de Vintras era contrário ao da Igreja. Nessa época o governo também estava receoso de que os naundorffistas estivessem ganhando apoio de uma popular seita mística e religiosa e, querendo cortar o mal pela raiz, fizeram denúncias forjadas contra Vintras e Geoffroi, acusando-os de pilhar o dinheiro dos seguidores. O público se sentiu ultrajado e, embora as supostas vítimas tivessem na verdade testemunhado a favor de Vintras, os dois foram mandados para a prisão. Enquanto cumpria uma sentença de cinco anos, Vintras descobriu que o papa Gregório XVI havia condenado sua obra.

Foi o início de uma onda de perseguição. Um ex-obreiro descontente da misericórdia publicou um livrinho acusando Vintras de perversões sexuais, reproduzindo a campanha de difamação dos templários. Embora falsas, as denúncias surtiram efeito e, em 1848, a Igreja declarou Vintras herege. Vintras contra-atacou excomungando o papa e se declarando pontífice de sua própria igreja, cujo clero incluía mulheres. Também anunciou seu papel numa batalha cósmica contra os agentes da magia negra. Fossem os magos negros responsáveis ou não, outras denúncias compeliram Vintras a deixar a França e estabelecer-se em Londres, onde, do respeitável bairro de Marylebone Road, continuou a luta contra as forças do mal.

Em 1863, Vintras retornou à França. Já então a Obra de Misericórdia tinha começado na Inglaterra e se espalhado para a Itália e Espanha; em 1867, Vintras abriu o Centro do Branco Carmelo, em Florença. Ele passou seus últimos anos em Lyon, um lar para muitos místicos. Vintras morreu em 1875 e a Obra de Misericórdia passou para um personagem um tanto diferente, o abade Boullan, que aparece como dr. Johannès no romance satânico *Là-Bas*, de J. K. Huysmans, um clássico da decadência *fin de siècle*. Huysmans retrata Boullan como mago branco, mas relatos menos ficcionais sugerem que ele foi um mago de cor diferente.[10]

O PROFESSOR DE MAGIA TRANSCENDENTAL

O ano de 1875 também marcou a morte de um ocultista conhecido de seus discípulos como Professor de Magia Transcendental, um dos muitos títulos de que este excêntrico personagem desfrutara. Nascido Alphonse Louis Constant em 1810, com a publicação de seu *Dogme et ritual de la haute magie** (traduzido por A. E. Waite, em 1896, como *Transcendental Magic*) em 1855, ele tinha renascido como Éliphas Lévi, adotando o que afirmava ser o equivalente hebreu de seus dois nomes de batismo.[11] Antes de emergir como cabalista e ocultista de duvidosa erudição, mas efetivos poderes literários, Lévi tinha planejado tornar-se padre, mas deixou o seminário porque não conseguia ignorar o sexo mais belo. E antes de conquistar um amplo círculo de leitores, que continua existindo ainda hoje, graças a seus comentários frequentemente errôneos, mas empolgantes sobre a cabala, o tarô e a história do ocultismo, Lévi tinha adquirido uma audiência muito menor como autor de panfletos políticos apaixonados, mas de argumentação defeituosa, proclamando um socialismo estridente, crivado de retórica revolucionária. Se ainda existe dúvida de que nem todos os políticos ocultistas são de direita, uma olhada na carreira de Lévi ajuda a dissipá-la.

---

* *Dogma e Ritual da Alta Magia*, publicado pela Editora Pensamento, São Paulo, 1974.

Antes de criar o ocultismo que nós conhecemos, Lévi frequentava a cena literária de Paris, escrevendo, fazendo ilustrações e conseguindo sobreviver; muitos estudiosos do oculto conhecem as ilustrações impressionantes e frequentemente reproduzidas que Lévi fizera do Bode de Mendes ou da suposta divindade Baphomet dos templários, sem identificar, no entanto, o autor. Depois de deixar o sacerdócio, lecionou por um ano num internato, depois trabalhou como ator ambulante. Fez amizade com a militante feminista e socialista Flora Tristan, descrita pelo neto, o pintor Paul Gauguin, como "uma sabichona, uma socialista e uma anarquista" que "gastou todo o seu dinheiro para promover a causa dos trabalhadores". Os trabalhadores evidentemente gostavam de Flora, já que ergueram um monumento em sua homenagem no seu túmulo em Bordeaux.

Muitas das visões radicais que causariam tanto problema a Lévi chegaram a ele por intermédio de Flora Tristan, e Lévi mais tarde editaria seu livro de publicação póstuma, *L'Émancipation de la femme* (A Emancipação da Mulher). Embora suas ideias da mulher como "salvadora" do homem – um tema constante na carreira de Lévi – fossem muitas vezes comoventes, com frequência sugeriam antes inexperiência que perspicácia. Monsenhor Olivier, bispo de Evreux, que amparava Lévi, achava sua obra de mariolatria, *La mère de dieu* (A Mãe de Deus), mais ingênua que chocante. "Se conhecesses melhor as mulheres", o monsenhor escreveu, "não adorarias a Mulher tão sem reservas", uma percepção de que Lévi pode ter tirado proveito.[12]

Ao mesmo tempo, enquanto absorvia ideias radicais, Lévi se deparou pela primeira vez com a versão peculiarmente francesa do misticismo monárquico. Na *História da Magia*, extremamente interessante, conta seu encontro com o "Mapah", também conhecido como Ganneau. Em 1839, acompanhado de um amigo, o romancista do oculto Alphonse Esquiros, Lévi visitou o estranho profeta num miserável sótão parisiense. Ganneau, um "homem barbado de porte majestoso", usava uma esfarrapada capa de mulher que lhe dava a aparência de um "dervixe indigente". Seus seguidores pareciam magnetizados por suas palavras e Ganneau contou a Lévi que ele, não Charles Edouard Naundorff, era realmente Luís XVII e que tinha voltado à Terra para cumprir a obra de regeneração; onde estivera, nesse meio tempo, não está claro. A mulher que compartilhava as crenças de Ganneau, e que parecia ser uma sonâmbula, era realmente Maria Antonieta. Lévi afirmava que o poder incendiário das palavras do Mapah fora demonstrado uma década mais tarde, quando um de seus discípulos deu início à Revolução de 1848. O jovem anunciou que estava destinado a "salvar o mundo provocando a crise suprema da revolução universal". Acompanhado de dois rapazes, um carregando uma tocha e outro batendo um tambor, reuniu uma multidão e marchou para o Boulevard des Capucines, para "familiarizar o ministro com a vontade do povo". Discursando para a multidão, que se transformara numa turba indisciplinada, o discípulo de Mapah entrou em transe e, de repente, estava carregando uma pistola em cada mão. Uma torrente de pessoas irrompeu no Boulevard des Italiens. Os mapaístas tinham desaparecido, mas um tiro foi disparado e a revolução inflamada. No dia seguinte "toda Paris estava em barricadas".[13]

Tenha ou não o discípulo de Mapah realmente começado a revolução, Lévi se atirou nela, escrevendo canções revolucionárias, fazendo campanhas pelos direitos dos trabalhadores e contribuindo com a imprensa de esquerda. Esquiros foi eleito para a Assembleia Nacional no ano seguinte e a esposa de Lévi, Noémie Cadot (vinte anos mais nova que ele), tornou-se feminista. As obras incendiárias do próprio Lévi renderam-lhe mais de uma sentença de prisão. Em 1841, depois de estar enfeitiçado por Mapah, cumpriu oito meses de pena pelo livro *La bible de la liberté* (A Bíblia da Liberdade), uma obra "de ortodoxia questionável em assuntos de religião e de intenção revolucionária em política".[14] Como "barreira apaixonada contra o abuso de autoridade",[15] a obra foi uma dentre muitas e sua eficiência se limitou a fazer que o autor fosse preso: uma hora depois de ser posto à venda, o livro foi confiscado. Como outros antes dele, Lévi predisse que "a humanidade estava no limiar de uma nova e maravilhosa era" quando a "liberdade sagrada" não mais seria rara entre os governos.

No julgamento, Lévi afirmou que era "um filho do povo", que sofria com ele e que se atrevia a falar em seu nome, bem consciente de que estava atacando a "forma e a base da presente ordem social". Detestava a violência e seu único crime era ter "um profundo amor pela humanidade". Sua eloquência trabalhou contra ele. Quando se aproximou do fecho de sua defesa, buscou a solidariedade daqueles que o julgavam. "Se o júri me considerar inocente", declamou, "estará com essa atitude protestando comigo contra a forma da sociedade de hoje."[16]

Não ficaram com ele nesse momento, nem nas outras ocasiões em que foi preso. Em 1847, foi declarado culpado de promover a luta de classes ao publicar o panfleto *Le Voix de la famine* (A Voz da Fome) e cumpriu seis meses de pena. A imprensa esquerdista fez dele uma *cause célèbre*, enquanto Lévi cumpria seu tempo lendo Swedenborg, que não lhe deixou uma boa impressão.[17]

A associação da esposa de Lévi com um jornal de esquerda desencadeou sua metamorfose de radical a ocultista. Lévi escrevia para a esquerdista *Revue Progressive* e seu proprietário, o marquês Montferrier, pediu que a esposa de Lévi também contribuísse. A essa altura, Lévi tinha conhecido o excêntrico emigrado polonês Jósef Maria Hoene Wronski, que tinha desenvolvido uma teoria do conhecimento universal, o messianismo, unindo filosofia e religião. Soldado nos exércitos russo e polonês, Wronski fora um astrônomo brilhante, que havia trabalhado no observatório em Marselha. Suas teorias cosmológicas, no entanto, eram tão radicais que pediram seu afastamento; daí para a frente Wrosnki se transformou num intelectual desclassificado, a pobreza suavizada apenas pelo decidido apoio da esposa. Bem, uma tal firmeza poderia ter sido útil ao pobre Lévi; enquanto ele se familiarizava com as ideias de Wronski, que o levaram à cabala, a esposa, cujas ideias feministas incluíam uma boa dose do que logo seria chamado de "amor livre", estava se familiarizando com o marquês Montferrier. Quando abandonou Lévi para ficar com o marquês, Lévi ficou arrasado e apenas a nova devoção ao ocultismo ajudou-o a atravessar a crise.

Wronski tinha seu próprio gênero de política esotérica e, em 1851, publicou o exaustivamente intitulado *Secret letter to His Highness Prince Louis-Napoleon, President of the French Republic, on the destinies of France and the civilized world in general* [*Carta Secreta para Sua Alteza Príncipe Luís Napoleão, Presidente da República Francesa, sobre os destinos da França e do mundo civilizado em geral*]. Wronski argumentava que, se certas leis espirituais que ele acreditava podiam ser expressas matematicamente e fossem seguidas, toda a discórdia entre as nações terminaria e elas cumpririam seus verdadeiros objetivos. Era o destino de Luís Napoleão, sobrinho do grande imperador e atual líder da França, redescobrir esse segredo. Havia um obstáculo, uma incompreensão geral sobre a verdadeira natureza do cristianismo e, como Fabre d'Olivet, Wronski acreditava que era preciso um retorno às escrituras. Falava de uma "ciência superior" que Cristo prometeu com o "advento do Paráclito", dando atenção a algumas opiniões dos morávios. Nos anos vindouros, Lévi se manteria fiel a essa crença, antecipando o Reino do Paráclito e predizendo que, em 1879, "um império universal será fundado e garantirá a paz do mundo".[18] O Paráclito de Lévi parece não ter acertado a data; não obstante, 1879 é um ano importante na história esotérica, pelo menos para alguns relatos. Segundo Rudolf Steiner, esse ano viu o início do reino do arcanjo Miguel, um acontecimento significativo na idiossincrática visão de Steiner do oculto na história.

Na época em que Lévi fez a previsão, seus dias de radical tinham ficado bem para trás e, como muitos que começam na extrema-esquerda, ele já se deixara levar para o outro lado. O trio liberdade, igualdade e fraternidade era constituído agora de "três verdades que, agrupando-se, formam uma tripla mentira".[19] Com relação à Igreja, o lascivo padre despojado do hábito exigia "a absoluta e invariável afirmação de um dogma preservado por uma hierarquia autorizada", um sentimento que faz eco a Joseph de Maistre. Lévi, na verdade, fala elogiosamente, mesmo que de maneira um tanto canhestra, de De Maistre, vendo nele um homem "de poderosas intuições e grande coragem moral" que "ansiava pelo dia em que a... afinidade natural... entre ciência e fé há de combiná-las na mente de um mesmo homem de gênio".[20] Modesto demais para reivindicar essa distinção, Lévi ainda assim acreditava que se *podia* unir ciência, a Igreja e o ocultismo num sistema único, uma síntese que deu a seu tradutor A. E. Waite muitas dores de cabeça. Como sua política, o ocultismo de Lévi está cheio de contradições; ele não hesita tanto em castigar quanto em celebrar a Igreja, e sua insistência na identidade entre ciência oculta e dogma católico é repetida pelo misterioso autor de *Meditations on the Tarot*. Como para este sábio anônimo, para Lévi, "a miraculosa e legítima hierarquia da Igreja Católica... preservou sozinha todas as tradições de ciência e fé",[21] uma afirmação que Johann Valentin Andreae, entre outros, questionaria.

Os últimos dias de Lévi foram tristes. Como Vintras, Wronski e outros, ele via a França como a salvadora do mundo, e sua derrota em 1870, na Guerra Franco-Prussiana, foi um golpe. A vida era difícil durante o cerco de Paris e o velho revolucionário, que escreveu uma bíblia da liberdade, não esteve associado com a comuna que se seguiu. Suas crenças ardentes expressaram uma reação apaixonada à injustiça, mas não inspiraram nem uma mudança social concreta nem uma filosofia política coerente.

BATIDAS NO ALÉM-MAR

Enquanto Lévi estava assentando as barricadas em 1848, do outro lado do Atlântico começava outro tipo de revolução. Em Hydesville, Nova York, duas irmãs tinham inflamado uma polêmica sobre suas afirmações de serem capazes de se comunicar com o espírito de um homem morto. Em março daquele ano, a família de Margaretta e Kate Fox fora perturbada pelos sons repetidos de "pancadas" e "batidas" que aparentemente não vinham de parte alguma; uma busca na casa não revelou nenhuma fonte para os ruídos. Certa noite, quando os barulhos voltaram, Kate disse em tom de brincadeira: "Sr. Splitfoot (Pé Fendido), faça como eu" e estalou os dedos. Imediatamente um som de estalo respondeu. Margaret, a mãe, juntou-se à coisa, dizendo: "Faça como eu", e bateu palmas. Isso também foi repetido. A sra. Fox, então, pensou em testar "sr. Splitfoot", como as crianças estavam chamando os sons. Pediu que ele dissesse em batidas qual era a idade de suas filhas. Sr. Splitfoot obedeceu, chegando a incluir três batidas para indicar a idade de um filho que havia morrido. A sra. Fox então disse: "Se o senhor é um espírito, bata duas vezes". Duas enormes pancadas ressoaram. Finalmente veio à tona que se tratava do espírito de um homem que fora assassinado na casa, quando ela estava ocupada pelo dono anterior. O sr. Splitfoot, ao que parecia, era real e a época do espiritualismo havia começado.

Logo médiuns, mesas girantes, mãos ectoplasmáticas e pandeiros flutuantes inundavam sessões espíritas em ambos os lados do Atlântico. Falar com os mortos e se comunicar com espíritos não tinha, de fato, nada de novo. Viagens ao mundo subterrâneo e oráculos, como o famoso oráculo de Delfos, eram traços comuns do mundo antigo. A diferença agora era que isso não estava acontecendo com figuras mitológicas ou altos sacerdotes, mas com gente comum; no caso das irmãs Fox, até mesmo com crianças. E o grande número de fenômenos espirituais instigou um escritor a falar deles como "a invasão do povo espiritual".[22]

Exatamente por que essa invasão teve lugar continua sendo um mistério, mas alguém com extensa experiência de comunicação com os mortos apresentou uma teoria interessante. Rudolf Steiner se deparou pela primeira vez com os reinos espirituais quando garoto, ao ser visitado pelo espírito de um parente morto.[23] Steiner foi mais tarde um crítico do espiritualismo, dizendo que a ideia de apertar as mãos de um espírito ou mesmo fotografá-lo era um tipo de sacrilégio. Tentando tornar os espíritos *mensuráveis*, isto é, suscetíveis de detecção científica, os espiritualistas, disse ele, estavam sendo mais materiais que os materialistas. Contudo, numa série de palestras fascinantes feitas em Dornach, na Suíça, em 1915, Steiner apresentou uma explicação para a invasão espiritualista.[24] No século XIX, disse Steiner, a humanidade estava correndo o risco de mergulhar completamente no materialismo. Para evitar isso, houve um tipo de conferência entre iniciados. Alguns iniciados de "esquerda" sustentaram que o conhecimento do mundo espiritual devia ser tornado acessível a todos. Mas a "direita" pensava que isso só causaria mais problemas e que tal conhecimento deveria continuar nas mãos dos iniciados. Numa atitude conciliatória, chegaram a um acordo sobre um método de demonstrar a realidade do mundo espiritual. "E foi assim", disse Steiner à sua audiência, "que a *mediunidade* foi deliberadamente trazida à cena."[25]

Até que ponto esse plano teve êxito é tema de debate. Mas um fato curioso é que a maioria dos médiuns eram mulheres. Alguns, é claro, eram homens; talvez o mais famoso tenha sido o notável escocês Daniel Dunglas Home, que conseguia segurar carvões em brasa e flutuar através de janelas. O americano Andrew Jackson Davis fez diagnósticos médicos enquanto estava em transe mesmérico e, na França, o educador Hippolyte-Leon Rivail se tornaria mundialmente famoso como o mestre espírita Allan Kardec. Os principais investigadores mediúnicos, como Oliver Lodge, William James, Frederick Myers e William Crookes eram, é claro, homens. Mas os médiuns que investigaram eram principalmente mulheres, como Eusapia Palladino, Leonore Piper e alguém que em breve estaremos encontrando, Madame Blavatsky. Clichês tradicionais sugeriram que as mulheres eram mais imaginativas, receptivas e poéticas – o que significa menos inflexíveis e racionais – do que os homens e, assim, mais "abertas" aos espíritos ou, menos generosamente, mais suscetíveis à fantasia. Contudo, historiadores mais recentes sugerem que, no século XIX, a mediunidade proporcionava às mulheres uma "voz", que de outra maneira teria passado despercebida. Isso "habilitava" as mulheres e coincidia com "a controvérsia em desenvolvimento sobre desigualdade sexual e a agitação pelos direitos das mulheres". No contexto da "política de gênero e de uma sociedade em fluxo", a mediunidade "emergiu contemporaneamente com a consideração do papel e da esfera próprios das mulheres" e foi claramente relacionada com o que era conhecido como "a questão da mulher".[26]

SRA. SATÃ

Uma médium que lançou uma luz particular sobre a questão da mulher foi a notável Victoria Woodhull, uma das mais fascinantes defensoras dos direitos das mulheres no século XIX. Entre suas muitas distinções, foi a segunda mulher a falar no Congresso dos Estados Unidos (sobre o direito de voto das mulheres), a primeira a falar na Comissão Judiciária da Casa e, em 1872, a primeira mulher a se candidatar a presidente; seus adversários foram o alto funcionário Ulysses S. Grant e o gigante dos jornais Horace Greeley. Seu companheiro de chapa foi o primeiro negro candidato a vice-presidente, Frederick Douglass, um ex-escravo, abolicionista e autor da *Narrativa da Vida de Frederick Douglass, um Escravo Americano*. Era evidente que Douglass não se sentia bem com relação à sua candidatura e acabou não a reconhecendo nem fazendo campanha. Uma razão pode ter sido a sórdida reputação de sua colega de chapa. Isso, contudo, não deteve Victoria, que tentou concorrer de novo em 1884 e 1892.

Victoria Claflin Woodhull nasceu em Homer, Ohio, em 1837. Segundo seu biógrafo, o pai era vigarista e ladrão; a mãe, filha bastarda, uma fanática religiosa analfabeta.[27] Seus primeiros anos foram repletos de pobreza, obscenidade e sujeira. Logo Victoria revelou poderes mediúnicos e paranormais e o pai a colocou trabalhando em seu carro de circo como vidente e cartomante. Ela fazia predições bem-sucedidas, podia encontrar objetos perdidos, recebia mensagens do "além" e possuía poderes magnéticos de cura (nessa época, o mesmerismo era coisa básica na vida americana). Às vezes também afirmava visitar um mundo espiritual idílico, uma espécie de utopia celeste fazendo lembrar os relatos sobre o céu de Swedenborg, o que deve ter contrastado agudamente com sua sorte terrena. Seus "guias espirituais" (um dos quais era o orador Demóstenes, da antiga Grécia, que se suspeita tê-la aconselhado em sua futura carreira como líder pública) informaram-na de que estava destinada a se tornar uma "governante da nação", indicação inicial de suas corajosas mas, em última análise, malsucedidas ambições políticas.

Aos 15 anos, Victoria se casou com Canning Woodhull, um médico de Cincinnati e vendedor de óleo de cobra, que ela logo descobriu ser um mulherengo alcoólatra. A irresponsabilidade erótica dele levou ao desprezo de Victoria pelo duplo padrão sexual que os homens então desfrutavam. Canning usava os talentos de Victoria para vender seu "elixir da longa vida" e, depois de terem dois filhos, o casal se mudou para San Francisco, onde ela trabalhou como vendedora de tabaco e atriz. Canning finalmente a abandonou e aos filhos, e Victoria, juntamente com a irmã "Tennie C" (Tennessee) Claflin, pôs seu *show* magnético na estrada, indo para Nova York, Chicago e outras cidades. Victoria se divorciou de Canning e se casou com o coronel James Harvey Blood – como Victoria, um defensor do amor livre – e o casal se instalou com Tennie na cidade de Nova York. Lá abriram um salão frequentado por muitos pensadores e empresários radicais, um deles o proeminente milionário Cornelius Vanderbilt.

Vanderbilt acabara de perder a esposa e, depois de Victoria e Tennie o "curarem" de espíritos inferiores, ele as ajudou a montar sua própria firma, altamente bem-sucedida, de corretagem (a primeira na Wall Street dirigida por mulheres) e o semanário *Woodhull and Claflin's Weekly* (o fato de Tennie ter se tornado amante de Vanderbilt, de 76 anos, pode ter ajudado). A essa altura, segundo um relato, Victoria "pregava suas doutrinas de amor livre, atacava os ricos (embora não, é claro, Vanderbilt) e adotava o marxismo".[28] De fato, juntamente com sua defesa de saias curtas, espiritualismo, voto feminino, amor livre, vegetarianismo, homeopatia, prostituição legalizada e controle da natalidade, o semanário publicou a primeira tradução inglesa do *Manifesto Comunista*. Victoria era também membro da Associação Marxista Internacional dos Trabalhadores. Acrescentando uma possível e breve atuação como prostituta, o conjunto deve se classificar como uma manifestação particularmente curiosa de ocultismo "esquerdista".

O sucesso da firma de corretagem e do periódico (cujo cabeçalho, com talvez uma leve sugestão de humor, dizia: "Órgão do Pensamento e Meta Mais Avançados do Mundo!") tornaram Victoria famosa. Em abril de 1870, ela anunciou seus planos de concorrer à presidência como candidata do Partido pelos Direitos Iguais, cujo quadro de militantes incluía uma singular coalizão de feministas, trabalhadores, espiritualistas, comunistas e entusiastas do amor livre. Em janeiro do ano seguinte, ela se dirigiu ao Congresso, destacando que, como cidadãs dos Estados Unidos, as mulheres *já* tinham o direito de voto; elas só precisavam exercitá-lo. Contudo, nem todas as defensoras dos direitos das mulheres estavam alinhadas com Victoria. Susan B. Anthony, em particular, tinha suas reservas e, embora muitas estivessem dispostas a falar sobre amor livre em salões, não tantas se dispunham a colocar a teoria em prática, um duplo padrão com que outra entusiasta do amor livre, Mary Wollstonecraft, havia se deparado quase um século antes.[29] A "sra. Satã", como seus detratores começaram a chamar Victoria, além de defender o amor livre e andar em companhia de prostitutas (numa época em que só mulheres "baixas" admitiam gostar de sexo), também pregava uma crença profana em espíritos. Algumas outras ideias de Victoria eram nitidamente menos ofensivas: era contra o aborto e defendia a eugenia.

Ironicamente, o próprio amor livre ligou Victoria ao caso Beecher-Tilton, um escândalo que, como diz o clichê, balançou a nação, gerando, na época, tanta publicidade quanto o escândalo de Monica Lewinsky na década de 1990. O pregador extremamente bem-sucedido e "ensurdecedora sirene de virtude"[30] Henry Ward Beecher (irmão de Harriet Beecher Stowe, autora de *A Cabana do Pai Tomás*) fora apanhado em flagrante tendo uma relação adúltera com a esposa de um de seus mais íntimos discípulos, Theodore Tilton. Não era a primeira infração de Beecher; anos atrás, ele corneara Henry C. Bowen, empresário do Brooklyn, outro amigo íntimo e seguidor, conseguindo escapar impune. Tanto Tilton quanto sua jovem esposa, Elizabeth "Libby" Richards, adoravam e admiravam Beecher. A princípio arrebatada pela relação, que o eloquente Beecher lhe assegurava ser abençoada aos olhos de Deus, Libby não demorou a ficar apreensiva e acabou confessando tudo ao marido. Embora naturalmente furioso, Tilton concordou quando Libby insistiu para que não fizesse nada contra Beecher, e, de qualquer modo, Tilton também não era um santo, pois tivera mais de um caso durante o casamento. Ele acreditava que Beecher tivesse de alguma maneira hipnotizado Libby para fazê-la cometer aquele sacrilégio.

Libby concordou em dizer a Beecher que havia contado tudo, mas Tilton não conseguiu se conter e tocou no assunto com a feminista Elizabeth Cady Stanton. Stanton então contou a Victoria (feministas ou não, as mulheres ainda faziam mexericos), que ficou tão furiosa quanto Tilton. Beecher denunciara repetidamente o amor livre, do púlpito, e atacara Victoria pessoalmente. Victoria acreditava inclusive que rumores iniciados por Beecher e a irmã Harriet tinham-na levado a ser despejada de sua casa, o que, durante algum tempo, fizera a provável futura presidente passar com a família as noites na rua; ninguém alugaria nada à "depravada Woodhull". Victoria estampou a história em seu jornal, revelando que o mais famoso pregador da América participava, reservadamente, do amor livre que publicamente estigmatizava. Enquanto Beecher, culpado duas vezes (Tilton, Bowen e talvez outros), livrava-se das acusações – o público, ao que parece, não podia aceitar que ele pudesse ser um hipócrita – e Elizabeth Tilton era excomungada da Igreja por seus pecados, Victoria, que nada fez além de publicar a história, era presa por enviar "material obsceno" pelo correio. Passou o dia da eleição de 1872 no xadrez e foi presa mais oito vezes enquanto o escândalo se alastrava. A maioria das pessoas se sentia feliz pelo fato de a "sra. Satã" estar recebendo o que merecia por caluniar uma das celebridades da nação; parece que uma mulher dizendo a verdade era pior que um pregador dizendo uma mentira. Mas depois de algum tempo muitos também perceberam que defender a liberdade de expressão era mais importante que denunciar o amor livre e tomaram a defesa dela.

Embora Victoria fosse finalmente absolvida, a batalha a arruinou. Perdeu tanto a firma de corretagem quanto o jornal e recebeu ameaças de morte. Não houve base legal para a prisão de Victoria, nem para a de Tennie ou do coronel Blood e, em retrospecto, parece claro que o governo fez o que podia para dar uma lição à "sra. Satã". Cansada e desiludida, em 1876 Victoria se divorciou do coronel Blood. Menos de um ano depois ela se mudou para a Inglaterra, onde deu palestras e publicou uma revista, *The Humanitarian*. Em 1883, casou-se com John Biddulph Martin, seu terceiro marido. Morreu em Worcestershire, West Midlands, em 1927, aos 89 anos de idade.

7

Jornadas para o Oriente

Mais ou menos na época em que Victoria Woodhull retirou-se da vida política, uma ativista ainda mais exuberante começava a emergir do seio da espiritualidade. Embora Helena Petrovna Blavatsky não tenha concorrido para presidente – e nem poderia, sendo russa de nascimento –, não teria causado espanto se o tivesse feito. Na época em que ela e seu platônico "companheiro", coronel Henry Steel Olcott, fundaram a Sociedade Teosófica, HPB, como ela é conhecida, já tinha vivido mais vidas que a maioria das pessoas numa dezena de encarnações. Depois de fugir do marido durante a lua de mel não consumada aos 18 anos de idade (Nikifor Blavatsky era vice-governador de uma província na Armênia e um homem muito mais velho), Blavatsky deu início a uma série de viagens que chegaram mesmo a ultrapassar as de Christian Rosencreutz. Viajou pela Europa, Oriente Médio, América do Norte, Índia e, mais notoriamente, pelo Tibete, com frequentes *pit stops* na Rússia para visitar a irmã. Mesmo se, como sustentam alguns cronistas, existe pouca comprovação de alguns de seus itinerários, os que parecem razoavelmente certos já são suficientemente notáveis. Ao longo do caminho, entre outras atividades, HPB trabalhou como amazona num circo, montando sem sela, foi assistente do médium Daniel Dunglas Home, dirigiu o Coro Real Sérvio, foi proprietária de uma fábrica de flores artificiais, jornalista, contista e professora de piano, e conduziu sessões espíritas no Cairo.

No meio dessas aventuras, também encontrou tempo para sobreviver ao naufrágio do *Eumonia*, um desastre marítimo tão famoso em sua época quanto o do *Titanic*, e ser ferida quando lutava com o libertador italiano Giuseppe Garibaldi contra o exército papal e os franceses na batalha de Mentana, em 1867. Fez também amizade com o carbonário e possível maçom Giuseppe Mazzini, líder da organização revolucionária Jovem Itália.

Mazzini tinha proclamado a existência da República Romana em 1849 e a defendia, com Garibaldi, contra os franceses, que lutavam com o apoio da Igreja. O general francês Charles Oudinot era maçom, outra indicação de que, nas lutas revolucionárias dos últimos dois séculos, a Maçonaria tinha frequentemente aparecido em ambos os lados da cerca política.[1] Depois de libertar a Sicília em 1860, Garibaldi tornou-se Grande Mestre Maçom do Grande Oriente Italiano, servindo de 1862 a 1868. Embora o tradicionalista René Guénon tenha pouca coisa boa a dizer sobre Blavatsky e a teosofia, confirma os comentários dela sobre o tempo que passou nas barricadas. Em *Theosophy: History of a Pseudo-Religion*, Guénon observa que John Yarker, das altas fileiras da Maçonaria, foi amigo de Garibaldi e Mazzini, e que Yarker uma vez afirmou ter visto HPB em companhia deles.[2] Visto que Guénon tinha tanto respeito pelos revolucionários quanto por HPB, essa associação não teria sido feita para favorecê-la.

De certo modo, Garibaldi foi útil nas origens da Sociedade Teosófica, embora sua política revolucionária fosse menos responsável por isso que o estilo de roupas que inspirou. O coronel Olcott, que finalmente desempenharia o papel de um entusiástico Watson para o místico Holmes de Blavatsky, fora agricultor, participante da comissão que investigou o assassinato do presidente Lincoln e advogado sem sucesso. Seu interesse pelo espiritualismo o levara até a fazenda da família Eddy em Chittenden, Vermont, em 14 de outubro de 1874. Quando visitou a fazenda com o propósito expresso de encontrar o coronel Olcott, que havia escrito artigos de jornal sobre os fenômenos que estavam ocorrendo lá, Blavatsky parece ter usado sua própria versão de uma "armadura cibernética". Embora um biógrafo, comentando o traje tipicamente excêntrico, observasse que ela estava parecida com "um pacote mal embrulhado e brilhante",[3] pelo menos nessa ocasião a noção de moda de Blavatsky funcionou. Quando a gordinha e despachada médium russa e colega jornalista aproximou-se do pacato, respeitável Olcott, o que primeiro o impressionou foi a camisa Garibaldi que ela usava, uma blusa vermelha com ornamentos militares que tinha sido o ponto culminante da *haute couture* cerca de uma temporada mais cedo. Mesmo que não tenha sido amor à primeira vista, o jeito impetuosamente superior e franco de Blavatsky certamente cativou Olcott e, um ano mais tarde, nasceu a Sociedade Teosófica.

BEISEBOL, MESTRES SECRETOS E CRIATURAS AUDACIOSAS

Independentemente da opinião que se tenha sobre ela e sua obra, a influência de Blavatsky fez parte da formação de praticamente todos os movimentos esotéricos que vieram depois. Éliphas Lévi reuniu uma miscelânia de ideias ocultas para formar o ocultismo e Blavatsky não tentou esconder seu débito para com a obra dele ou a de Edward Bulwer-Lytton. As ideias de Lévi alcançavam um público relativamente reservado, mas a teosofia rapidamente tomou a forma de um fenômeno ocultista mundial, agrupando sob suas asas um sortimento de discípulos influentes e importantes que dariam inveja a qualquer movimento, político ou não. O poeta W. B. Yeats, os pintores Wassily Kandinsky e Piet Mondrian, o compositor Alexander Scriabin, o inventor Thomas Edison e até mesmo o homem supostamente responsável pela invenção do beisebol, Abner Doubleday, que foi herói da União na batalha de Gettysburg, todos foram ardorosos teosofistas. Tenha ou não realmente inventado o beisebol, Doubleday foi herói nacional e, no fim da vida, quando Blavatsky e Olcott já tinham se mudado para a Índia, tornou-se presidente do ramo americano da Sociedade Teosófica. Poucas coisas são tão americanas quanto o beisebol e, durante certo tempo, na virada do século XIX, a teosofia também pareceu fazer parte da liga.

Ainda que fosse um movimento espiritual dedicado a unir ciência e religião na busca pela verdade, tanto por seus princípios quanto pelas vidas de algumas de suas figuras centrais, a teosofia teve influência política e contribuiu, de várias maneiras, para o debate tanto na direita quanto na esquerda. Embora não tenham se originado com a teosofia, dois temas centrais para a política ocultista do século vindouro ganharam uma ampla audiência por meio dela. Um já vimos: o conceito de "mestres secretos" ou "superiores incógnitos". Blavatsky ficou famosa porque afirmou que esses mestres a tinham escolhido como emissária e a guiaram em suas viagens e desafios. Anteriormente, mencionei a crença de Rudolf Steiner de que certos iniciados haviam introduzido a mediunidade para deter o avanço do materialismo na consciência humana. Quando isso fracassou e o espiritualismo se tornou uma fonte de erro com relação aos mundos espirituais – ou assim Steiner acreditava –, os iniciados encetaram outro debate. Concluíram que, por uma "personalidade muito especialmente adaptada por meio de certos elementos subconscientes para atrair muita coisa do mundo espiritual",[4] uma parte do prejuízo poderia ser desfeita. Essa "personalidade" era Blavatsky.

Comentando sua aptidão para o trabalho, Steiner a descreve como "uma garrafa de Leyden eletricamente carregada" de onde "centelhas elétricas – verdades ocultas – podem ser emitidas".[5] Blavatsky foi uma "criatura atrevida" que exibia "uma falta de consistência no comportamento externo", o que, para alguém que conheça a índole de Blavatsky, é certamente um eufemismo. Foi por isso que Blavatsky se viu envolvida numa luta entre iniciados de esquerda e de direita, com alguns peritos lhe impondo uma espécie de "aprisionamento ocultista" para impedi-la de "vazar" certas verdades secretas que certas irmandades americanas tinham lhe permitido conhecer.[6] Alguns ocultistas indianos a libertaram, deixando-a muito grata com relação a eles. Daí, segundo Steiner, a influência oriental em seu pensamento.

Seja como for que encaremos as observações de Steiner, os Mestres ou Mahatmas de Blavatsky foram cruciais para o seu sucesso, nem que seja porque saciaram a fome que na época muitos sentiam de um mistério espiritual mais profundo que aquele que as igrejas podiam fornecer. No auge da notoriedade de Blavatsky, seus mestres falavam do Himalaia, embora originalmente residissem no Egito. A Grande Fraternidade Branca de Blavatsky, mais tarde povoada por tibetanos, tinha suas raízes na tradição europeia dos rosa-cruzes e maçons. O bisavô de HPB, o príncipe Pavel Dolgorukov, cuja vasta biblioteca de ocultismo ela devorou quando criança, foi iniciado na década de 1770 num Rito da Estrita Observância que, como sabemos, fora fundado na década de 1750 pelo barão Von Hund, que afirmava ser sua legitimidade derivada de "superiores incógnitos".[7] O estudioso K. Paul Johnson tem afirmado de maneira polêmica que pode identificar os mestres de Blavatsky como indivíduos concretos, de carne e osso, mas parece provável que a noção desses "superiores incógnitos" seja um amálgama de ideias rosa-cruzes, maçônicas e ideias esotéricas ocidentais filtradas através da "garrafa de Leyden" da personalidade "especialmente adaptada" de Blavatsky.[8]

A QUESTÃO DA RAÇA

Outra contribuição teosófica para a política esotérica é a questão da raça, um assunto delicado que se estende para o passado, querendo descobrir as origens puras da humanidade "nobre", e para o futuro, com a ideia de nossa evolução para alguma forma mais elevada, algo como a sociedade de superiniciados retratada em *A Raça Futura*, de Bulwer-Lytton. As ideias de Blavatsky sobre "raças-raiz" e "sub-raças" foram alimentadas pela obsessão do século XIX pelas origens dos povos e línguas europeias. Na época da chegada da teosofia, a noção aceita era que tanto os antigos povos quanto as antigas línguas europeias tinham suas raízes nos arianos de língua sânscrita, a raça "pura", "nobre" (*ariano* significa "nobre"), que tinha migrado da Índia para a Europa. William Jones, a primeira autoridade inglesa em sânscrito, sugeriu que havia um espaço comum entre as altas culturas da Índia, Egito, Grécia e Itália. Em 1808, o filósofo Friedrich Schlegel afirmou que o sânscrito era a fonte do alemão, grego e latim, tendo seus falantes originais deixado, por alguma razão, a Índia para colonizar o norte da Europa. Mas ao deixar a terra natal os arianos perderam a pureza original pela miscigenação com raças menos puras. Quando Max Müller, o grande orientalista de Oxford, declarou que os anglo-saxões, os teutões e os indianos do norte (não, contudo, os indianos dravídicos do sul) eram todos do tronco ariano, infelizmente abriu a porta para o tipo de pseudociência racial que faria os nazistas encherem seus campos de extermínio com "inferiores raciais", ao mesmo tempo que mandavam expedições ao Tibete para medir o crânio dos habitantes locais.[9] No início do século XX, estava sendo realizada uma pesquisa para descobrir quem estava mais próximo dos arianos – isto é, quem era o mais puro. Para estudiosos posteriores, a afirmação de Blavatsky de que os arianos eram a quinta raça-raiz a emergir da sub-raça atlante parecia compartilhar do que Nietzsche, que é frequente e erroneamente rotulado de racista, chamava "a fraude da grande raça". Infelizmente, é comum deixar passar em branco que as noções de Blavatsky sobre raças-raízes e uma futura nova raça eram mais sutis que aquelas dos racistas esotéricos que se apropriaram de suas ideias.

ESPÉCIES SUPERIORES

A outra ponta do problema da raça, a ideia da humanidade evoluindo para algum tipo superior, tem suas próprias dificuldades. O filósofo, teosofista e crítico da Revolução Bolchevique P. D. Ouspensky pôde dizer que "um novo tipo de homem está sendo formado agora e entre nós" e que "a seleção continua em todas as raças e nações da Terra",[10] um comentário que parece expressar um ponto de vista evolutivo multirracial. Mas Ouspensky também escreveu sobre os benefícios das Leis de Manu, base do sistema de castas hindu, o que depõe contra uma visão evolutiva pluralista. Ouspensky, contudo, observa que aquilo que chegou até nós como Leis de Manu é realmente uma "fabricação brâmane" e que as Leis não são legislação, mas um registro das leis da natureza relativas aos "tipos fundamentais de homens".[11] Ele também sustentou que os constrangimentos impedindo uma pessoa de casta mais baixa, como um sudra, de entrar numa casta mais elevada não faziam parte das Leis originais, das quais só sobreviveram alguns fragmentos, mas foram acréscimos espúrios e tardios para "legitimar a servidão de castas". Assim, para Ouspensky, as Leis de Manu, embora não exatamente "democráticas" ou "igualitárias", pelo menos reconheciam, em sua forma original, que as pessoas *podem* evoluir e que não estão "fixadas" como T. E. Hulme acreditava, o que significa que uma estrutura social construída sobre essa visão limitada do potencial humano era falsa. Não interessa se a percepção que tem Ouspensky das Leis de Manu é correta ou não – embora os estudiosos possam discordar disso. O importante é que Ouspensky, que viu a Revolução Bolchevique como o início da "ditadura do elemento criminoso",[12] reconhecia que noções de igualitarismo radical eram tão perigosas quanto as de hierarquia radical, e que é ingênuo não reconhecer que existem *realmente* diferenças profundas entre pessoas, especificamente entre pessoas que estão interessadas em evoluir e aquelas que não estão.[13] Essas diferenças, contudo, eram uma questão de propensão, não de raça, mas podem, como acreditam certos teóricos, ter uma base biológica.[14]

DOUTRINAS SECRETAS, AGENTES SECRETOS

Uma arena em que a teosofia se chocou frontalmente com a questão da raça foi a Índia. Aqui Blavatsky se mostrou sem dúvida uma "criatura atrevida". Ela e a teosofia começaram a se mover para o Oriente após uma colaboração entre a sociedade e a Arya Samaj, um movimento de reforma hindu iniciado em Bombaim, em 1875, por Swami Dayanand Sarasvati, que estava ansioso em promover um retorno aos ensinamentos védicos. Sempre disposta a falar com franqueza, quando deixou Nova York com o coronel Olcott em 1879 para se estabelecer no subcontinente, Blavatsky não demorou muito tempo para deixar clara sua desaprovação do Raj britânico.* Os comentários antibritânicos foram tão frequentes e tão ásperos, e seu apoio a um Governo Autônomo da Índia e à causa nacionalista hindu tão apaixonado, para não mencionar sua celebração da cultura, herança e crenças indianas, que o governo de Sua Majestade suspeitou que ela estivesse trabalhando para os russos. Os comentários de Blavatsky favorecendo a política social russa em vez da britânica só confirmaram as suspeitas – legitimamente, ao que parece: a certa altura ela de fato ofereceu seus serviços ao czar, mas eles foram recusados. Era a época do Grande Jogo, o xadrez político entre Rússia e Grã-Bretanha para decidir quem teria maior influência na Ásia, a que Rudyard Kipling, maçom fervoroso, deu vida ficcional em seu romance *Kim*.

Nessa época, além de se mudar fisicamente para a Índia, HPB tinha também fixado seus mestres lá e mais tarde teosofistas como Alice Bailey afirmaram que a autoridade deles derivava de uma fraternidade invisível que vivia em Shambhala, cidade secreta localizada além do Tibete, em alguma parte do Deserto de Góbi; a própria Blavatsky falou de Shambhala em *A Doutrina Secreta* e *Ísis Sem Véu*.** Que a fraternidade invisível de Blavatsky tivesse se dirigido para pontos no Oriente tinha o apoio de Heinrich Neuhaus, um autor de planfletos rosa-cruzes. Ele concordava com René Guénon de que a razão pela qual os rosa-cruzes não podiam ser encontrados na Europa era terem se retirado para o Tibete.[15] Blavatsky também encontrou apoio para a relocação de seus mestres nas obras do escritor francês Louis Jacolliot. Em livros como *Occult Science in India*, Jacolliot afirmou que uma sociedade de "homens desconhecidos" realmente existiu na Índia e influenciou secretamente os acontecimentos mundiais.[16] Guénon e outros, como o teosofista e concidadão russo de Blavatsky Nicholas Roerich, também se ocupariam com Sham-

---

* Isto é, da soberania (Raj) britânica sobre a Índia. (N. do T.)

** Publicados, respectivamente, em 1980 e 1990, pela Editora Pensamento, São Paulo.

bhala, cuja sombria cidade-irmã, Agartha, despertaria o interesse do ocultista francês Saint-Yves d'Alveydre.

Que houvesse suspeitas de que Blavatsky fosse uma espiã russa teve alguns resultados cômicos. Emma Coulomb, sua governanta descontente, cujas discutíveis revelações sobre as famosas cartas do Mahatma de HPB levaram a acusações de fraude contra Blavatsky, certa vez roubou algumas páginas de seu caderno de notas que pareciam estar escritas em algum tipo de código e enviou-as para um missionário cristão. Como os comentários de Blavatsky sobre os cristãos na Índia eram tão respeitosos quanto os que fazia sobre o Raj, os missionários ficaram contentes em ter provas de que ela estava envolvida em algum tipo de trabalho de inteligência e enviaram as páginas para a polícia de Calcutá. Mas a polícia não conseguiu decifrar o código e desistiu de investigá-lo. Coisa compreensível: o código era de fato a linguagem secreta senzar, que Blavatsky afirmou ser a língua original do igualmente secreto *Livro de Dzyan*, que formava a base de sua obra maior, *A Doutrina Secreta*. Contudo, embora pudesse caçoar desse fiasco, HPB ficou furiosa quando, num relatório a seu respeito para a Sociedade de Pesquisa Mediúnica (que a descrevia como "uma das mais completas, engenhosas e interessantes impostoras da história"), Richard Hodgson casualmente sugeriu que ela estava trabalhando para os russos.

Blavatsky não foi a única esotérica acusada de espionagem. G. I. Gurdjieff procurou sua própria fraternidade secreta na Ásia Central e foi também acusado de ter trabalhado para os russos. Num relato fascinante, mesmo que inacreditável, James Webb sugere que, num dos muitos disfarces de Gurdjieff ele pode ter sido Ushe Narzunoff, um parceiro de Agwan Dordjieff, um russo buriato e tutor do décimo terceiro Dalai-Lama. A identificação feita por Webb de Gurdjieff com Narzunoff é insustentável, mas Dordjieff, de fato trabalhou para fortalecer os laços entre o Tibete e a Rússia e, em determinado momento, fez pressão para conseguir que fosse erguido um templo budista em São Petersburgo.[17] Ele teve êxito e, após a Revolução, Dordjieff passou a maior parte do seu tempo nele, até ser preso durante os expurgos de Stalin. Webb coloca Gurdjieff no estranho mundo da política russa nos anos que precederam a Revolução Bolchevique, uma época de "imperialismo místico", quando o "czar branco" Nicolau II tinha grandes planos para uma Ásia russa e sua corte estava cheia de personagens como Zhamsaran Badmaieff, praticante da medicina tibetana, o príncipe Esper Ukhtomsky, orientalista e budista praticante familiarizado com a teosofia – às vezes identificado como o príncipe Lubovedsky, de Gurdjieff, em *Encontros com Homens Notáveis*[18]– e o infame Rasputin, o que fazia dela um "coletivo de videntes, monges e místicos".[19]

Mas os britânicos levavam a sério a ameça russa e, em 1903, quando descobriram que Agwan Dordjieff estava em Lhasa, uma expedição liderada pelo coronel Francis Younghusband, um espiritualista, transformou-se efetivamente numa invasão. Younghusband massacrou mais de mil tibetanos e ocupou "a morada dos deuses", como a capital era chamada. A lenda diz que, assim que Younghusband se aproximou, Dordjieff fugiu para a Mongólia com o Dalai-Lama (em algumas versões, Dordjieff é Gurdjieff, mas há ainda menos base para essa afirmação que para a suposição de ele ter sido Narzunoff). Em 1938, segundo Christopher Hale, em *Himmler's Crusade*, Younghusband instruiu Ernst Schäfer, um explorador nazista das SS, membro da *Ahnenerbe* de Heinrich Himmler, ou escritório da Herança Ancestral, sobre o melhor meio de evitar os britânicos em sua própria jornada para o Tibete. Schäfer foi mandado para o topo do mundo por Himmler para, entre outras coisas, validar as alegações nazistas de que o Tibete era o último refúgio da raça-raiz ariana.[20]

VÁ PARA O ORIENTE, JOVEM TEOSOFISTA

Se HPB irritou o Raj com comentários desrespeitosos e a possibilidade de ser uma espiã russa, sua influência sobre figuras importantes foi ainda menos bem-vinda. A. P. Sinnett, editor do *The Allahabad Pioneer*, o principal jornal da Índia e cujo colaborador mais famoso era Kipling, tornou-se um converso teosofista. *The Pioneer* promoveu a teosofia por toda a Índia e os livros de Sinnett, *The Occult World* e *Esoteric Buddhism*, difundiram o ensinamento para um círculo mais amplo de leitores, entre os quais havia um obscuro estudioso austríaco de Goethe chamado Rudolf Steiner. A. O. Hume, funcionário público de alto escalão, também se juntou ao rebanho. "AO", como era conhecido, era um herói da Revolta dos Cipaios, de 1857, filho do rico parlamentar escocês Joseph Hume e, co-

---

* Publicado pela Editora Pensamento, São Paulo, 1980.

mo Blavatsky, um entusiasta pelo que era hindu. Em 1885, para conseguir um papel maior dos indianos na administração britânica, Hume organizou o primeiro encontro do Congresso Nacional Indiano. Ranbir Singh, o marajá da Caxemira, patrocinou a estada de Blavatsky e Olcott na Índia, e Sirdar Thakar Singh Sandhanwalia, fundador do grupo reformista sikh Singh Sabha, foi um dos mais fortes aliados dos dois. As relações de Blavatsky com os sikhs eram fortes o bastante para os britânicos ficarem preocupados quando rumores de uma rebelião sikh surgiram em torno de sua figura notável.

A influência política de Blavatsky foi na realidade um subproduto de seu atrevimento, mas isso não se aplicou à segunda ativista política teosófica a alcançar as costas do subcontinente. Quando a ex-socialista fabiana, marxista, feminista e livre pensadora Annie Besant chegou a Colombo em 1893, foi recebida pelo coronel Olcott e um pequeno grupo de altos oficiais britânicos e budistas notáveis. Suas jornadas pela Índia naquela viagem foram como uma procissão real. Suas falas nas numerosas lojas teosóficas onde Olcott a introduziu fizeram lembrar os discursos incendiários pelos quais era famosa em Londres. Nessa época, a ideia de uma renascente espiritualidade hindu se fundiu com a de nacionalismo hindu e, se havia algum leve problema na tradução, Annie pouco fez para retificá-lo. Se a audiência achava que ela estava clamando por revolta política, Annie não a corrigiria. Vivera toda a sua vida em busca de uma causa e agora praticamente uma nação inteira estava lhe passando uma.

Annie Besant descobriu a teosofia, Madame Blavatsky e a Índia em 1888, quando fez uma resenha de *A Doutrina Secreta* para a *Review of Reviews*, de W. T. Stead. Espiritualista e uma das vítimas do *Titanic*, Stead incluía Bernard Shaw e H. G. Wells entre seus amigos. Shaw e Wells eram membros importantes da Sociedade Fabiana, um influente grupo de reforma socialista, não marxista, do *fin de siècle*; outro membro era Annie Besant. A maioria das resenhas criticava severamente o enorme volume de Blavatsky, mas a de Besant foi positiva e resultaria num encontro com HPB em sua casa na Landsdowne Road; nessa época, Blavatsky deixara a Índia em situação desfavorável, graças aos ataques caluniosos de sua gananciosa governanta, e se mudara para Londres. Uma companheira socialista, que se voltara para a teosofia devido a uma desgraça pessoal, levou Annie a Blavatsky. No fim da conversa, quando Annie estava prestes a sair, Blavatsky olhou em seus olhos e disse: "Minha cara sra. Besant, quem sabe não se junta a nós". Ela o fez.

A vida de Besant antes de sua quase milagrosa conversão de antirreligiosa secularista à fé dos Mestres foi tão impressionante quanto a de Blavatsky. Ela era franca defensora do Governo Autônomo Irlandês, uma causa que também abraçaria com relação à Índia. Seu reconhecimento da falta de igualdade entre os sexos levou à dissolução de seu casamento e à perda dos filhos; fora considerada inapta como mãe e o ex-marido ficou com a custódia. Secularismo, direitos das mulheres, livre pensamento, socialismo e direitos dos trabalhadores eram só algumas das bandeiras que defendia. Uma causa em especial transformou-a num nome familiar. Em 1877, com o amigo Charles Bradlaugh, membro importante da Sociedade Secular Nacional, publicou um livro sobre controle da natalidade escrito pelo militante americano do planejamento familiar Charles Knowlton. Knowlton argumentava que as famílias da classe operária tinham o direito de decidir que tamanho de família queriam e seu livro mostrava como fazer isso. A Igreja foi ultrajada e Besant e Bradlaugh foram presos. O caso recebeu atenção nacional, e Bradlaugh e Besant escaparam de sentenças de prisão com base num mero tecnicismo. Não seria a única vez que o nome de Annie chegaria aos jornais. (Ironicamente, sua conversão à teosofia em 1889 desencadeou ecos do assunto quando Koot Hoomi, um dos mahatmas de Blavatsky, exigiu que ela se retratasse publicamente de seu endosso da contracepção. Na visão teosófica, o controle da natalidade só facilitava as paixões animais, que eram um obstáculo no caminho espiritual. Que a própria Blavatsky considerasse o sexo coisa "animalesca" só piorou as coisas.)

Besant tornou-se colaboradora regular do *National Reformer*, o jornal da Sociedade Secular Nacional e a sociedade logo lhe pediu que falasse em encontros públicos. Bradlaugh era um orador popular e treinou Annie em sua nova carreira. Ela era uma oradora inata e logo estava viajando por toda a Inglaterra, atraindo grandes multidões ansiosas para conhecer suas ideias radicais. Annie alcançou novamente fama nacional em 1887 como um dos oradores associados aos distúrbios do "Domingo Sangrento". Em 13 de novembro de 1887, a polícia tentou impedir uma manifestação contra o desemprego realizada em Trafalgar Square. Os manifestantes resistiram e iniciou-se um tumulto. Chegaram tropas, dezenas de pessoas foram feridas, um homem foi morto e centenas foram presos. Besant que, como observou um biógrafo, estava "impregnada do desejo de servir a humanidade com algum tipo de martírio glorioso"[21] apresentou-se para ser presa, mas a polícia foi suficientemente astuta para reconhecer que isso só aumentaria o caos e a rejeitou. No ano seguinte, ela conduziu uma campanha vitoriosa para melhorar as condições de trabalho das "garotas dos palitos de fósforos" de Londres, jovens que trabalhavam por baixos salários em horrendas condições nas fábricas de fósforos de Londres. Candidatou-se à eleição para a Junta de Educação de Londres, ganhou e melhorou a vida de milhares de crianças em idade escolar. Promoveu uma greve de trabalhadores das docas que resultou em melhora dos salários e das condições de trabalho. E, ao longo do caminho, manteve contato com algumas das figuras mais progressistas da época, como Bernard Shaw, que mais tarde a imortalizou como personagem Raina na peça *As Armas e o Homem*. Não é de admirar então que, quando a ativista ardorosa chegou às costas já perturbadas da Índia, o Raj fosse envolvido.

GOVERNO AUTÔNOMO

Embora durante o triunfante giro de Besant pela Índia muitos jornais nacionalistas a vissem como a salvadora do país e lhe pedissem para liderar uma campanha contra o governo colonial, nem todos os indianos compartilhavam essa visão. Alguns nacionalistas hindus viam a teosofia como mais uma manifestação do elitismo branco. E alguns teosofistas estavam descontentes com sua politização da teosofia; o próprio Olcott[22] – apesar de ter feito campanha por uma união entre budistas do norte e do sul[23] e ter também trabalhado para melhorar a vida dos "párias", que ocupavam o lugar mais baixo no sistema de castas – tinha suas dúvidas. Outros estavam descontentes com o que parecia uma apropriação por parte de Besant do trono de HPB e questionaram sua autoridade dentro da sociedade (Blavatsky morrera em 1891 de nefrite). Contudo, o karma de Besant parecia estar levando-a por um caminho que tinha consequências políticas, quer teosofistas, quer nacionalistas gostassem disso ou não.

De volta à Inglaterra, Annie dera palestras sobre a necessidade de reformar o império indiano e agora o governo colonial tinha o que parecia ser uma cruzada branca pelo Governo Autônomo desembarcando em suas costas. Que Besant fosse membro da classe de elite e tivesse amigos em altos postos, como o visconde Haldane, figura de cúpula no Partido Liberal Britânico, tornava as coisas ainda mais difíceis. A maioria de seus pares expatriados, teosofistas incluídos, eram indiscutivelmente imperialistas e estavam constrangidos com a "passagem para os nativos" de Annie. Ela aprendeu sânscrito e, em Benares, onde instalou o quartel-general da Seção Indiana em 1896 (distinto de Adyar, quartel-general internacional da sociedade), deu início ao Central Hindu College, onde os estudantes recebiam formação técnica e aprendiam ciência juntamente com meditação e escrituras hindus. A meta de Annie era assegurar uma nova liderança para o futuro da Índia e sua experiência na Junta de Educação de Londres e com os experimentos educacionais fabianos lhe foram bastante úteis. Contudo, talvez ela tenha tido um objetivo mais amplo em vista. Em 1889, Blavatsky dissera que o verdadeiro propósito da Sociedade Teosófica era preparar a chegada do "mestre do novo mundo". Annie repetiu essa ideia no mesmo ano em que fundou a escola. Em 1907, depois da morte de Olcott, ela se tornou presidente da sociedade. Nesse mesmo ano, com C. W. Leadbeater, um teosofista de alto posto, Annie anunciou que o mestre do mundo havia chegado sob a forma do menino Jiddu Krishnamurti, que Leadbeater tinha encontrado numa praia perto de Adyar. Essa descoberta provocou tanta turbulência dentro da sociedade quanto as atividades políticas de Annie causavam externamente; para começar, incitou Rudolf Steiner, chefe da ramificação alemã, a romper e iniciar seu próprio movimento.

Enquanto esperava que o mestre do mundo amadurecesse, Besant deu continuidade às suas atividades na frente mundana. Ingressou no Congresso Nacional Indiano – fundado em 1885 por "AO" Hume – e desenhou sua bandeira original. Por meio do Congresso, Mohandas Gandhi levaria finalmente a Índia à independência. Gandhi conhecera HPB e Annie Besant em Londres, em 1889, e em 1891 ingressou na sociedade. Para ele, a teosofia era "hinduísmo em sua melhor forma", promovendo "a Irmandade dos Homens", um aceno para os elos da teosofia com os ideais progressistas da Maçonaria. Em seu livro sobre o Governo Autônomo Indiano, Gandhi louvou os esforços de Hume e comentou com seu biógrafo que, nos primeiros dias do Congresso, todas as principais figuras eram teosofistas. Por meio da teosofia, Gandhi, então um jovem estudante de direito se esforçando para adotar hábitos ocidentais, redescobriu a herança cultural de sua nação e obras como o *Bhagavad*

Gita,* que se tornou o livro mais importante de sua vida. O interesse de Gandhi pela teosofia continuou durante os anos que passou na África do Sul, onde conheceu outros teosofistas e às vezes falou em suas reuniões.[24] Jawaharlal Nehru foi introduzido na teosofia por seu tutor, F. T. Brooks, e foi iniciado na sociedade pela própria Annie, quando tinha 13 anos. Ele também se tornaria outra voz importante no Congresso e primeiro-ministro de uma Índia independente.

Quando estourou a Primeira Guerra Mundial e a Inglaterra precisou da ajuda das colônias, Annie lançou mão de uma frase de sua campanha pelo Governo Autônomo Irlandês e declarou que "a necessidade da Inglaterra é a oportundidade da Índia", um comentário que, durante o tempo de guerra, beirava a traição. Como editora do *New India*, ela criticava o domínio britânico e, em 1916, fundou a Liga pelo Governo Autônomo, que organizou manifestações, protestos e greves. Com uma guerra em andamento, os britânicos não queriam correr riscos e, em 1917, Annie recebeu ordens para deixar a Índia. Ela se recusou e foi presa. No jardim do posto de polícia onde foi mantida, hasteou uma bandeira vermelha e verde, as cores da Índia. Houve protestos gigantescos e apelos pela sua libertação. Gandhi, que tinha deixado a África do Sul e retornado à Índia, estava entre os muitos que escreveram cartas ao governo exigindo sua liberdade. Ao contrário da polícia em Trafalgar Square no Domingo Sangrento, o Raj tinha cometido o erro de proporcionar aos descontentes com o governo britânico uma vigorosa razão de reagrupamento. Forçados a recuar, os britânicos concordaram em fazer concessões e anunciaram que uma Índia independente era seu objetivo final. Quatro meses após sua detenção, Annie foi solta. Foi um acontecimento nacional e toda a Índia comemorou. Logo depois ela se tornou presidente do Congresso Nacional. Numa carreira repleta de realizações e controvérsia, isso foi uma honra muito especial. O domínio britânico finalmente chegou ao fim em 1947.

---

* Traduzido por Francisco Valdomiro Lorenz e publicado pela Editora Pensamento, São Paulo, 1976.

COMEÇOS E FINS

Durante o resto da vida, Annie fez campanha pela independência indiana, mostrando sua solidariedade ao usar o traje indiano. Mas com o advento do mestre do mundo sob a forma de Krishnamurti, sua política adquiriu maior alcance, uma história que contei em outro lugar.[25] Outros também perceberam que as coisas tinham mudado. Em face da Guerra Mundial, a independência indiana era apenas um dentre muitos desafios com que se defrontava uma civilização ocidental que parecia próxima do suicídio. Na Rússia, rival da Grã-Bretanha no Grande Jogo, a expectativa de algum acontecimento milenarista vinha fermentando há algum tempo e o niilismo, anarquia e ansiedade existencial que davam forma aos romances de Dostoievski se misturavam ao interesse febril pelo ocultismo que assolava Moscou e São Petersburgo. Como na França um século atrás, isso contribuía para o clima revolucionário, unindo a inquietação social e política à antecipação de um apocalipse espiritual.

Em 1900, o filósofo e visionário russo Vladimir Soloviev escreveu uma obra estranha: *Guerra, Progresso e o Fim da História*, que incluía um conto chamado "O Anticristo". As visões proféticas de Soloviev eram compartilhadas pelos membros da *intelligentsia* russa conhecidos como "buscadores de Deus". Entre eles havia gente como a poetisa Zinaida Hippius e o marido, o romancista e historiador do ocultismo Dimitri Merzhkovky, que combinava especulações sobre os mistérios do sexo e a vinda de um Deus-Homem com reflexões sobre a Atlântida. Essa atmosfera singularmente histérica foi talvez mais bem captada pelo romancista simbolista Andrei Bely, teosofista e seguidor entusiasta de Rudolf Steiner. Em *Petersburgo*, Bely retrata a tentativa feita por um jovem radical de assassinar o pai, um senador condenado à morte pelo tribunal revolucionário. Bely combina pronunciamentos de Steiner sobre o destino da alma eslava, que deveria cumprir uma função de equilíbrio entre Oriente e Ocidente, com sua própria paranoia sobre o "perigo mongol", significando a invasão da Rússia por "hordas asiáticas", uma inversão do sonho do príncipe Ukhtomsky de uma Ásia russa. O resultado é a evocação alucinatória de uma sociedade em colapso.

Bely acreditava que "desde 1900 uma enorme mudança teve lugar no mundo e os crepúsculos mudaram desde esse ano".[26] Ele não foi o único que viu alguma grande alteração no horizonte russo. O filósofo marxista, existencialista e cristão ortodoxo Nicolai Berdyaev também a sentiu. Em *The Russian Idea*, livro escrito no exílio durante os dias sombrios da Segunda Guerra Mundial, Berdyaev comenta que "a Rússia sempre foi cheia de seitas místicas e proféticas, e entre elas sempre houve uma sede pela transfiguração da vida".[27] Ele apresenta a questão: "O que pensava o Criador com relação à Rússia?"[28] Berdyaev foi profundamente influenciado pelo pensamento de Jacob Boehme e descreveu sua própria visão do futuro no livro *The New Middle Ages*. Aqui se clamava por um retorno ao tipo de sociedade estável, espiritualmente orientada que Berdyaev e outros acreditavam ter existido antes do surgimento do período moderno. Profundamente comprometido com a causa da liberdade humana – este é, de fato, o tema central de sua obra e a razão pela qual foi deportado da Rússia Soviética em 1922 –, Berdyaev percebeu os problemas causados pelo novo mundo da sociedade de massas e igualitarismo forçado. Como outros, ele acreditava que tinha se criado um tipo de queda livre espiritual, um vácuo existencial e sentia que poderia ser encontrado um corretivo num certo retorno à tradição.

Berdyaev não estava só. Numa das curiosas ironias da história, no início do novo século, com a chegada triunfante dos tempos modernos, uma das mais influentes correntes de pensamento era a chamada por um retorno ao passado.

8

Reis do Mundo nas Montanhas da Verdade

Enquanto Annie Besant trabalhava para libertar a Índia do domínio britânico, outros teosofistas assumiam a causa da reforma de modos ainda mais radicais. Um membro da Sociedade Teosófica que questionou o papel de Besant como herdeira de Madame Blavatsky foi a americana Katherine Tingley, que sucedeu a William Quan Judge como chefe da seção americana. Como Besant, mas sem sua precoce notoriedade, antes de descobrir a teosofia Tingley se lançara numa série de atividades filantrópicas. Ela já tinha feito trabalho voluntário em prisões e hospitais ao descobrir o espiritualismo, mas foi enquanto alimentava trabalhadores em greve numa cozinha improvisada em Manhattan que conheceu Judge. Ele a apresentou à teosofia e ela foi convertida de imediato. Como Besant, Tingley sempre se sentira destinada a alguma grande obra e agora o atormentado Judge parecia entregar-lhe essa obra, se não numa bandeja, certamente numa panela de sopa.

Judge tinha suas próprias reservas sobre o que estava acontecendo na Índia e cortou as relações com Adyar em 1895, levando com ele vários milhares de teosofistas. Morreu no ano seguinte e o controle da Sociedade Americana coube a Katherine. Nem todos ficaram contentes com isso. Para acalmar os temores e, mais provavelmente, para garantir sua posição, ela afirmou que havia se comunicado com o espírito de Judge e que ele apelava para que seus seguidores a aceitassem como nova líder. Katherine fez também uma peregrinação à Índia para fazer conversões e ter seu próprio encontro com um dos Mestres Ocultos ou Mahatmas. Como era de esperar, Koot Hoomi concordou com o etéreo Judge e declarou que Tingley era a nova líder da teosofia no Novo Mundo.

Tingley e Besant nutriram uma rivalidade durante uma década, mostrando que, mesmo na comunidade esotérica, o rancor e a trivialidade frequentemente triunfam sobre o bom-senso. A Irmandade Universal e Sociedade Teosófica de Tingley (como ela rebatizou sua nova versão da teosofia) atraía muito menos buscadores na Índia que as palestras de Annie Besant nos Estados Unidos. Mas embora ambas as mulheres combinassem a crença na teosofia com um compromisso com a reforma social, a abordagem de Tingley parecia baseada num tema rosa-cruz mais radical. Antes que alterar as instituições existentes, o objetivo de Tingley era criar uma sociedade alternativa.

Tais ideias não eram novas. Mais ou menos na época em que se dava a invasão do "povo espiritual" em meados do século XIX, gente como Robert Owen – que se tornou espiritualista – já estava envolvida na criação de sociedades alternativas na Inglaterra. Embora não estabelecendo uma sociedade alternativa, o experimento de Henry David Thoreau no Lago Walden defendia os benefícios de desligar-se da ordem dominante, um aceno à crença de Rousseau de que a própria civilização era a fonte dos problemas que tinha. Em Putney, Vermont, o malogrado sacerdote John Humphrey Noyes pregava a doutrina do "perfeccionismo". Depois de uma conversão à sua doutrina, Noyes sustentava, a pessoa ficava livre do pecado e não estava mais sujeita à moralidade convencional, outra visão sobre "pecar no sagrado". Como acontecia com os morávios, o sexo desempenhava um papel importante na congregação de Noyes e, como socialista, ele equiparava a monogamia à propriedade privada e defendia um sistema de casamentos ampliados e compartilhados. Em essência, cada mulher era a esposa de cada homem em sua congregação e vice-versa. Essa doutrina, juntamente com a crença de Noyes de que a Segunda Vinda já tivera lugar logo após a morte de Cristo, levou ao atrito entre a comunidade de Noyes e os demais residentes de Putney, e Noyes transferiu sua congregação para Oneida, no estado de Nova York, de onde sua sociedade alternativa tirou o nome. As crenças conjugais anticonvencionais de Noyes geraram o tipo de protestos que Victoria Woodhull teve de enfrentar, mas a vida sexual de seus seguidores era estritamente supervisionada. Só certos casais tinham permissão de ter filhos e, desde uma tenra idade, a prole recebia os cuidados de uma creche comunitária. Na verdade, a Comunidade Oneida praticava uma forma de eugenia.

A MÃE PÚRPURA

A "cidade branca" de Tingley, localizada perto de San Diego, no sul da Califórnia, na magnífica paisagem de Point Loma, com vista para o Oceano Pacífico, devia ser um centro para um novo pacto espiritual e social. Tingley tinha formação em teatro – ela e Annie Besant compartilhavam um amor pelo ritual, pelo cerimonioso – e na sua cidade a Mãe Púrpura, como ela foi chamada, deu livre vazão a seu sentido de drama. Expressando a crença na unidade das religiões, Katherine ergueu teatros gregos, portões egípcios, domos muçulmanos e templos hindus com o mesmo desprezo por gosto ou continuidade que, ironicamente, ficaria associado à arquitetura do sul da Califórnia. O teatro e as artes eram supremos aqui. O objetivo de Tingley era criar uma espécie de Bayreuth teosófico, tendo como modelo o centro estético de Richard Wagner, lugar de montagens monumentais de suas óperas.

Tingley também se concentrava na educação, como faziam outros teosofistas. C. W. Leadbeater, que se tornou tenente de Besant e que foi o primeiro missionário cristão no Ceilão a se converter ao budismo, estava muito interessado em educação de crianças e, como Besant, concordava que o sexo devia ser parte disso. O zelo de Leadbeater trouxe alguns problemas quando ele foi acusado de corromper adolescentes teosofistas instruindo-os sobre a masturbação, um tipo de abordagem prática da causa de controle da natalidade de Besant. Suspeito de algo mais que intenções progressistas, foi forçado a abandonar temporariamente a sociedade. Rudolf Steiner, que abandonou a teosofia por causa de Krishnamurti (e que tinha pouca utilidade para Leadbeater), é mais conhecido hoje pelas Escolas Waldorf, uma manifestação menos questionável de pedagogia emergindo do esoterismo. As escolas de Tingley foram durante algum tempo bem-sucedidas, ainda que organizadas sob princípios autoritários. As crianças, que eram obrigadas a comer e estudar em silêncio, viviam isoladas dos pais, sob a supervisão pessoal de Tingley e, como no Hindu College, de Besant, o currículo incluía os cursos habituais e instrução teosófica. Tingley logo abriu escolas em Cuba – onde havia prestado ajuda humanitária após a Guerra Hispano-Americana de 1898 – e também fundou abrigos para crianças pobres.

Point Loma também incluía jardins, pomares e laboratórios agrícolas – presságios da fazenda "biodinâmica" que se originou de palestras mais tardias de Steiner sobre agricultura. A personalidade autoritária de Tingley, no entanto, acabou levando ao fracasso da comunidade. Os planos grandiosos da Mãe Púrpura superaram sua capacidade de financiá-los, enquanto ela gastava os recursos cada vez menores em feriados, que via como retiros espirituais, ou em pródigos rituais e cerimônias. Como aconteceu com outras comunidades alternativas, os habitantes locais começaram a se ressentir da influência que Tingley exercia em suas vidas. Não muito tempo depois da morte de Tingley, essa particular sociedade alternativa entrou em colapso.

MONTANHAS DA VERDADE

Teosofistas de outras partes do mundo também pensavam em criar suas próprias comunidades e compartilhavam, em sua maioria, uma completa rejeição da sociedade dominante, coisa que se tornou, desde então, a marca registrada da contracultura. Isso alcançou sua mais generalizada popularidade nos anos 1960 e 1970, mas a ideia de uma sociedade alternativa não começou aí. Podemos fazer remontar certa noção de sociedades alternativas ao experimento rosa-cruz, mas a ideia de uma contracultura, como a conhecemos, emergiu nas últimas décadas do século XIX. Foi algo mais do que a "boemia" de artistas e poetas que associamos a Paris e a *La Bohème*. Em vez de a pessoa viver de modo não convencional, mas ainda dentro da sociedade, as sociedades alternativas eram exatamente isso – alternativas.

Um experimento desse tipo foi realizado em Ascona, na Suíça, nas costas do belo Lago Maggiore. Hoje uma estação de veraneio muito bem cotada, Ascona tem, ironicamente, uma história de radicalismo. Em 1873, um de seus residentes era o anarquista russo Mikhail Bakunin. No fim da década de 1880, Alfredo Pioda, membro do Parlamento suíço e teosofista dedicado, planejou um "mosteiro teosófico" em Ascona, que chamou de "Fraternitas". Foi construído em Monescia, uma colina com vista para o lago. Os colaboradores de Pioda foram a condessa Constance Wachtmeister, uma amiga de Madame Blavatsky, e o ocultista Franz Hartmann, cujo "magnetismo", Blavatsky um dia comentou, "era chocante". Também no grupo estava o romancista, psiquiatra e espiritualista holandês Frederik Willem van Eeden, um investigador pioneiro dos sonhos que, em 1913, cunhou o termo "sonho lúcido". Embora Ascona "estivesse sempre cheia de gente experimentando de tudo, de leitura das palmas das mãos e de folhas de chá a feitiços, sessões espíritas e mesas ouija", a Fraternitas de Pioda não durou.[1] Alguns anos mais tarde, porém, a colina que ele escolheu para construí-la transformou-se no local de uma experiência notável em termos de vida alternativa.

Bem antes da "geração paz e amor", anarquistas, vegetarianos, cultores da natureza, partidários do amor livre, teosofistas, psicanalistas, artistas, poetas, ocultistas e filósofos que rejeitavam uma sociedade dominante cada vez mais materialista foram atraídos para a bela e curiosamente espiritualizada atmosfera da Monescia de Pioda. Dois dos primeiros pioneiros chegaram em 1900, uma professora de piano montenegrina chamada Ida Hoffman e Henri Oedenkoven, filho de um rico industrial belga. Eles rebatizaram a colina de Monte Verità, a "Montanha da Verdade", e a partir de um modesto começo como "colônia vegetariana cooperativa" fizeram germinar uma impressionante experiência com ecos na Nova Era. O lugar atraiu uma fornada de notáveis do mundo esotérico e cultural. O romancista Hermann Hesse, a dançarina Isadora Duncan, o coreógrafo Rudolf von Laban, o psicanalista de tendência anarquista Otto Gross, o filósofo Ludwig Klages, o ocultista Theodor Reuss, o cientista espiritual Rudolf Steiner e o anarquista Erich Mühsam (mais tarde assassinado pelos nazistas) foram alguns do que chegaram para participar no que foi chamado de "nova vida". Essa experiência inicial terminou em 1920, quando Oedenkoven e Hoffman mudaram-se para a América do Sul, mas nos anos 1930 o lugar se tornou famoso mais uma vez, quando a *socialite* polonesa Olga Fröbe-Kapteyn abriu nas proximidades sua Casa Gabriella. Lá convidou C. G. Jung para presidir as anuais Conferências Eranos, que foram realizadas durante décadas. Com o correr dos anos, pessoas como o historiador da religião Mircea Eliade, o estudioso da cabala Gershom Scholem, o estudioso dos mitos Joseph Campbell, o filósofo Jean Gebser, o esotérico Henry Corbin e outros se encontraram numa atmosfera de reflexão esotérica e beleza natural. Fröbe-Kapteyn tinha originalmente feito planos para que o auditório que havia construído fosse usado pela teosofista Alice Bailey mas, por alguma razão, Bailey o recusou, sugerindo secretamente que a área estava associada a magia negra e bruxaria.

Uma das personalidades mais radicais associadas ao Monte Verità era Gustav Gräser, conhecido simplesmente como "Gusto". Poeta e pintor determinado a se livrar dos grilhões da civilização, vivia como um *Naturmensch*, um "homem natural", fazendo suas próprias roupas e colhendo comida das árvores ou mendigando por ela. Durante algum tempo morou numa caverna com a esposa e vários filhos. Chegou a fazer sua própria mobília com ramos e galhos de árvores. Numa viagem ao Monte Verità para se curar dos nervos, Hermann Hesse ficou tão impressionado com Gusto que se submeteu ao seu sistema, que significava expor o corpo nu aos elementos. Hesse escreveu mais tarde que fora queimado pelo sol, encharcado pela chuva e tivera a pele rasgada por espinhos ao atravessar os bosques. Menos benéficas, talvez, foram as ideias e a carreira do psicanalista radical Otto Gross, outro habitante de Monte Verità, que combinava psicologia freudiana e individualismo nietzschiano com amor livre e uma infeliz dependência da morfina. Gross, considerado na época o mais brilhante discípulo de Freud, levou uma vida anárquica, teve filhos ilegítimos e expressou o desprezo pelas convenções burguesas recusando-se a tomar banho, tática adotada por muitos hippies dos anos 60, que teriam se sentido realmente em casa na Montanha da Verdade.

Consciência cósmica

O sistema primitivo de Gusto compartilhava uma ideia expressa por seu contemporâneo Edward Carpenter no livro *Civilization: Its Cause and Cure*, que defendia o tipo de retirada da sociedade que, na década de 1960, seria menos elegantemente chamada de "cair fora". O livro de Carpenter transmitia uma rejeição do mundo moderno que, à medida que o novo século avançasse, estaria associada a formas de ocultismos tanto progressistas quanto reacionárias e alcançaria talvez sua maior intensidade nos anos que se seguiram à Primeira Guerra Mundial. Pouco lido hoje, mas extremamente influente em sua época, Carpenter é um bom exemplo da estranha mistura de ideias progressistas, visão evolucionária, doutrina mística e estilo de vida radical que caracterizaram o movimento Nova Era original do *fin de siècle*. Combinando ideias sobre consciência mais elevada com uma variedade de opiniões reformistas, Carpenter é apresentado em *Cosmic Consciousness*, de Richard M. Bucke, um livro que antigamente era amplamente lido, como um exemplo da nova forma de consciência que muitos pensavam estar emergindo no Ocidente no século XX. Nos anos 60, Bucke encontraria um novo círculo de leitores quando o guru do LSD, Timothy Leary, o incluiu em seu cânon de clássicos psicodélicos.

O próprio Bucke imaginava um novo século radicalmente socialista baseado no triunfo da tecnologia – "O futuro imediato de nossa raça", ele escreve, "é indescritivelmente promissor"[2], destacando o longo poema walt-whitmanesco de Carpenter, *Toward Democracy* [*Rumo à Democracia*], como uma obra em que "fala o Senso Cósmico". Contudo, embora adotando ideias socialistas e celebrando a democracia cósmica, Bucke também podia encarar o ariano como um inequívoco "tipo superior" e fazer observações questionáveis sobre "raças atrasadas". Em *From Adam's Peak to Elephanta*, um relato de suas viagens na Índia, Carpenter fala de experimentar a "consciência sem pensamento" e suas ideias mais tarde influenciariam a exploração, por P. D. Ouspensky, de estados mais elevados de consciência em sua obra inicial *Tertium Organum*. Antes de ser mandado para o exílio em Constantinopla e em seguida em Londres após a Revolução Bolchevique, Ouspensky traduziu livros de Carpenter e foi, para os leitores russos, a principal fonte de novas ideias emergindo da Inglaterra.

Juntamente com suas críticas ao materialismo ocidental e investigações da "consciência cósmica", Carpenter, um homossexual, foi defensor do que se conheceria hoje como "direitos dos gays"; o termo que usava era "amor homogênico". Expoente da "cura natural", seguia uma escassa dieta vegetariana (assim como Victoria Woodhull). Como a espiritualista e mística cristã Anna Kingsford, Carpenter era também contrário à vivissecção e partidário da Reforma da Vestimenta. Como Besant, Kingsford, que foi eleita presidente da loja de Londres da Sociedade Teosófica em 1883, tinha um histórico anterior de militância pelos direitos de propriedade das mulheres, uma questão importante para Besant. Uma das razões do fracasso do casamento de Besant foi que, como mulher casada, não tinha direitos à renda que recebia de seus escritos; ia tudo para o marido. A antipatia de Kingsford pela vivissecção era tão grande que ela afirmava ter matado inúmeros vivisseccionistas apenas pelo poder da mente.[3] Como conciliava as crenças cristãs com sua mortífera defesa do que hoje chamaríamos de "direito dos animais" não está claro. Uma causa menos fatal era a Reforma da Vestimenta, um movimento para libertar homens e mulheres da sobrecarga dos trajes vitorianos, a que Carpenter fez uma duradoura contribuição ajudando a popularizar as sandálias.

SUPER-HOMENS

A Reforma da Vestimenta foi uma causa também abraçada pelo amigo de Carpenter, o teatrólogo e "devoto da Força Vital" Bernard Shaw, que, como já mencionei, assim como Besant, era fabiano; fotos daquela época mostram Shaw usando sua famosa jaqueta de caçador. Shaw era também vegetariano, feminista, defensor da reforma ortográfica e, embora não tivesse interesse no oculto, sua crença na "evolução criativa" comporta comparação com algumas opiniões teosóficas. Ao contrário do modo como os estritamente darwinistas veem a evolução, a de Shaw não é mecânica, mas impelida pelo impulso da vida a compreender e transcender a si mesma. Outro a emergir do rebanho fabiano e a combinar visões socialistas radicais com opiniões teosóficas foi A. R. Orage, o brilhante editor de *The New Age*, mais conhecido hoje como um dos mais inteligentes discípulos de G. I. Gurdjieff.[4] Seguindo Carpenter e Bucke, e antecipando P. D. Ouspensky, que logo seria seu mestre esotérico, Orage proferiu em 1907 uma série de palestras para a sucursal de Manchester e Leeds da Sociedade Teosófica sobre o tópico: "Consciência: Animal, Ser Humano e Super-Homem". Anos mais tarde, Orage publicaria uma série de cartas que Ouspensky escreveu como refugiado do bolchevismo, descrevendo os horrores da Revolução.

Em outro exemplo de ecletismo Nova Era *fin de siècle*, Orage combinou socialismo fabiano, individualismo nietzscheano, evolucionismo bergsoniano e teosofia com seu próprio talento retórico e domínio da literatura mundial. Orage sustentou que, assim como a autoconsciência humana é uma espécie de duplicação de uma consciência simples de animal, que carece de um "eu" – uma duplicação que faz a consciência se tornar ciente não apenas do mundo exterior, mas também de *si mesma* –, a nova "superconsciência" que ele via emergindo no Ocidente era um tipo de duplicação de nossa autoconsciência. Um tipo de consciência *acima* da de nosso ego, que podia observar o ego com o mesmo distanciamento com que observamos o mundo e que, presumivelmente, os animais não possuem.[5]

Orage, a quem um dia Shaw se referiu como "facínora de ideias", encarnava o apetite do novo século pelo experimento, o risco e a aventura – o que Nietzsche chamava "viver perigosamente" – que caracterizavam o espírito progressista do tempo. Não foi por acaso que Orage tenha passado pelo socialismo, por Nietzsche e pela teosofia para encontrar finalmente um lar espiritual na "obra" de Gurdjieff e se tornar seu representante na América na década de 1920. Também não é surpreendente que, no início dos anos 30, após o rompimento com Gurdjieff e pouco antes de sua própria morte, Orage retornasse à ideia da reforma monetária, uma causa pela qual fizera campanha em seus dias de socialista.

O SUBTERRÂNEO OCULTO

Mas nem todos mostravam grande entusiasmo em criar super-homens. Ralph Shirley, editor do influente *Occult Review*, observava que um super-homem nietzscheano que não fosse espiritualmente avançado "não seria o tipo de pessoa com que alguém gostaria de se deparar sozinho numa noite escura" – o que, na melhor das hipóteses, mostrava o modo como Shirley compreendia mal a ideia de Nietzsche.[6] Não obstante, leitores de *A Raça Futura* de Bulwer-Lytton, menos envolvidos com a noção de uma sociedade de superdotados subterrâneos, recordariam que estes seres superiores encaravam a raça humana com a mesma fria indiferença com que encaramos o gado. Visto que Orage descreve a superconsciência como um avanço sobre a consciência comum, do mesmo modo como nossa consciência é um avanço com relação à dos animais, isso não é surpreendente. Mesmo Shaw, um defensor muito enfático de super-homens, reconhece o perigo. Em sua peça *Homem e Super-Homem*, Shaw incluiu uma advertência, ostensivamente expressa pelo Diabo (um adversário da super-humanidade), aconselhando-nos a "ter cuidado com a busca do super-humano: ela leva a um desprezo indiscriminado pelo humano". Longe de comemorar a descoberta desses super-homens, no fim de *A Raça Futura*, o herói da fábula evolucionária de Bulwer-Lytton adverte sobre o risco que ameaça a humanidade se, na época em que os Vril-Ya, como eles são chamados, deixarem seu reino subterrâneo, não formos fortes o bastante para repeli-los. Como os Vril-Ya são senhores de uma força mística conhecida como *vril*, que é uma combinação do magnetismo de Mesmer com a luz astral de Éliphas Lévi, nossas chances são duvidosas.

Como mostra Joscelyn Godwin em seu fascinante livro *Arktos: The Polar Myth in Science, Symbolism, and Nazi Survival*, a ideia de um mundo subterrâneo é mais comum do que podemos imaginar e pode inclusive se qualificar como um arquétipo junguiano. A ideia é talvez mais bem conhecida por intermédio do clássico de Júlio Verne *Viagem ao Centro da Terra*, que, em recentes leituras de Godwin e Richard Rudgely, é visto não apenas como uma fascinante história de aventuras, mas como uma fábula psicoespiritual e alquímica.[7] Talvez, contudo, o relato mais sensacional de um império subterrâneo tenha sido feito num livro que se propunha a ser não ficção, mas fato.

Em *Bestas, Homens e Deuses,* o viajante, escritor, cientista e possível espião polonês Ferdinand Ossendowski relata as aventuras que teve na Mongólia durante sua fuga da ruína da Guerra Civil Russa e da ascensão do regime bolchevique. Como acontece com muitas dessas aventuras ocultistas, não está claro até onde a história de Ossendowski é verdadeira. Na época de sua fuga, Ossendowski já tinha viajado por boa parte da Ásia; ele estava também profundamente interessado em espiritualismo e diz-se que conheceu Rasputin. Originalmente com simpatias esquerdistas (foi exilado da Rússia na virada do século devido a seu envolvimento num distúrbio estudantil anticzarista e, durante um breve período, foi "presidente de um governo rebelde do Extremo Oriente na Revolução de 1905"[8]), Ossendowski rejeitou posteriormente o comunismo e, na guerra civil, foi um russo branco antibolchevique. Anos mais tarde, durante a Segunda Guerra Mundial, trabalhou para o movimento clandestino polonês contra os nazistas.

O guia mongol de Ossendowski lhe falou sobre lendas de um reino subterrâneo, Agartha, governado por um misterioso "Rei do Mundo" que, "em seu palácio subterrâneo, reza e pesquisa o destino de todos os povos da Terra".[9] Esse "Mistério dos Mistérios" começa, afirma uma das lendas, 60 mil anos atrás, quando "um homem santo desapareceu sob o solo com toda uma tribo de gente e jamais voltou a aparecer na superfície da Terra".[10] Séculos atrás, uma tribo da Mongólia, tentando escapar de Gengis Khan, encontrou acidentalmente a entrada de Agartha e jamais se voltou a ouvir falar dela. Outros tiveram um destino semelhante. Contudo, embora as lendas locais projetem Agartha como local de perigo, um lama corrigiu esta impressão. Lamentando que, num mundo em constante mudança (preocupação crescente no século novo, moderno), a única coisa que permaneça estável seja o mal, o lama disse a Ossendowski que, em Agartha, "todas as pessoas estão protegidas contra o mal e não existem crimes dentro de suas fronteiras". "A ciência", ele continuou, "tem se desenvolvido calmamente por lá e nada está ameaçado de destruição."[11] Agartha, ele disse a Ossendowski, é um reino de milhões de pessoas, governado pelo Rei do Mundo, que "conhece todas as forças do mundo e lê todas as almas da humanidade e o grande livro de seus destinos". O reino "se estende de uma ponta à outra de todas as passagens subterrâneas do mundo inteiro", que também são habitadas. Inclui até mesmo os antigos povos das perdidas Atlântida e Lemúria. O Rei do Mundo também "governa 800 milhões de homens sobre a superfície da Terra, que cumprirão cada ordem sua".[12]

Ossendowski não rejeitou de imediato essas incríveis afirmações possivelmente porque, segundo se alega, já teria se deparado com um igualmente incrível governante da "vida real" que, embora não fosse o Rei do Mundo, foi por um breve período ditador da Mongólia. A jornada de Ossendowski foi retardada durante algum tempo por seu envolvimento com Roman Ungern von Sternberg, um russo-alemão do báltico, ex-general de divisão do Exército Branco, que tinha se colocado como chefe guerreiro independente e cujos ataques surpresa contra trens de suprimentos tanto vermelhos quanto brancos e crueldade extrema haviam lhe rendido a alcunha de Barão Sangrento. O comportamento excêntrico, extremo ascetismo e crença de que era uma reencarnação de Gengis Khan renderam-lhe o título adicional de Barão Maluco. Ungern von Sternberg é talvez um caso único de devoto fervoroso de um budismo cuja prática incluía atos de brutalidade e violência gratuita tanto para seus homens quanto para os mongóis nativos. Combinava isso com violento antissemitismo e ódio ao comunismo, um elo que apareceria com frequência à medida que o século avançasse. Ungern von Sternberg encarava os soviéticos como um "império do mal" e via a destruição deles como dever sagrado; como Hitler faria mais tarde, juntava a eles os judeus, como agentes de um materialismo ateu. O fato de ter servido anteriormente na Sibéria incutiu em Sternberg um fascínio pelas tribos nômades e, em 1917, no início da guerra civil, o Exército Branco mandou-o garantir a lealdade no Extremo Oriente russo. Ele acabou por repudiar tanto os bolcheviques quanto os brancos e, após um breve envolvimento com os japoneses, que estavam interessados em instalar um Estado fantoche na Mongólia tendo ele como agente, Sternberg deu início ao seu próprio Estado. Combatente feroz e brilhante, mesmo que insensato, Sternberg, como Joseph de Maistre, acreditava que a monarquia era a única forma viável de governo; durante algum tempo sonhou em restaurar a Dinastia Qing na China e unir o Extremo Oriente sob ela. Esses grandiosos objetivos seriam cumpridos por meio de uma "Ordem de Tropas Budistas", um exército sob seu comando que seguia os ensinamentos do budismo mongol e levava uma vida de pureza total.[13] Seus sonhos desmoronaram quando, após ter êxito na tomada de Ulan Bator (então Urga) e se proclamar ditador, foi finalmente derrotado e executado pelos soviéticos. Afirma-se que, antes de ser fuzilado, *mastigou* a medalha da Cruz de São Jorge que lhe fora dada por bravura, para que ela não caísse nas mãos dos comunistas. Não é de admirar que Ossendowski – tendo trabalhado brevemente para Ungern von Sternberg como conselheiro político e, talvez, agente de inteligência – pudesse ter uma mente aberta acerca do Rei do Mundo.

AGARTHA, SHAMBHALA E NICHOLAS ROERICH

Agartha, como Shambhala, é uma cidade subterrânea e, na literatura que se desenvolveu ao redor das duas, elas são frequentemente confundidas, com uma ou outra sendo vista como um centro de mal ou de bondade, uma cidade de luz ou de trevas.[14] Elas também desfrutaram de diferentes grafias. Agartha é também "Asgartha", pelo menos segundo o escritor francês Louis Jacolliot. Variações de Shambhala incluem "Schamballah", como aparece em *O Despertar dos Mágicos*, de Pauwels e Bergier; na versão deles, "Schamballah" é uma "cidade de violência e poder". Um relato um tanto diferente vem do Dalai-Lama; para ele Shambhala não é um lugar ("se você abre um mapa e procura Shambhala, ela não é encontrada"), mas uma condição, "uma terra pura que, exceto para aqueles cujo karma e mérito amadureceram, não pode ser imediatamente vista ou visitada".[15] Nem todos, porém, ficariam satisfeitos com uma interpretação puramente espiritual de Shambhala, muito menos o artista, explorador e teosofista russo Nicholas Roerich.

Roerich é mais conhecido por ter proporcionado a inspiração, o vestuário e a cenografia da moderna e revolucionária obra de Igor Stravinsky, *A Sagração da Primavera*, cuja turbulenta apresentação em Paris, em 1913, inaugurou a era do modernismo na música. Mas nos anos 20 e 30, Roerich era uma personalidade de fama mundial, mistura de místico e artista *globe-trotter*, que convivia com presidentes e lamas, e cuja busca por Shambhala encontrou expressão popular como a Xangri-lá de *Horizonte Perdido*, de James Hilton. A primeira paixão de Roerich foi a Rússia antiga, cujas sobrevivências do passado pré-cristão ele procurou no início de sua carreira. Mas logo Roerich experimentou o fascínio do Oriente. Uma pintura de Kanchenjunga, a sagrada montanha do Himalaia, na propriedade da família em Isvara, nos arredores de São Petersburgo, capturou a imaginação do jovem Roerich. Foi uma influência precoce, que levou à paixão de uma vida inteira pelos picos cobertos de neve.

A ideia de uma Ásia russa inspirou Roerich e ideias orientais logo dominaram sua mente. Ele foi um dos primeiros membros da Sociedade Teosófica e fez parte do comitê responsável pela construção do templo budista de Agwan Dordjieff em São Petersburgo. Foi de Dordjieff que Roerich pode ter ouvido pela primeira vez a lenda de Shambhala. O próprio Dordjieff tinha usado o mito em iniciativas para criar um estado pan-mongol sob proteção russa e, em anos posteriores, a ideia de um novo estado mongol também atrairia Roerich. A tradição dizia que Shambhala ficava "no norte", o que poderia significar na própria Rússia, uma noção que certamente teria ajudado no Grande Jogo. O príncipe Ukhtomsky chegara mesmo a escrever para Dordjieff, afirmando que os mongóis reconheciam o czar como um Buda encarnado.[16] Roerich rejeitou mais tarde a ideia de uma Shambhala "setentrional", dizendo que ela estava apenas no norte com relação à Índia. Contudo, vez por outra, uma Shambhala setentrional se ajustava a seus objetivos.

Roerich não morria de amores pelos bolcheviques ("Vulgaridade e fanatismo, traição e promiscuidade, a distorção das ideias sagradas da espécie humana: é isso que é o bolchevismo", escreveu em 1919) e a transferência de uma Rússia que desmoronava para um Ocidente convidativo foi ajudada por seu sucesso inicial e uma associação com o Ballet Russes de Serge Diaghilev, embora ele tenha sido obrigado a abandonar sua coleção de arte, confiscada pelos camaradas. Com a esposa, Helena, ela também mística e tradutora de *A Doutrina Secreta* para o russo, além dos filhos, George e Svetoslav (que seguiram importantes carreiras em etnografia e pintura), Roerich deixou a Rússia, primeiro para a Finlândia e depois para Londres. Finalmente eles chegaram a Nova York, onde Roerich foi um sucesso imediato, conseguindo uma grande exposição quase assim que desembarcou.

Roerich era perito em obter patrocinadores, uma habilidade que sem dúvida aprendeu de seu empresário, Diaghilev. Em 1923, seus patrocinadores, conquistados tanto pela sua arte quanto pela sua doutrina mística – que envolvia os mahatmas teosóficos, uma vindoura nova era anunciada pelo Buda Maitreya e a misteriosa Shambhala –, reuniram fundos suficientes para projetos monumentais. Estes incluíam um Instituto Superior de Artes Unidas, duas bibliotecas, uma editora Roerich, um museu e o Corona Mundi, um centro de exposições. Todos deveriam ser alojados num arranha-céu de Manhattan, um prédio incomum voltado para obras esotéricas. Roerich acrescentou à sua mensagem uma campanha pela paz mundial e pela fraternidade universal, referindo-se criticamente, como Madame Blavatsky, às potências coloniais, especialmente à Grã-Bretanha.

Outro projeto que os patrocinadores americanos de Roerich financiaram naquele ano foi uma expedição monumental à Índia e ao Himalaia. Aparentemente destinada a fornecer inspiração para suas pinturas (que os patrocinadores receberiam em troca do financiamento da viagem) e para permitir que o filho George coletasse material etnográfico, o verdadeiro objetivo da aventura era localizar Shambhala. Ou, se não a encontrasse, criá-la. Como Agwan Dordjieff e Ungern von Sternberg, Roerich tinha visões de uma nação budista moderna, formada de partes do Tibete, Mongólia, China e Rússia, a ser governada pelo Panchen Lama, o líder espiritual do Tibete, que fora obrigado a fugir do país em 1923 devido a desacordos com o então Dalai-Lama, líder secular do país. Segundo alguns relatos, essa expulsão fora profetizada, assim como o retorno do Panchen, que sinalizaria o início de uma nova era. Liderando um exército invencível, o misterioso Rigden-Jyepo, "Senhor da Nova Era de Shambhala" e "Governante do Mundo", apareceria então, dando fim à Kali-Yuga ou atual era das trevas. Roerich indubitavelmente via a si próprio como um elemento-chave nesses desdobramentos.

Em *The Heart of Asia*, Roerich fala de uma estranha pedra que teria alcançado a Terra vindo de uma estrela distante, possivelmente Sírius, parte da qual está localizada em Shambhala, enquanto outra parte circula "por toda a Terra, conservando seu elo magnético com a pedra principal". Um dos objetivos do projeto Shambhala pode ter sido devolver um fragmento da pedra, que presumimos ter estado em posse de Roerich, à sua fonte. Helena Roerich sugeriu que a "pedra chintamani", como era chamada, foi enviada para a Europa para ajudar a constituir a Liga das Nações. Muitas telas de Roerich sobre o tema chintamani sugerem que ele o ocupou profundamente e sua campanha posterior pela paz do mundo pode ter estado relacionada com isso.[17]

O SEGREDO DE SHAMBHALA

A essa altura, os britânicos tinham iniciado uma nova fase do Grande Jogo, desta vez com os soviéticos, que estavam procurando aproximação com Lhasa. Enquanto estava em Londres, Roerich escrevera artigos apoiando os "russos brancos"; não obstante, os britânicos, como no caso de HPB e Gurdjieff, não estavam certos de suas simpatias. Roerich era considerado cidadão russo, mas sua expedição hasteara uma bandeira americana ao lado de uma *thangka** tibetana. A própria expedição, pelo menos segundo Helena Roerich, estava sob a liderança do Mestre Morya, um dos Mahatmas de HPB, e o próprio Roerich acreditava que era sua missão alcançar "o coração da Ásia", um centro tanto espiritual quanto geográfico. Se os britânicos sabiam que o segredo de Shambhala envolvia uma "força" não reconhecida que, sob muitos aspectos, parece uma combinação do *vril* de Bulwer-Lytton e da então ainda desconhecida energia atômica, suas suspeitas teriam sido justificadas. Roerich falava de uma espécie de "fogo cósmico" emergindo de Shambhala, cujo símbolo era a antiga suástica (popularizada pela teosofia, mas já apropriada pelos suprematistas arianos), um fogo que criaria "novas condições de vida". "São numerosas as novas e esplêndidas forças e realizações que estão sendo preparadas lá para a humanidade",[18] sustentava Roerich acerca de Shambhala, ao que parece predizendo a futura era nuclear e compartilhando com R. M. Bucke a visão de um futuro tecnologicamente avançado. Apesar de todo o seu amor pelo primitivo, Roerich não era ludita** e ficava satisfeito quando, ao observar fotos de Nova York, seus amigos mongóis viam a cidade como uma "Terra Prometida" e "a realização de Shambhala" – talvez a reação de Roerich não fosse surpreen-

---

*Pintura típica do Tibete. (N. do T.)

** Adversário da industrialização ou de novas tecnologias. Os luditas apoiavam os operários ingleses que, no século XIX, quebravam as máquinas, tentando com isso evitar o desemprego. (N. do T.)

dente para alguém que tinha seu próprio arranha-céu.[19] Evidentemente os mongóis não achavam difícil localizar a cidade secreta num lugar real, mas Roerich, que já realizara uma expedição à "miraculosa América", pode ter corrigido o erro deles.

As preocupações britânicas sobre a possível repatriação russa de Roerich eram, em todo caso, compreensíveis. A atitude de Roerich para com os comunistas tinha de ficar mais branda, visto que ele esperava retornar à terra natal para recuperar sua coleção de arte e arqueologia. Com o filho George, ele havia organizado a Pan Cosmos Corporation, uma firma de importação-exportação que negociava com os novos governantes da Rússia. Um dos diretores da companhia era Vladimir Shibaev, um letão que Roerich havia auxiliado em Londres. Segundo alguns relatos, Shibaev, que se tornou secretário de Roerich, pode ter sido um agente soviético.[20]

PARA A RÚSSIA COM AMOR

Uma razão mais substancial para a suspeita britânica e também americana foi uma visita que Roerich fez de surpresa a Moscou. Após suportar uma demora de quatro meses em Khotan, China, onde alegava ter cidadania americana e era suspeito de espionar para os militares, Roerich se dirigiu para Urumchi, capital da província de Sinkiang. De lá se esperava que rumasse para Pequim. Ele, ao contrário, guinou para oeste, rumo a Moscou. Em Urumchi, Roerich tinha informado ao cônsul soviético que materiais reunidos por ele em sua jornada seriam "de grande utilidade para a União Soviética". Ainda mais extraordinário para alguém que acreditava que os bolcheviques distorciam "as ideias sagradas da humanidade" foi Roerich dizer ao cônsul que tinha cartas dos mahatmas para Stálin e que a tarefa dos mahatmas – e portanto a de Roerich – era "unir o budismo com o comunismo e criar uma grande Federação Oriental". Recorrendo à sugestão de Dordjieff de que o espelho russo era Shambhala, Roerich mencionou a profecia de que o Tibete seria libertado de invasores estrangeiros (os britânicos) por protetores vindos do norte. A partir disso, o cônsul deduziu que a expedição de Roerich obedecia ao comando dos Mestres Secretos e que, depois de visitar a URSS, ele ia resgatar o Panchen Lama do exílio na Mongólia e depois libertar o Tibete dos britânicos.

Roerich deve ter sido persuasivo. Dois meses mais tarde chegou a Moscou, por cortesia da Estrada de Ferro Transiberiana, onde foi calorosamente recebido por um pequeno grupo de notáveis soviéticos, entre os quais Anatoly Lunacharsky, comissário da educação, seguidor fervoroso, pelo menos até a Revolução, de Madame Blavatsky. Lunacharsky recebeu uma pintura "maitreya"* retratando um Mahatma com a face de Lênin. O próprio Lênin, que morrera em 1924, recebeu um recipiente com o solo sagrado do Himalaia para ser lançado sobre seu túmulo. O grande povo soviético recebeu uma mensagem dos mestres himalaios. Mas embora Roerich ficasse satisfeito com a recepção que recebeu na Rússia, os russos foram ambíguos, não sabendo muito bem o que fazer com aquele meio budista, meio comunista que vivia na América e falava de uma cidade secreta, sagrada, e da vinda de uma nova era. Após um encontro com outros Mestres Ocultos – a polícia secreta soviética –, Lunacharsky aconselhou o colega teosofista a partir o mais depressa possível da URSS.

Embora os soviéticos mais tarde encarassem Roerich como um espião americano e os britânicos o considerassem agente russo, tirar o Panchen Lama da Mongólia e levá-lo para o Tibete era algo que praticamente todos os envolvidos no novo Grande Jogo queriam. Nenhum dos jogadores, porém, queria que os outros ficassem com o mérito da ação e os britânicos estavam particularmente preocupados com a possibilidade de Roerich ter como objetivo real usar o líder espiritual do Tibete como elemento catalisador de uma revolução respaldada pelos soviéticos. Relatos da descoberta de Roerich de que Cristo havia visitado a Índia levaram os britânicos a considerá-lo um excêntrico, mas sua crença numa nova Shambhala chefiada pelo Panchen Lama poderia ser utilizada pelos comunistas. O próprio Roerich não morria de amores pelo regime tibetano da época; o relato de sua jornada adverte sobre a decadência que imperava no Tibete e a necessidade de um expurgo, um retorno aos fundamentos budistas. Ao saber que Roerich estava se aproximando da fronteira tibetana, os britânicos aconselharam o Dalai-Lama, uma das *bêtes noires* de Roerich, a não permitir que ele chegasse a Lhasa. Ele nunca o fez. Partindo em outubro de 1927, a expedição foi mantida ao sul do Passo de Kamrong, num dos locais mais frios do planeta, esperando per-

---

* Isto é, uma pintura representando o Buda da nova era. (N. do T.)

missão para entrar no Tibete. Ela nunca veio. Os suprimentos minguaram e o grupo tinha apenas tendas de verão para se abrigar. As temperaturas mergulharam bem abaixo de zero e animais de carga morreram, assim como vários homens. Apelos por ajuda ficaram sem resposta. Finalmente, em março de 1928, a expedição teve permissão de prosseguir para Sikkim, onde foi escoltada até cruzar a fronteira e entrar na Índia. Shambhala teria de esperar.

HENRY WALLACE E O PLANO

O malogro de Roerich em encontrar Shambhala não o impediu de tentar de novo uma década mais tarde, desta vez sob os auspícios do governo dos Estados Unidos. Em 1934, Roerich partiu numa expedição à Mongólia ostensivamente para pesquisar capins resistentes à seca que ajudassem na Dust Bowl* dos Estados Unidos, a crise agrícola que se seguiu à Grande Depressão. Seu real objetivo, conhecido dos iniciados como "o Plano", era estabelecer uma sociedade alternativa no norte da Ásia, mais uma vez sob a liderança do Panchen Lama. Associado a Roerich nesta segunda expedição a Shambhala estava Henry Wallace, então secretário de agricultura nos Estados Unidos, mais tarde trigésimo terceiro vice-presidente e, em 1948, candidato sem êxito à presidência.

Wallace já fora amplamente instruído em muitas religiões e tradições espirituais quando conheceu Roerich; era maçom e ganharia a reputação de ser o único político de Washington "que tinha interesse pelo oculto e podia fazer um horóscopo".[21] Wallace se correspondera com AE, pseudônimo literário do poeta e místico irlandês George Russel, mas era também um importante produtor rural, e a empresa de produção de sementes fundada por ele, que oferecia milho mais resistente e de maior rendimento agrícola, o havia deixado rico. Quando Wallace conheceu Roerich em 1929, o místico já tinha se recuperado bastante de sua fracassada aventura tibetana. A construção de seu "Master Building" de 29 andares havia começado e, na cerimônia de inauguração do museu Roerich, ele fora homenageado pelo prefeito de Nova York e aplaudido por diplomatas estrangeiros. O presidente Herbert Hoover chegou a convidá-

---

* Literalmente, "tigela de poeira", fenômeno climático de tempestade de areia . (N. do T.)

lo para a Casa Branca. O ano de 1929 viu também o início do Pacto de Paz Roerich, um ambicioso tratado que se destinava a proteger tesouros artísticos e culturais dos estragos da guerra; o fato de Roerich ter perdido sua própria coleção, muito valiosa, pode lhe ter dado a ideia.[22] Apoiado por figuras como Albert Einstein, Bernard Shaw, H. G. Wells, Rabindranath Tagore e Eleanor Roosevelt, assim como por muitos teosofistas proeminentes, o Pacto levou à indicação de Roerich para o Prêmio Nobel da Paz, um dentre três nomes. Roerich havia criado um símbolo admirável para o Pacto, conhecido como Bandeira da Paz: três círculos vermelhos, significando religião, arte e ciência, cercados por outro disposto sobre um fundo branco. Roerich sustentava tê-la descoberto gravada em monumentos de pedra na Ásia e ela se tornou conhecida como uma espécie de Cruz Vermelha cultural.

Wallace ficou apaixonado com o Pacto de Roerich e, depois de um encontro com seu autor, deu início a uma longa correspondência com ele, algo que mais tarde teria razão para lamentar. Em 1933, após ser nomeado secretário da agricultura pelo presidente Franklin Delano Roosevelt – um posto que o pai também ocupara –, Wallace, que tinha simpatias comunistas e, como Roerich, conseguia combiná-las com sua espiritualidade, começou a fazer *lobby* para o endosso do Pacto pelos Estados Unidos. Ao assiná-lo em 1935, Roosevelt comentou: "Possui uma importância espiritual muito maior que o texto do instrumento em si". Roerich é também considerado responsável pela ideia de Wallace de pôr o anverso do Grande Selo, com o olho maçônico que tudo vê na pirâmide, atrás do dólar americano, uma alteração que também aconteceu em 1935. Wallace mostrou ao secretário do tesouro Henry M. Morgenthau que as palavras *Novus Ordo Seclorum*, encontradas sob a pirâmide, podiam ser lidas como "New Deal",* divisa do plano de recuperação de FDR. Só mais tarde Morgenthau chegou a perceber que a expressão tópica também se relacionava com a ideia mística de uma nova era.

A competência agrícola de Wallace e sua crença na missão de Roerich reuniram-se quando ele sugeriu a FDR que Roerich fosse mandado à Mongólia para coletar amostras de capim. A reputação de Roerich como possível agente soviético, sua condição ostensiva de Russo Branco e suas ideias místicas sobre uma nova era predispuseram compreensivel-

---

* Novo acordo, novo trato. (N. do T.)

mente colegas de Wallace contra a ideia, mas Wallace foi persuasivo e FDR concordou. Roerich, por essa época, tinha se estabelecido em caráter permanente na Índia, e o norte da Ásia, para onde estava se dirigindo, era um foco de interesses políticos ainda mais vivo que dez anos antes. A Manchúria, por onde precisava passar para atingir a Mongólia, estava ocupada pelos japoneses, que a administravam por meio de um governo títere. Os soviéticos já tinham agora abandonado a política de tolerância com relação aos budistas e estavam prendendo monges, deixando para os japoneses a coroa de defensores budistas. O próprio Panchen Lama visitou *Manchukuo* (a Manchúria ocupada pelos japoneses), o que deu origem a rumores de um próximo império manchukuo-mongol. Quando o décimo terceiro Dalai-Lama passou para o próximo bardo, em 1934, o que o Panchen Lama pretendia fazer tornou-se uma questão de importância cada vez maior.

O plano de Wallace foi um desastre desde o início. Para aplacar os críticos, ele enviou também dois botânicos do governo; compreensivelmente, a ideia que os botânicos tinham da expedição diferia da de Roerich e o grupo logo se dividiu em dois campos opostos. Roerich não ajudou a resolver o problema ao exigir armas de fogo e munição – dizendo que, na expedição anterior, seu grupo fora atacado. Que tenha reunido uma escolta pessoal de bielorrussos vestidos com trajes de cossacos também provocou queixas, assim como as observações politicamente incorretas que fez em palestras e em conversas com autoridades locais. Embora tenha de fato coletado algumas amostras de capim, Roerich parecia mais interessado em visitar mosteiros budistas, onde falava com os monges sobre Rigden-Jyepo e a próxima "Guerra de Shambhala". Defrontado com relatórios sobre as ações de Roerich, Wallace as negou e atribuiu as acusações à rivalidade política, assegurando a Roerich que ele tinha seu total apoio. Mas os botânicos não eram os únicos descontentes com Roerich. A imprensa controlada pelos japoneses e os canais oficiais expressaram a crença de que a expedição tinha algo mais que pesquisa agrícola em sua agenda.

Esse "algo mais" ganhou uma nitidez alarmante quando Roerich alcançou a Mongólia Interior. Uma expedição encabeçada por um bielorrusso místico, acompanhada por uma escolta bielorrussa armada, financiada e abastecida pelos americanos, foi suficiente para chamar a atenção dos soviéticos. Que o líder estivesse falando de um retorno do

Panchen Lama e da chegada da nova era de Shambhala sugeria que os Estados Unidos estavam respaldando o início de uma guerra santa contra o governo comunista. Relatórios chegaram a Washington e agora até mesmo Wallace ficou preocupado. Que "o Plano" envolvesse uma insurreição não lhe tinha ocorrido e, quando Louis Horch, um dos mais fortes patrocinadores de Roerich, que tinha recentemente aberto uma ação judicial contra ele para recuperar mais de 200.000 dólares em empréstimos, informou a Wallace que Roerich tinha garantido o apoio dos Estados Unidos a uma insurreição mongol, Wallace estremeceu. Ordenou imediatamente que Roerich se retirasse da área da Mongólia e se instalasse na província de Suiyan, onde sua busca de capim resistente à seca seria mais proveitosa. Ou Roerich nunca recebeu essa diretiva ou a ignorou, visto que Wallace foi logo informado pelo embaixador americano em Moscou que Roerich estava à solta na Mongólia, recrutando mongóis descontentes e antigos bielorrussos. Wallace passou de imediato um cabograma a Roerich comunicando que "o Plano" estava encerrado, a expedição terminada e ele proibido de fazer declarações públicas, quaisquer que fossem.

AS CARTAS DO GURU

Esse não foi o único contratempo que Roerich ia enfrentar. Louis Horch adquirira controle legal do arranha-céu e do museu de Roerich e, se não recuperou os empréstimos não pagos, tomou posse do que os imóveis continham. Também depôs contra Roerich numa ação que o IRS* movera contra o místico por evasão fiscal. O recurso de Roerich foi negado e a cobrança de 50 000 dólares mantida. Talvez algo mais que temas espirituais o tenham compelido a permanecer na Índia. O Master Building, hoje um condomínio residencial, ainda conserva as três esferas em sua pedra angular, símbolo do Pacto de Paz de Roerich. O Museu Roerich fica próximo, na esquina da 107th Street com Riverside Drive, e sem dúvida vale uma visita.

Também Henry Wallace teve de suportar mais que apenas constrangimentos em seguida ao colapso do "Plano". Quando concorreu a vi-

---

* Internal Revenue Service, isto é, a Receita Federal americana. (N. do T.)

ce-presidente na tentativa de FDR para um terceiro mandato, cópias de suas cartas a Roerich, nas quais discutia importantes assuntos políticos num código espiritual, chegaram às mãos dos republicanos. Que fossem iniciadas por "Caro Guru" não ajudava, nem a sugestão de que o companheiro de chapa de FDR buscava orientação política com um indivíduo que muitos consideravam charlatão. Era tarde demais para os democratas tirarem Wallace da chapa, mas foram salvos pela informação que tinham reunido sobre um caso de adultério que seu oponente, Wendell Willkie, tivera com uma destacada editora de Nova York. Nenhum dos partidos queria um certame de denúncias pessoais mutuamente destrutivas, por isso ambos mantiveram seus segredos guardados.

As "Cartas do Guru" tornaram a emergir em 1948, quando Wallace, talvez fortalecido pela predição de Roerich de que ele um dia teria o cargo, concorreu para presidente como candidato do Partido Progressista. Um jornalista se apoderou das cartas e divulgou-as. Embora Wallace agora se referisse a Roerich como um "ex-empregado descontente" e "sonegador de impostos" em vez de guru, a reputação de Wallace como místico e essas novas revelações fizeram minguar suas chances já pequenas. É possível, contudo, que se as "Cartas do Guru" não tivessem aparecido, Wallace pudesse obter mais votos, a maioria dos quais teriam certamente vindo de partidários do democrata Harry Truman, que concorria contra o republicano Thomas Dewey. Se assim fosse, a famosa manchete incorreta do *Chicago Tribune*, "Dewey bate Truman", poderia, afinal, ser correta.

SINARQUISTAS, UNI-VOS!

Se as tentativas de Roerich de resgatar Shambhala se depararam com o fracasso, outros se voltaram para outras cidades secretas em busca de inspiração. Em *Le Fils de Dieu* (O Filho de Deus), Louis Jacolliot descrevia "Asgartha" como uma "Cidade do Sol" pré-histórica (tons de Campanella) e morada do "Brahmatma", o principal sacerdote dos brâmanes e "manifestação visível de Deus sobre a Terra". Jacolliot ouviu a história de brâmanes indianos quando servia como juiz em Chandernagoré. Longe, contudo, de defender o tipo de teocracia evidenciado pelo mito, Jacolliot era um livre-pensador e defensor da liberdade social. Seu interesse pelo hinduísmo originava-se de um forte anticlericalismo e a história de "Asgartha" aparece numa trilogia de livros que ele escreveu, argumentando que o cristianismo é realmente uma forma degenerada de antigas religiões orientais, um tema que Madame Blavatsky também adotou.

Outro que contribuiu para o mito de Agartha foi o excêntrico ocultista francês do século XIX Saint-Yves d'Alveydre. Aos 35 anos, Saint-Yves, um servidor público, teve a sorte de se casar com uma rica divorciada polonesa, Marie-Victoire de Riznich, quinze anos mais velha, que possibilitou que ele se dedicasse a interesses político-ocultistas desembaraçados da necessidade de ganhar a vida. A devoção à esposa foi tão grande que, após sua morte em 1895, Saint-Yves transformou a casa que tinham em Versalhes num santuário, onde viveu recluso e adquiriu o hábito de se vestir de veludo roxo.[23] Todo dia punha o lugar da esposa na mesa e "conversava" com ela regularmente. Talvez isso não tenha sido tão difícil quanto parece, já que um dos modos pelos quais Saint-Yves conseguiu ficar a par dos segredos de Agartha – como ele a chamava, em mais uma nova ortografia – foi através da viagem astral.

Nascido em 1842, filho de um médico bretão, Joseph Alexandre Saint-Yves, católico devoto durante toda a vida, recebeu do papa o título de "marquês d'Alveydre" em 1880. Como Éliphas Lévi, que ele pode ter conhecido, Saint-Yves é outro ocultista francês que combinava suas ideias esotéricas com o dogma católico. Em 1864, deixou a Escola de Medicina Naval em Brest por problemas de saúde e mudou-se para a ilha de Jersey, no Canal da Mancha, onde viveu como professor de letras e ciências. Lá parece ter conhecido vários exilados políticos franceses, um dos quais pode ter sido o poeta e romancista Victor Hugo, que era também espírita, mesmerista e crítico do governo. Saint-Yves também descobriu o trabalho de Antoine Fabre d'Olivet, cujas especulações sobre civilizações pré-históricas influenciaram suas ideias políticas.

Em 1870, Saint-Yves retornou à França para servir no exército durante a Guerra Franco-Prussiana. Os contatos com radicais políticos não devem ter granjeado a simpatia de Saint-Yves por suas opiniões, visto que elas não o impediram de tomar parte na brutal repressão da Comuna de Paris que se seguiu à guerra e que tanto perturbou o atormentado Éliphas Lévi.

Mais ou menos nessa época, Saint-Yves desenvolveu uma ideia político-esotérica que influenciaria grandemente importantes figuras ocultistas do século vindouro. Voltaremos mais adiante a seu conceito de *sinarquia*; por ora quero assinalar que *sinarquia* é o extremo oposto de *anarquia*. Enquanto *anarquia* significa "não governo" ou "sem" governo, *sinarquia* significa governo "total" ou "integral", uma espécie de super-totalitarismo. Para Saint-Yves isso significava um governo baseado em princípios universais, onde todos têm seu devido lugar e propósito.

Depois de um século de revolução, não é de espantar que um sistema social baseado numa ordem forte parecesse atraente. A palavra *anarquia* foi cunhada em 1840 pelo socialista e maçom Pierre Joseph Proudhon, que foi também responsável pela sedutora mas estúpida equação "a propriedade é um roubo". Um dos seguidores de Proudhon era, como vimos, Mikhail Bakunin, um antigo residente de Ascona. Seguidores do próprio Bakunin foram responsáveis pelo assassinato, em 1881, do czar Alexandre II. Retornando ao palácio depois de uma inspeção das tropas, o czar foi morto pela segunda de duas poderosas explosões – fora o segundo atentado contra sua vida numa época de bombas lançadas com o objetivo de derrubar o *establishment* ("sistema") na Europa e nos Estados Unidos. Ironicamente, os anarquistas matavam devido a uma crença de que o homem é naturalmente bom, algo em que os asconianos mais brandos, que vieram depois de Bakunin, também acreditavam. Como Colin Wilson escreve, os anarquistas "estavam firmemente convencidos da generosidade básica da natureza humana, da capacidade do homem para viver em paz com seus pares num mundo ideal. Mas, enquanto isso, o poder estava nas mãos de reis e chefes de polícia".[24] Sem a menor dúvida, eles tinham de sair de cena e, para os anarquistas, quanto mais cedo melhor. "Mate a polícia, liquide os capitalistas e faça isso hoje à noite"[25] era um de seus mortíferos *slogans*. Não é de admirar que, num clima de incerteza e violência como esse, algum tipo de ordem universal parecesse atraente.

Agartha despertou a atenção de Saint-Yves quando seu professor particular de sânscrito, o misterioso Haji Sharif, acrescentou à sua assinatura na primeira lição a intrigante expressão: "Mestre Guru da Grande Escola Agarthiana". Como Fabre d'Olivet, Saint-Yves procurava o conhecimento universal por meio de um estudo de línguas antigas e, depois de conhecer Sharif, tornou-se seu aluno. Exatamente quem era Sharif não está claro, embora alguns relatos afirmem que deixou a Índia depois da Revolta dos Sipaios de 1857 e trabalhou como vendedor de pássaros em Le Havre. Sharif também se referia à "Terra Sagrada de Agarttha" –

mais uma grafia – e mencionava seu governante como "Mestre do Universo". Saint-Yves aprendeu que a "Grande Escola Agarthiana" preservava o idioma primordial do homem, *vattan*, e boa parte do ensinamento que Sharif lhe transmitiu dizia respeito a essa antiga língua.

Saint-Yves foi instruído sobre Agartha não só pelas lições, mas de meios mais diretos. Graças a alguma forma de viagem astral ou "sonho desperto", ele sustentava ter visitado a cidade secreta. Relata suas descobertas no livro *Mission de l'Inde* (A Missão da Índia), uma dentre uma série de "missões" hermético-políticas sobre as quais escreveu, autopublicando os livros entre 1882 e 1887. Contudo, tendo entregue suas visões agarthianas ao prelo, Saint-Yves quase imediatamente mudou de ideia. Quando o livro apareceu, recolheu todas as cópias e as destruiu. Só duas sobreviveram: uma Saint-Yves guardou para si próprio, outra foi secretamente salva pelo impressor. Foi essa cópia que levou à publicação póstuma do livro em 1910. Alguns sugeriram que uma irmandade oriental compelira Saint-Yves a recolher a obra sob ameaça de morte, pois ele estaria "vazando" segredos esotéricos para os quais o mundo ainda não estava preparado. O próprio Saint-Yves jamais explicou suas ações e só podemos especular por que ele quis eliminar seu relato do reino subterrâneo.

A Agartha de Saint-Yves é, assim como em outras versões, um vasto reino subterrâneo com milhões de habitantes governados pelo Brahmatma, que nesse caso é um etíope. Esse "soberano pontífice" é auxiliado pelo "Mahatma" e o "Mahanga", que fazem sua primeira aparição aqui. O Brahmatma levou seu povo para o subterrâneo em 3200 a.C., no início da Kali-Yuga. Como a perdida Atlântida, Agartha é uma sociedade extremamente avançada em termos tecnológicos. É governada pelo princípio da sinarquia, que foi o sistema de governo do mundo até um desastroso cisma, em 4000 a.C., desintegrar o que Saint-Yves chama de "Império Universal", um tema que adotou de Fabre d'Olivet. Antes então, a totalidade da Ásia, Europa e África compartilhavam um governo e religião comuns. Após o cisma o mundo desmoronou, como uma Torre de Babel política, numa pluralidade de governos. Alguns países, como Egito, Grécia e, não surpreendentemente, a França conservaram fragmentos dessa Idade do Ouro e mestres do mundo como Moisés, Jesus e o próprio Saint-Yves vêm periodicamente tentando pôr de novo o mundo sob governo sinárquico.

O Brahmatma manda seus agentes até o mundo da superfície para que voltem com relatos sobre os progressos (assim como os rosa-cruzes faziam em suas fábulas utópicas). Os últimos avanços científicos, bem como a sabedoria das diferentes eras, são preservados nas bibliotecas agarthianas, gravados em pedra em vattaniano, o idioma primordial do homem. Os iniciados agarthianos desfrutam de uma riqueza de conhecimento esotérico, incluindo a verdadeira relação entre o corpo e a alma e as formas de comunicação com os mortos – às quais podemos presumir que Saint-Yves recorria quando conversava com a esposa morta. Quando o mundo de cima aceitar o papel da sinarquia, Agartha se revelará e compartilhará sua sabedoria com o restante da humanidade. Saint-Yves estava tão ávido em promover esse desejável fim que escreveu cartas abertas ao papa, à rainha Vitória e ao czar Alexandre III, instando-os a ajudarem a reinstalar o governo sinárquico. Como os habitantes de Agartha são, sob todos os aspectos, superiores a nós e são guiados pelo infalível Soberano Pontífice, no que toca a Saint-Yves, quanto mais cedo aderirmos a esse projeto, melhor.

As semelhanças com *A Raça Futura* e sua civilização de superseres são evidentes, e Saint-Yves conhecia o filho de Bulwer-Lytton, o conde de Lytton, que chegara a ser vice-rei da Índia; o Lytton mais novo chegou inclusive a traduzir o *Poème de la Reine* (Poema da Rainha), de Saint-Yves, ofertando-o à rainha Vitória. Saint-Yves também teria tido conhecimento da obra de Jacolliot. A ideia de uma sociedade de Mestres Ocultos tem estado conosco desde os "superiores incógnitos" do barão Von Hund e, como vimos, mesmo os rosa-cruzes sugeriram que membros dessa augusta irmandade deixaram a Europa para fazer suas próprias jornadas ao Oriente. Como no caso de Madame Blavatsky, é tentador debitar as revelações de Saint-Yves a uma variação fascinante e talvez muito pessoal de temas correntes. (O próprio Ossendowski enfrentou acusações de plágio quando *Bestas, Homens e Deuses* foi publicado, pois seu relato de Agartha incluía suficientes ecos do trabalho de Saint-Yves para as denúncias serem encaradas com seriedade. Ossendowski, no entanto, negou-as enfaticamente e, de modo curioso, um de seus defensores foi René Guénon.) Contudo, como Joscelyn Godwin assinala em *Arktos*, Saint-Yves comunica suas visões "astrais" com tamanhos detalhes que parece que algo mais que um empréstimo literário está em ação aqui. Godwin aceita que Saint-Yves realmente tenha "visto" Agartha; ainda mais estranho, no entanto, é que, no relato de Saint-Yves, ele fala de si próprio como uma espécie de espião – e não um arauto "oficial" de uma nova era agarthiana, mas um defensor de seu governo sinárquico. Não obrigado a quaisquer juramentos de sigilo e chamando a si próprio de "iniciado espontâneo", Saint-Yves medita sobre o choque com que o Soberano Pontífice irá sem dúvida receber sua obra e sobre como, assim que se recupere da surpresa inicial, concordará que as revelações são oportunas e necessárias. Talvez. Contudo, o Brahmatma, captando mentalmente o conteúdo do livro, pode não ter ficado tão contente quanto o "espião" esperava e aconselhado Saint-Yves a recolhê-lo ou sofrer as consequências.

Jamais saberemos o que motivou a decisão de Saint-Yves, mas, como veremos, ele acreditava na sinarquia e trabalhava para promovê-la. A noção de um governo total, em oposição ao caos crescente dos tempos modernos, tornava-se cada vez mais atraente à medida que o novo século avançava. Embora a inspiração para isso possa, eventualmente, ter vindo de uma fonte superior, os resultados nem sempre foram desejáveis.

Reações

Saint-Yves d'Alveydre pode ter retirado seus escritos sobre Agartha da vista do público, mas o compromisso com a sinarquia continuou existindo, pelo menos durante algum tempo. Ele fez conferências frequentes sobre o tema como uma medida contra a anarquia, atraindo um grande público na França e Holanda. Formou um grupo de lobby, o Sindicato da Imprensa Profissional e Econômica, que fazia pressão sobre os ministros do governo, promovia a discussão de suas ideias e distribuía literatura sinárquica. Esse grupo, que incluía economistas e empresários, teve algum êxito e, segundo um relato, envolveu algumas figuras importantes da política francesa.[1] A promoção feita por Saint-Yves de seu ideal sinárquico foi convincente o bastante para ele ser armado Cavaleiro da Legião de Honra em 1893.[2] Mas a essa altura parece que já havia deixado de fazer campanha por uma sinarquia pan-europeia. Passou seus últimos anos em relativa reclusão, desenvolvendo um sistema esotérico igualmente obscuro que chamou de "arqueômetro", um "instrumento de medida universal" que, ele acreditava, "lançaria as bases para a grande renovação das artes e ciências", um projeto que fazia lembrar o messianismo do mentor de Éliphas Lévi, Hoene Wronski.

A QUESTÃO JUDAICA

O arqueômetro também reconstituiria, Saint-Yves acreditava, o antigo alfabeto vattan ou adâmico. Como Fabre d'Olivet, de cujos papéis a certa altura tomou posse, Saint-Yves acreditava que a chave para uma renova-

| 183 |

ção espiritual se encontrava na linguagem e ele falava de dois tipos de linguagem: uma da "cidade celeste ou da civilização"; a outra da barbárie "selvagem e anárquica".[3] Como muitos esotéricos da época, Saint-Yves via a linguagem "civilizada" enraizada em algum alfabeto ariano, num que era anterior ao sânscrito, e seus comentários sobre a raça ariana e sua implícita superioridade têm um tom desagradável. No livro *Mission des Juifs* [Missão dos Judeus], Saint-Yves isenta a raça judia de qualquer "mal provocado aos governos" e homenageia sua contribuição ao cristianismo, referindo-se a ela como "sal e fermento de Vida entre os povos cristãos".[4] Contudo, a ideia que Saint-Yves teve para explicar a "missão" judaica originou-se da genérica "questão judaica" que ocupou a Europa no fim do século XIX e início do XX. Em seus últimos anos, Saint-Yves chegou mesmo a afirmar que a cabala judaica tinha raízes arianas. "O alfabeto prototípico de toda a kaba-lim", ele escreveu, "pertence à raça ariana."[5] Esse suposto "alfabeto ariano" era "extremamente secreto", estava "extremamente escondido" e, embora ele não fosse antissemita, as tentativas de Saint-Yves para mostrar que um alfabeto ariano era a fonte da cabala correram paralelas às muitas afirmações então feitas de que Jesus não era judeu, mas ariano. Assim, o cristianismo e o esoterismo associado a ele podiam separar-se da raça não ariana. Embora também não haja sugestão de que Nicholas Roerich fosse antissemita, sua "descoberta" de que Jesus – que chamava de "Issa" – tinha vivido na Índia foi feita no contexto de uma história revisionista ocultista frequentemente alimentada por um grosseiro antissemitismo. É uma infeliz verdade que um forte antissemitismo se encontrava em boa parte do esoterismo francês, e não apenas francês.

Os comentários de Saint-Yves sobre alfabetos arianos podem nos parecer incômodos, mas sua crença na necessidade de uma sinarquia foi parcialmente inspirada por uma preocupação que parece surpreendentemente familiar. Em seu primeiro livro de importância, *Clefs de l'Orient* [Chaves do Oriente], no qual a ideia de sinarquia fez sua estreia, também Saint-Yves anuncia a necessidade de uma Europa unida, um objetivo que, em anos recentes, teve algum sucesso sob a forma da União Europeia. A necessidade de a Europa se unir num único Estado sinárquico, nos diz Saint-Yves, é inspirada pelo surgimento do islã como poder mundial, que ameaça um Ocidente fraco, fragmentado e materialista. Só um governo cristão forte, centralizado e renovado seria capaz de resistir à força que crescia nos países muçulmanos. Mais de um século atrás, Saint-Yves parece ter predito a própria situação que, certa ou erradamente, muitos veem o mundo de hoje tendo de enfrentar.

Mas o que exatamente é a sinarquia? Se ela significa governo "total", o que a diferencia do simples totalitarismo? A ideia básica da sinarquia é encarar o Estado em termos do corpo humano, uma metáfora que remonta a tempos antigos e pode ser encontrada em Platão. A variação de Saint-Yves é ver a sociedade como formada de três sistemas diferentes: pensamento, vontade e sentimento ou, numa outra interpretação: pensamento, alimentação e subsistência. Em breve voltaremos a isto. Saint-Yves afirmava que os Cavaleiros Templários – que via como uma espécie de sociedade secreta teocrática, exercendo controle quase completo sobre a vida econômica, legal e religiosa nas terras sob sua proteção – eram sinarquistas. Ele também lançava em sua mistura sinárquica ingredientes da Maçonaria da Estrita Observância do barão Von Hund. Que a ideia de "superiores incógnitos" recuasse do barão Von Hund aos templários põe a sinarquia de Saint-Yves em território bastante familiar.

PAPUS

A pessoa responsável por levar adiante o legado sinárquico na França foi Gérard Encausse, mais conhecido pelo seu esotérico *nom de plume** Papus, tirado de um médico citado nas obras de Apolônio de Tyana. Médico e cirurgião até sua morte de tuberculose, enquanto servia no corpo médico da Primeira Guerra Mundial, Papus foi o mais prolífico e influente escritor esotérico da França, produzindo dezenas de volumes sob praticamente cada aspecto do ocultismo e dirigindo o principal jornal ocultista francês: *L'Initiation*; foi também responsável por um jornal posterior, *Voile d'Isis*, depois chamado *Les Études Traditionnelles*. Figura importante em sociedades ocultistas como a Ordo Templi Orientis (que mais tarde afirmou ter Aleister Crowley como membro), a Ordem Maçônica de Mênfis-Misraïm (cujas raízes se encontravam na Maçonaria Egípcia de Cagliostro) e a Igreja Gnóstica de Jules Doinel (à qual René Guénon mais tarde pertenceria), Papus foi também membro da Irman-

---

* Pseudônimo literário (N. do T.)

dade Hermética de Luxor e do ramo de Paris da Ordem Hermética da Aurora Dourada. Como Samuel Hartlib, foi uma espécie de "bureau de inteligência" esotérica, estabelecendo relações entre diversas sociedades secretas. Esteve no centro de um renascimento esotérico que alcançou muitas personalidades importantes nas artes e se desenvolveu em torno de locais como a livraria esotérica de Edmond Bailly, em Paris, cuja clientela incluía os compositores Claude Debussy e Erik Satie, os escritores J. K. Huysmans e Stéphane Mallarmé e os pintores Odilon Redon e Félicien Rops.

Papus ingressou na Sociedade Teosófica em 1884, mas saiu logo depois; como Rudolf Steiner, ficou descontente com a ênfase oriental. Criou o Groupe Indépendent des Études Esoteriques (Grupo Independente de Estudos Esotéricos), mais tarde conhecido como École Hermetique (Escola Hermética). Se isso não foi suficiente para mantê-lo ocupado, Papus, que chamava Saint-Yves de "mestre intelectual", também fundou uma nova Ordem Martinista baseada na obra de Louis Claude de Saint-Martin, que fora iniciado, ele afirmava, por Henri Delage. Delage era um ocultista, mesmerista e prolífico autor que declarava ter recebido uma iniciação martinista do avô materno, que fora iniciado pelo próprio Filósofo Desconhecido.[6] Embora Papus afirmasse ter um caderno escrito com a caligrafia de Saint-Martin supostamente contendo mensagens transmitidas através de uma das *crisíacas* de Jean Baptiste Willermoz, a autenticidade tanto do caderno quanto da ordem de Papus tem sido contestada. Não obstante, a Ordem Martinista de Papus foi notavelmente bem-sucedida; na virada do século, tinha ramificações nos Estados Unidos, Grã-Bretanha, América do Sul, Extremo Oriente e possivelmente Rússia. Como em Ascona e no Monte Verità, o dedo dos martinistas de Papus podia ser visto numa grande variedade de assuntos alternativos – homeopatia, anarquismo, antivivissecção – e, durante algum tempo, Papus esteve envolvido com a feminista e companheira de viagem teosófica Anna de Wolska.[7] Dois outros importantes ocultistas franceses *fin de siècle*, Joséphin Péladan e Stanislas de Guaïta, que mais tarde formaram suas próprias sociedades rosa-cruzes, estavam no conselho supremo da ordem.

MAÎTRE PHILIPPE

Juntamente com seus interesses no ocultismo, os martinistas de Papus tinham objetivos políticos. Antes de a Primeira Guerra Mundial mudar a face da Europa, procuravam libertar a Polônia da Rússia czarista. Queriam também provocar o fim do Império Austro-Húngaro e estabelecer os Estados Unidos da Europa.[8] Papus tinha ainda considerável influência política na corte russa de Nicolau e Alexandra. Embora o "diabo santo" Rasputin seja o mais conhecido dos conselheiros espirituais do czar, Papus e seu "mestre espiritual", Anthelme Nizier Philippe, um curandeiro e mesmerista conhecido como "Maître Philippe de Lyon", tinham considerável peso numa corte familiarizada com ideias esotéricas. Acreditava-se que Maître Philippe possuísse poderes excepcionais; além de curar, dizia-se que controlava os relâmpagos e, como os rosa-cruzes, podia viajar invisivelmente. O primeiro contato de Papus com a malfadada família real ocorreu durante a visita que ela fez a Paris em 1896, quando Papus enviou-lhe uma saudação em nome dos "espiritualistas franceses", onde se mostrava confiante de que o czar "imortalizaria seu Império por uma união total com a Divina Providência".[9] Em 1901, ele visitou a Rússia e foi apresentado a Nicolau. Em 1902, Maître Philippe chegou e, durante sua estada, exerceu um poderoso efeito sobre os Romanovs, o que fez que o mesmerista de Lyon recebesse um cargo oficial. Além de predizer a vinda de um filho muito desejado pelo casal, o que provocou na suscetível czarina uma pseudogravidez histérica, Maître Philippe advertiu-os contra a ideia de ceder às exigências para criar uma constituição, uma questão que mais tarde levaria à queda deles.

A influência de Maître Philippe na corte lhe trouxe inimigos e ele foi forçado a deixar São Petersburgo, mas o curandeiro e o czar mantiveram correspondência até a morte de Philippe em 1905. Nesse ano, Papus realizou sua segunda viagem à Rússia, quando se diz que fez o espírito de Alexandre III, pai de Nicolau, se manifestar. O czar ressuscitado predisse que Nicolau perderia o trono numa revolução e Papus supostamente teria sustentado que poderia, enquanto estivesse vivo, impedir o cumprimento da profecia. Sejam quais forem nossas conclusões, Nicolau perdeu o trono alguns meses após a morte de Papus. Curiosamente, Rasputin fizera uma predição semelhante, dizendo ao czar que se ele, Rasputin, fosse morto pelos camponeses, o czar continuaria a governar

| 187 |

e a monarquia prosperaria, mas se fosse assassinado pela aristocracia, a monarquia iria cair. Rasputin foi assassinado pelo príncipe Yusupov (segundo alguns relatos, um seguidor de Rudolf Steiner) e seus cúmplices, em dezembro de 1916, e a revolução veio no ano seguinte. A essa altura Papus desfrutava de uma influência na corte russa igual à de Philippe, aconselhando-os sobre temas ocultistas e agindo também como médico à maneira rosa-cruz, associando a saúde física à espiritual. Também se supõe que iniciou o czar em sua Ordem Martinista. Estranhamente, ele os advertira a não procurar conselho político através de meios ocultistas – e os advertira especialmente contra Rasputin –, mas talvez Papus estivesse apenas protegendo seu próprio cargo de conselheiro espiritual.

NIET!

As aventuras russas de Papus levaram à sua associação com a falsificação antissemita e antimaçônica *Protocolos dos Sábios de Sião*, mencionada no Capítulo 3. Sua verdadeira participação na jornada dos *Protocolos* da França, onde se imagina que tenham se originado, para a Rússia, onde foram publicados sob a forma de livro em 1905 (depois de terem aparecido como folhetim em 1903), é pouco clara, se é que ele teve de fato alguma participação. Mas em 1901 Papus colaborou com o jornalista e antissemita Jean Carrère numa série de artigos publicados no *Echo de Paris* sobre um cartel financeiro secreto, hostil às relações entre franceses e russos. Escrevendo sob o pseudônimo *Niet* ("não" em russo), Papus e Carrère atacaram importantes figuras do governo russo, especificamente Sergei Witte, ministro das finanças e primo de Madame Blavatsky, e Pyotr Rachkovsky, chefe da Okhrana, a polícia secreta czarista. Advertiram sobre um complô judaico para minar a aliança franco-russa e envolveram Witte e Rachkovsky (Witte estava de fato alarmado ante a crescente literatura antissemita, enquanto Rachkovsky era ele próprio antissemita). Rachkovsky retaliou "desmascarando" Maître Philippe como um charlatão empregado por alguma sociedade secreta judaica com o objetivo de ganhar poder sobre o czar; isso levou ao banimento de Philippe da Rússia. Em *The Occult Establishment*, James Webb desembaraça a complicada teia de conexões que une Matvei Golovinski, que seria o autor dos *Protocolos* e um dos agentes de Rachkovsky, a Yuliana Glinka, que com toda a probabilidade introduziu os *Protocolos* na Rússia.[10] Glinka, uma antissemita e teosofista, parece ter se virado contra suas crenças ocultistas, convencida de que as fascinações esotéricas da época faziam parte de uma colossal e diabólica conspiração. Embora os *Protocolos* em si não sejam um documento ocultista, eram complacentes com o antissemitismo russo, que, assim como na França, informava boa parte do pensamento esotérico russo. O próprio Papus manifestava uma espécie de dubiedade antissemita: como membro da Loja Athanor da Ordem Hermética da Aurora Dourada, executava rituais mágicos com a judia Moina Mathers, irmã do filósofo Henri Bergson e esposa de S. L. MacGregor Mathers, chefe da ordem. Também escrevia livros apoiando-se na cabala. Em assuntos mundanos, porém, participava do tipo de antissemitismo que se tornou famoso graças ao Caso Dreyfus.

ORDENS DO ALTO

Tanto Papus quanto Saint-Yves afirmavam ter contato com uma "fonte superior" que dirigia seu trabalho político e espiritual. Nessa época, outros estavam fazendo afirmações semelhantes. Nos primeiros anos do novo século, MacGregor Mathers, o instável cabeça da Ordem Hermética da Aurora Dourada, falava de contato com fontes que chamava de Chefes Secretos. Em 1904, o antigo discípulo de Mathers, Aleister Crowley, fez contato com uma outra fonte num quarto de hotel no Cairo. "Aiwass", como Crowley chamou seu contato, ditou o que se tornaria o texto sagrado da nova religião que o caráter dúbio de Crowley ajudou a promover.

A fonte de Saint-Yves comunicou as virtudes da sinarquia e do totalitarismo espiritual, mas a de Crowley tinha algo mais anarquico em mente. O *Livro da Lei*, de Crowley, concebe uma nova era do "filho coroado e triunfante", pressagiada por guerras, distúrbios violentos e caracterizada pelo tipo de anti-humanismo que se tornaria aterradoramente familiar durante os dias do Nacional-Socialismo. O advento da Lei de Thelema, encerrada no famoso mandamento: "Faze o que tu queres será o todo da lei", manifestava-se na própria vida de Crowley como dependência da droga, sexo obsessivo e um completo descaso pela vontade ou sentimentos das outras pessoas. Ou os "superiores incógnitos" estavam tão inseguros quanto nós sobre que tipo de governo é melhor e mudavam radicalmente seus modos de pensar ou havia mais que uma fonte, várias de fato, cada qual com suas próprias ideias sobre como a sociedade devia ser governada e cada qual com alguma aprovação divina para elas.

A própria orientação política de Crowley variava de acordo com os acontecimentos de sua interessante carreira, geralmente ditada mais por conveniência que convicção. Como já mencionei, ele escreveu propaganda pró-alemã durante a Primeira Guerra Mundial, enquanto estava nos Estados Unidos, antes de a América entrar na guerra. Fez um apaixonado discurso antibritânico nos pés da Estátua da Liberdade, desfraldando um bandeira da república irlandesa e rasgando um envelope que afirmou conter seu passaporte britânico, embora fosse mais do que provável que estivesse vazio. Tivesse feito isso na Inglaterra e teria provavelmente sido preso por traição. Em anos posteriores, Crowley afirmou que, na época, estava trabalhando tanto para a Inteligência Naval Americana quanto para a Britânica, mas como acontece com tantas de suas afirmações, também não há comprovação para esta. Crowley realmente acabou oferecendo seus serviços tanto à inteligência americana quanto à britânica, mas foi rejeitado, embora pareça ter sido pago pela Scotland Yard ou pelo MI5 (o serviço de inteligência britânico) para espionar Gerald Hamilton, o modelo do "Mr. Norris" de Christopher Isherwood, enquanto ele e Hamilton, partidário da república irlandesa, dividiam um apartamento em Berlim. Que Crowley tenha se emboscado nas sombras da espionagem parece apropriado. Ele parece ter tido alguma influência sobre Tom Driberg, membro trabalhista do Parlamento e também espião do MI5. O superior de Driberg, Maxwell Knight, era também um devoto da "magick" de Crowley, como Crowley insistia em grafar a palavra. Ian Fleming, criador de James Bond e ele próprio agente secreto, concebeu um plano em que Crowley iria entrar clandestinamente na Alemanha nazista, fazendo contato com Rudolf Hess, imediato de Hitler e conhecido ocultista, para alimentá-lo com informação falsa. A fuga espetacular e inexplicável de Hess para a Inglaterra em 1941 cancelou esse incrível projeto.[11]

O ESTADO SINÁRQUICO

Para as fontes de Saint-Yves, sinarquia significava que, assim como nas Leis de Manu, tudo e todos têm seu lugar adequado. Era, de fato, uma versão do Estado Cósmico, com uma hierarquia rígida se estendendo do

Soberano Pontífice ao povo comum. A harmonia social é mantida apenas por um reconhecimento estrito dessas distinções incontestáveis; qualquer mudança resultaria numa espécie de dissonância. Quando o lugar que cabe a uma pessoa é determinado por leis naturais, universais (não por uma decisão humana arbitrária), um ato contra o *status quo* é um ato contra a natureza; é, de fato, uma espécie de enfermidade, uma ideia que as autoridades soviéticas utilizaram de modo eficaz quando sustentaram que a crítica antigovernamental era evidência de desequilíbrio mental. O Estado sinárquico levava isto um passo à frente e afirmava que a dissidência com relação a ele era um ato contra Deus, um sentimento compartilhado por muitos reis e rainhas. Como acontecia com o direito divino dos reis, para Saint-Yves, certos membros da sociedade estavam destinados a governar. Eram os reis-sacerdotes, indivíduos que, devido a uma inerente espiritualidade, estavam em contato com o divino e podiam interpretar suas mensagens. Embora o símbolo de infalibilidade de Saint-Yves vivesse na subterrânea Agartha e não em Roma, não é difícil ver no Soberano Pontífice uma imagem do Papa em sentido amplo, uma ampliação que Joseph de Maistre teria aplaudido. Como o ser humano é "apenas um instrumento governado por leis que estão além de seu alcance",[12] o povo comum precisa desses sacerdotes e peritos para traduzir um impenetrável destino cósmico em formas acessíveis de pensamento.

O CORPO POLÍTICO

Para Saint-Yves, três esferas distintas requeriam estrito controle para a sinarquia ser efetiva: a lei, a economia e a religião, uma variante da lei político-social de três campos mencionada antes. Aqui "subsistência" era equiparada à lei, "alimentação" à economia e "pensamento" à religião. Papus desenvolveu sua própria versão, vendo o indivíduo como uma espécie de "célula" no corpo de uma raça, nação ou Estado. Assim como as células de nosso corpo destinam-se a desempenhar certas funções, também o indivíduo é destinado a preencher certas funções no Estado. Igualmente, se as células de nosso corpo se "rebelam" e negligenciam suas funções, ou tentam executar outras, ameaçam tanto a si próprias quanto ao corpo como um todo. O câncer, na realidade, é um exemplo de tal "rebelião" e é tentador encarar a agitação social e a divergência política como tipos de "cânceres sociais" – tentador, mas perigoso, especialmente para os indivíduos que são vistos como as células "doentes". É um modo bastante "holístico" de encarar a sociedade, embora muitos defensores do pensamento holístico possam achar os aspectos totalitários desta metáfora do "corpo político" nada atraente. Na verdade, a ideia da sociedade como um "corpo" e do indivíduo como meramente uma parte dele encontraria muitos defensores na Alemanha, nos anos que precederam o Nacional-Socialismo. Para muitos que simpatizavam com essa visão, os "indivíduos" eram, por definição, o equivalente de nossos "excêntricos" e estar fora do *volk* era um sinal de doença, enquanto estar dentro dele era uma fonte de poder. Rudolf Bode, um teórico da dança, residente no Monte Verità e seguidor do filósofo *völkisch** Ludwig Klages, sustentava que "quanto maior a massa em movimento, mais forte o efeito de impulsos irracionais, mais vigorosamente as correntes mais profundas da alma começam a rugir... As forças instintivas são reforçadas sob a influência de camaradas empenhados no mesmo objetivo".[13] Como já mencionei, o filósofo Jean Gebser viu no *volk* nazista um exemplo privilegiado do que chamou de estrutura mágica da consciência, que trabalha através do *corpo* para envolver a mente crítica, racional.

Contudo, não era unicamente o *volk* que ameaçava absorver ou neutralizar o indivíduo e nem todos os esotéricos compartilhavam das opiniões de Papus e Saint-Yves. No sóbrio *Letters from Russia* P. D. Ouspensky, escrevendo de Ekaterinodar, perto do Mar Negro, onde vivia com dificuldades após a Revolução Bolchevique, falou dessas "grandes criaturas bidimensionais chamadas Nações e Estados", que via subsistindo no "nível dos zoófitos, movendo-se lentamente numa direção ou outra e consumindo um ao outro". Para Ouspensky "toda a vida dos homens e mulheres individuais é uma luta contra essas grandes criaturas", que estão "num estágio muito mais baixo de desenvolvimento que os homens e mulheres individuais".[14] Isso mostra de novo que não existe essa coisa de "política ocultista" no sentido de uma determinada doutrina sociopolítica ou conjunto de crenças. Alguns pensadores ocultistas ou esotéricos veem a raça ou o Estado tendo precedência sobre o indivíduo, enquanto outros sustentam a opinião contrária.

---

* Segundo a concepção "völkisch", o fato de o indivíduo ou grupo pertencer à "raça" germânica tornava-o possuidor de um "direito de sangue". A humanidade era separada em grupos biologicamente superiores e inferiores, sendo inevitável a vitória do mais apto, isto é, do melhor e mais forte, e a subordinação do inferior e mais fraco. (N. do T.)

A COMUNIDADE TRÍPLICE

Um pensador esotérico que viu o futuro em termos do indivíduo, mas que foi influenciado pela sinarquia de Saint-Yves foi o cientista espiritualista austríaco Rudolf Steiner. Em 1919, logo depois da Primeira Guerra Mundial, Steiner publicou um *Appeal to the German People and the Civilized World* [*Apelo ao Povo Alemão e ao Mundo Civilizado*], um documento que tinha como objetivo guiar a reconstrução alemã e europeia. A Alemanha estava um caos. A derrota seguida de colapso financeiro se combinara com assassinatos políticos e guerra civil para reduzi-la à anarquia, uma situação propícia à ascensão do Nacional-Socialismo. Durante a guerra, os seguidores de Steiner, que vieram de todas as nações combatentes, trabalharam na neutra Suíça construindo o *Goetheanum**, um fantástico exemplo de arquitetura antroposófica que infelizmente foi reduzido a cinzas por um incêndio na véspera do Ano-Novo de 1922; protonazistas incendiários podem ter sido os responsáveis, embora o fogo também possa ter sido causado por um problema elétrico. O próprio Steiner fora, durante algum tempo, alvo de ataques partindo de uma variedade de oponentes: marxistas, nacionalistas alemães, católicos, protestantes, até mesmo ocultistas rivais. Nos últimos anos, ele havia ultrapassado as áreas esotéricas e entrado na arena pública, e suas tentativas de uma reforma espiritual da Europa encontraram muita resistência.

Como Saint-Yves, Steiner falava das "missões" de certas raças e nações, e também pensava em termos de uma Europa unida. A "missão" da Europa Central (que incluía Alemanha, Áustria e o que é atualmente a República Tcheca) era atuar como elemento de equilíbrio entre os megapoderes da Rússia e dos Estados Unidos. Mesmo durante a guerra, Steiner fora instado por Otto von Lerchenfeld, diplomata e antroposofista alemão, a conceber um plano para uma paz aceitável. Como muitos, Lerchenfeld acreditava que a Alemanha fora mal orientada pela histérica exibição de força e militarismo do kaiser Guilherme e, como Steiner, queria preservar a Alemanha humanista de Goethe e Beethoven. Lerchenfeld e Steiner colaboraram num memorando, expondo claramente as decisões erradas que conduziram à guerra. Ainda mais importante, porém, era que ali se discutia a reestruturação necessária da sociedade. Steiner, que cer-

---

* Sede da Sociedade Antroposófica em Dornach, na Suíça. (N. do T.)

tamente conhecia as ideias de Saint-Yves, via os seres humanos compostos de três forças – pensamento, sentimento e vontade –, que associava a três funções do corpo. O pensamento era relacionado com a cabeça e o sistema nervoso; o sentimento com o que ele chamava de sistema rítmico, que incluía a respiração, a circulação e os batimentos cardíacos; e a vontade com os membros e o sistema metabólico. Como Saint-Yves e Papus, Steiner pegou esse sistema "tríplice" e aplicou-o à sociedade, adaptando o apelo trino da Revolução Francesa – liberdade, igualdade, fraternidade – à sua versão de política espiritual. O sistema pensamento-cabeça na sociedade é o mundo da cultura e deve ser livre para explorar novas ideias; o sistema sentimento-rítmico é a esfera política na qual todos devem ser tratados igualmente; e a vontade-sistema metabólico é a economia, que deve trabalhar de modo fraterno, para o bem de todos. Uma das preocupações centrais de Steiner era a educação, que ele relacionava com a ramificação cultural da sociedade, e o objetivo da educação de Steiner – a mais bem-sucedida aplicação de sua ideia "tríplice" – é produzir um indivíduo "livre" numa sociedade que dê apoio ao crescimento espiritual.

O memorando de Steiner foi lido por algumas autoridades e, de maneira não surpreendente, desapareceu de vista, tendo sua visão utópica pouco impacto no mundo da *realpolitik*. Mas seguindo o *Appeal to the German People*, Steiner publicou *The Threefold Commonwealth*, um livro que expunha claramente suas ideias políticas. A obra se tornou *best-seller* e, durante algum tempo, Steiner foi um ator importante na cena europeia, fazendo palestras sobre uma "tríplice" reconstrução europeia por toda a Alemanha e Suíça, onde foram formadas associações voltadas para suas ideias; numa palestra, o público era tão grande que bloqueou o tráfego e centenas tiveram de voltar para casa. As ideias de Steiner sobre "triplicidade" vieram à tona, de forma prática, durante um referendo na Silésia, no nordeste da Alemanha, onde as pessoas estavam decidindo se deviam permanecer alemãs ou se tornar parte da Polônia. Os seguidores de Steiner discutiam com os votantes, mas já então a campanha anti-Steiner atingira seu clímax e um militante comentou que por pouco eles não foram presos ou baleados.[15] O próprio Steiner foi fisicamente atacado mais de uma vez e quase foi assassinado em Munique.

WALTER STEIN

Um seguidor da "triplicidade" que alcançou alguma influência política foi Walter Stein, filósofo, historiador e discípulo de Steiner que escreveu um livro notável, *The Ninth Century and the Holy Grail*, sobre o contexto esotérico e histórico da lenda do Graal. Stein é mais conhecido dos estudiosos do esoterismo na política por sua inclusão no vibrante, mas questionável, relato de Trevor Ravenscroft sobre as obsessões ocultistas de Hitler, *The Spear of Destiny*. Ravenscroft afirma ter sido discípulo de Stein e diz no livro, entre outras coisas, que Stein se encontrou com Hitler antes e após a Primeira Guerra Mundial e que foi convidado para ir à Inglaterra prestar assessoria a Winston Churchill sobre as crenças ocultas de Hitler. Como muitas outras coisas no livro, ambas as afirmações não têm base. Stein, no entanto, de fato tentou introduzir a "triplicidade" na política europeia.

Stein, que foi criado num ambiente doméstico antroposófico, conheceu Steiner e se tornou seu discípulo pessoal em 1913; Steiner chegou mesmo a servir como um tipo de conselheiro não oficial no doutorado em filosofia de Stein. Após a guerra, Stein fez campanha pela "triplicidade" na Alemanha e, a certa altura, chegou a tentar conseguir que o filósofo Ludwig Wittgenstein, que já havia dado somas consideráveis de sua grande herança aos poetas Rilke e Georg Trakl, fizesse uma doação para a campanha, mas não teve êxito. (Como Saint-Yves, Stein também acreditava que os templários expunham uma forma de "triplicidade".) Quando ficou claro que a "triplicidade" era uma causa perdida, Stein se tornou professor da primeira escola Steiner, em Stuttgart. Alguns anos após a morte de Steiner em 1925, Stein abandonou a escola e, no início dos anos 30, devido à sua formação judaica, trocou a Alemanha pela Inglaterra.

Stein se envolveu com o antroposofista Daniel Nicol Dunlop, diretor da British Electrical e da Allied Manufacturing Association e *chairman* do conselho executivo da Conferência Mundial de Energia. Dunlop queria que Stein ajudasse a preparar uma conferência econômica mundial que promovesse as ideias de Steiner, mas Dunlop morreu antes que isso pudesse acontecer. Stein, no entanto, realmente criou uma revista, *The Present Age*, contribuindo com artigos sobre temas antroposóficos e fazendo campanha por uma economia baseada na "triplicidade" de Steiner.

Por meio de Dunlop, Stein fez contato com algumas personalidades da política britânica, incluindo Churchill, a quem foi apresentado pelo almirante Roger Keyes, que conhecia Dunlop. É, no entanto, mais do que provável que não tenham discutido o interesse de Hitler pelo oculto. Keyes tinha também relações de amizade com a família real belga e, através dele, Stein tornou-se íntimo de Leopoldo III, rei dos belgas, que conhecera por intermédio do pianista e antroposofista Walter Rummel, outro discípulo de Steiner. Stein conversou com Leopoldo sobre as forças cósmicas por trás da evolução humana, sobre a ameaça crescente de guerra e sobre como uma Bélgica estritamente neutra poderia agir como elemento de equilíbrio entre os aliados e os poderes do eixo, fazendo eco às ideias de Steiner sobre o papel da Europa Central. Suas discussões avançaram até levar à declaração que Leopoldo apresentou aos sete Estados de "Oslo" em 1939, que foi influenciada pelas ideias "tríplices" de Steiner. Numa tentativa de evitar outra guerra, os Estados de "Oslo" – Bélgica, Dinamarca, Finlândia, Luxemburgo, Países Baixos, Noruega e Suécia – tentaram agir como mediadores entre as potências do eixo e a Grã-Bretanha e França, e seus esforços incluíam um elemento da "triplicidade" de Steiner. Segundo o biógrafo de Stein, Johannes Tautz, na Bélgica e Holanda, "foram feitos esforços para manter a paz em que estavam envolvidos discípulos de Steiner".[16] Na Holanda, os antroposofistas apelaram diretamente à rainha Guilhermina sugerindo uma conferência mundial "para a discussão geral de questões espirituais, econômicas e políticas de um extremo do mundo a outro".[17] Infelizmente não foram bem-sucedidos. Mas como o contemporâneo Henry Wallace, Stein fez incursões esotéricas em política e chegou perto de contatar o presidente Roosevelt quando um magnata americano das finanças e consultor de FDR mostrou interesse pelas suas ideias.[18] Outro líder político com quem Stein discutiu a "triplicidade" foi Kemal Atatürk, fundador, em 1923, da Turquia moderna.[19] Exatamente até que ponto o secularista, racionalista e modernista Atatürk se mostrava aberto às ideias de Steiner não está claro. Outro esotérico, P. D. Ouspensky – após uma segunda visita a Constantinopla (hoje Istambul), arrastado para lá pela Revolução Bolchevique –, queixou-se que os "governantes esclarecidos da nova Turquia proibiam toda a atividade de 'astrólogos, adivinhos e dervixes'".[20]

RENÉ GUÉNON

A tendência modernizadora que deprimia Ouspensky na Turquia perturbou outro pensador esotérico influenciado pelas ideias de Saint-Yves, e a "crise do mundo moderno", como ele via a coisa, tornou-se o tema central do seu trabalho. René Guénon é geralmente considerado o fundador da escola tradicionalista, cuja ideia fundamental é que uma tradição espiritual primordial, revelada por uma fonte divina, existiu no passado remoto, mas foi posteriormente perdida.[21] Traços dessa tradição podem ser encontrados nas principais religiões do mundo; não em suas formas exotéricas, que são corrompidas e decadentes, mas em seus ensinamentos esotéricos. O mundo moderno, secular, perdeu contato com essa fonte original; o resultado é o fardo de males – políticos, sociais, culturais e espirituais – que assolam a modernidade. Esse tema, que informa uma variedade de políticas ocultistas, tem raízes na *prisca theologia,* que se desenvolveu das traduções de Marsilio Ficino do *Corpus Hermeticum* em 1460. Do ponto de vista do tradicionalismo, tudo foi muito melhor *outrora,* mas se tornou corrompido graças à *arrogância* humana, um exemplo do elemento não progressista no esoterismo ou, talvez menos generosamente, de romantismo histórico e do que o crítico literário George Steiner apelidou de "nostalgia pelo absoluto".[22] Intimamente associada aos tradicionalistas está a ideia de uma *philosophia perennis,* uma "filosofia perene" – título de uma antologia de escritos espirituais, antigamente popular, editada por Aldous Huxley – que chama atenção para a crença de que "todas as religiões compartilharam uma origem comum numa única religião perene (primitiva ou primordial) que posteriormente assumira uma variedade de formas".[23]

O termo *philosophia perennis* foi cunhado em 1540 pelo estudioso católico Agostino Steuco para celebrar a percepção de Ficino de que o cristianismo e o platonismo emergiram da mesma fonte primordial – um importante argumento para pensadores querendo estudar Platão sem incorrer na censura da Igreja. Contudo, em outro exemplo da ironia em ação no mundo da política ocultista, para Guénon e outros tradicionalistas, a Renascença, que produziu Ficino e a ideia de uma "filosofia perene", foi em si mesma produto e causa da perda de contato da humanidade com a fonte original. Para Guénon, a Renascença viu a ascensão do humanismo e sua excrescência nociva, a modernidade. Não foi, como é geralmente considerada, um renascimento, "mas a morte de muitas coisas".[24] Como argumentei na introdução deste livro, o oculto que conhecemos (e que podemos ver incluindo o esoterismo) é em grande parte produto do mundo moderno e, como Mark Sedgwick assinala em seu importante estudo do tradicionalismo: "O tradicionalismo se coloca contra o mundo moderno, mas nasceu com a modernidade, no Renascimento".[25]

René Guénon nasceu em 1886 de pais que já não eram jovens; o pai tinha 56 anos e a mãe 36. A família era católica e, como Éliphas Lévi e Saint-Yves d'Alveydre, Guénon combinou o catolicismo com caminhos espirituais mais excêntricos. Um deles, o espiritismo, estava em evidência no ambiente familiar de Guénon; os pais de René haviam perdido uma menina alguns meses antes do nascimento de René e tentaram contato com ela através de um médium. Embora Guénon advertisse mais tarde contra os perigos do ocultismo – especificamente da teosofia e do espiritismo, referindo-se a eles como "contrainiciáticos" –, ele também, como vimos, fez contato com espíritos, um dos quais, afirmando ser Jacques de Molay, orientou-o a estabelecer uma nova ordem de Cavaleiros Templários.

Guénon passou grande parte da juventude com uma saúde debilitada, mimado por uma tia solteirona que agia como sua tutora. Criança solitária, mostrou um interesse precoce pela matemática, algo que pode ter herdado do pai. Como o jovem Rudolf Steiner, foi atraído para "uma realidade interior inalterável da qual a matemática e particularmente a geometria eram, de certa forma, o símbolo".[26] A história e o mundo fenomênico não lhe interessavam – segundo seu biógrafo, Guénon considerava "os últimos 2000 anos... relativamente sem importância" – e, efetivamente, mostrava pouca aptidão para qualquer coisa que requeresse imaginação e um senso artístico. Toda a propensão de Guénon era para "pôr a coisa em ordem". Defendeu ardorosamente suas conclusões e logo revelou sinais de hipersensibilidade, além de uma incapacidade para admitir erros e mania de perseguição.[27] Em anos posteriores, a paranoia que o jovem Guénon direcionou para um de seus professores encontraria alvos mais formidáveis quando ele se referisse a irmandades ocultistas que procuravam impedir seu trabalho.

Reincidência templária

Embora parecesse destinado a uma carreira acadêmica, Guénon abandonou a universidade logo após a chegada a Paris, onde seus estudos inesperadamente passaram a não andar bem; a competitividade e a incapacidade de aceitar um "segundo lugar" parecem ter estado por trás de sua decisão, assim como um ressurgimento da mania de perseguição. (Mais tarde completou um curso de filosofia, mas sua dissertação de doutorado foi rejeitada pela Sorbonne e ele deixou para sempre a universidade em 1923; a dissertação, *Introduction to the Study of Hindu Doctrine*, viria à tona em seu primeiro livro, em 1921.) O caráter acadêmico e autoritário de Guénon encontrou solo fértil no meio ocultista parisiense. Em 1906, Guénon ingressou na Ordem Martinista de Papus, que alguns sustentaram ter sido uma influência importante na visão de mundo tradicionalista.[28] Ele também se tornou membro do Grupo Independente de Estudos Esotéricos e, logo depois, maçom. A Maçonaria continuaria sendo um dos interesses de Guénon, mas seu relacionamento com ela foi ambíguo. Escreveu artigos antimaçônicos para o jornal *La France Chrétienne* (A França Cristã) enquanto ainda era maçom; o jornal mais tarde mudou seu nome para *Anti-Masonic France* [*França Antimaçônica*]. Ao que parece seu envolvimento ativo com a Maçonaria terminou em 1917.[29] Mais tarde Guénon também contribuiria para o jornal católico *Regnabit*, associado ao culto do Sagrado Coração, uma sociedade mística católica que tinha "conotações políticas e nacionalistas" e estava vinculada ao movimento naundorffista, então em processo.[30] Guénon também ficou ligado durante algum tempo a Charles Maurras e à Action Française, um movimento de direita católico, nacionalista e realista.

Sua permanência ao lado de Papus foi abreviada quando, como mencionei, ele foi exortado pelo espírito de Jacques de Molay a restabelecer os Cavaleiros Templários. Segundo uma fonte, havia outros espíritos presentes no Hôtel des Canettes, onde o grupo de martinistas envolvidos na sessão se encontravam: Cagliostro; Frederico, o Grande, e Adam Weishaupt estavam lá também, todos esperando a vez de se manifestarem pelo médium Jean Desjobert.[31] Quando tomou conhecimento da sessão, Papus não ficou satisfeito, especialmente com a ideia de que alguém do grupo havia decidido servir-se de sua lista de correio. O próprio Papus tinha causado um alvoroço similar entre os teosofistas quando expandiu sua Ordem Martinista, mas isso não o impediu de expulsar Guénon. Que Guénon tivesse feito contato com Jacques de Molay – ou pelo menos alguma entidade alegando ser ele – é sugestivo, visto que Guénon mais tarde sustentou que a repressão dos Cavaleiros Templários assinalava um momento crucial no que o hinduísmo chama de *manvantara*, um vasto ciclo cósmico. *Manvantaras*, que duram cerca de 306.720.000 anos, são divididos em unidades menores conhecidas como *mahayugas*, que por sua vez são divididas em quatro períodos, conhecidos como *yugas* e chamados de *satya*, *treta*, *dvâpara* e *kali* – ou ouro, prata, bronze e ferro em termos ocidentais. Cada *yuga* denota uma separação crescente da fonte divina até ser alcançada uma idade das trevas e um cataclismo final levar à restauração da Idade Dourada. Para Guénon e muitos outros, estamos atualmente na extremidade da Kali-Yuga, ou Idade do Ferro, um período de quase irreparável declínio espiritual, e estamos nisso há uns 6 mil anos –, daí a falta de interesse de Guénon pelos últimos 2 mil anos. Para Guénon, a repressão dos Cavaleiros Templários deu início à moderna era secularista – o domínio de Filipe, o Belo, sobre o papa Clemente V assinalando o triunfo do poder temporal sobre a autoridade espiritual – e se imagina que ele acreditava que sua Ordem Renovada do Templo pudesse endireitar as coisas. Os "superiores incógnitos" que sugeriram que fundasse a ordem ao que parece pensavam de modo diferente e, em 1911, direcionaram Guénon a dispersá-la.

A essa altura, Guénon havia se tornado bispo da Igreja Gnóstica de Jules Doinel e fundado o periódico *La Gnose*, para o qual contribuiu com artigos sobre esoterismo e espiritismo;[32] mais tarde assumiu a direção de *Voile d'Isis*, de Papus. Ele também conhecera o pintor sueco-francês Ivan Aguéli, um sufi inclinado para o anarquismo que se acredita ter, nesta época, iniciado Guénon numa ordem sufi, embora outras fontes sugiram que a iniciação de Guénon ocorreu após sua mudança para o Cairo em 1930 (Guénon trocou a França pelo Egito após a morte da primeira esposa em 1927 e lá ficou, vivendo praticamente recluso até falecer em 1951; ele tornou a se casar com uma mulher egípcia, com quem teve três filhos). Aguéli era conhecido pelo comportamento excêntrico; era propenso a fazer discursos em apoio ao anarquismo usando um turbante e uma vestimenta árabe. Pouco se conhece sobre ele e é possível que tenha cometido suicídio em Barcelona, em 1917, onde foi aparentemente atropelado por um trem. Aguéli parece ter levado suas crenças políticas razoavelmente a sério; num exemplo radical de ativismo pelos direitos dos animais, em 1900, ele e a amante Marie Huet, uma poetisa anarquista, teosofista, socialista e ferrenha antivivisseccionista, balearam um toureiro em protesto contra a introdução da tourada estilo espanhol – onde o touro é morto – na França. O matador sobreviveu e Aguéli ganhou uma suspensão da pena.[33] Num episódio anterior, Marie Huet não se saíra tão bem e tivera de cumprir pena por abrigar uma anarquista procurada.[34]

CRISE

O islamismo de seu iniciador sufi sensibilizou Guénon que, depois de uma aproximação inicial com o hinduísmo, voltou-se para a fé de Alá como fonte de uma "tradição viva". Embora durante algum tempo tenha levado à frente a prática sufi mantendo-se católico, Guénon se converteu plenamente ao islã depois que se estabeleceu no Cairo. O anarquismo de Ivan Aguéli, contudo, não encontrou lugar no mundo de Guénon. Longe disso: o autoritarismo espiritual que Guénon defenderia parece simetricamente oposto ao que podemos compreender da personalidade de Aguéli. Guénon iniciou sua obra principal na década de 1920, após experiências superficiais com várias ordens ocultistas. Suas preocupações com os efeitos debilitantes da Kali-Yuga ganharam expressão política no que é provavelmente seu livro mais influente: *A Crise do Mundo Moderno*, publicado em 1927. Guénon não estava sozinho em pensar que essa modernidade e o Ocidente em particular tinha alcançado uma espécie de nadir espiritual. Nietzsche dissera o mesmo anos antes e, em 1918, o historiador Oswald Spengler teve um formidável sucesso popular com seu *Declínio do Ocidente*, um enorme volume de pessimismo cultural que se transformou em *best-seller*. Em *Ser e Tempo*, publicado no mesmo ano que a obra de Guénon, um dos discípulos de Nietzsche, o filósofo Martin Heidegger, sustentou que, desde Platão, o Ocidente havia experimentado uma espécie de amnésia espiritual, sucumbindo ao que chamou de "esquecimento do ser", um diagnóstico que G. I. Gurdjieff confirmaria. O próprio Heidegger teve mais que um mero flerte com a política autoritária. Como membro do Partido Nazista, vinculou de forma vergonhosa sua filosofia do *Dasein* e seu destino espiritual ao nazismo em discursos feitos como reitor da Universidade de Friburgo nos primeiros tempos do regime de Hitler. Spengler, por outro lado, rejeitou os nazistas, comparando Hitler a um "tenor heroico" operístico.

Logo depois da Primeira Guerra Mundial, o cansaço e o declínio estavam "no ar", mas a abordagem de Guénon da sensação de desnorteamento captada em *A Terra Devastada,* de T. S. Eliot, tinha uma agressividade única. À medida que "a espiritualidade primordial se torna gradualmente cada vez mais obscura", ele nos diz, o "caráter puramente material" da atual civilização converte o mundo moderno em "uma verdadeira monstruosidade",[35] uma verdadeira terra devastada que exibe a "profunda degeneração que o Evangelho denomina 'a abominação da desolação'".[36] A paranoia de Guénon emerge em seu comentário de que "parece difícil admitir" que essa situação tenha ocorrido "espontaneamente, sem a intervenção de alguma vontade diretiva cuja exata natureza deve permanecer um tanto enigmática".[37] Mesmo assim, o impulso dos seres humanos para "reduzir tudo a proporções humanas" e "eliminar todo princípio de ordem mais elevada"[38] serviu de alvo viável para sua crítica, que compartilha muita coisa com o antignosticismo de Eric Voegelin. A democracia e o igualitarismo e individualismo que a acompanham são particularmente *bêtes noires*. Ecoando a preocupação de T. E. Hulme sobre os excessos de romantismo, Guénon vê no individualismo "a causa determinante do atual declínio do Ocidente, precisamente porque é... a mola principal para o desenvolvimento das mais baixas possibilidades da humanidade".[39]

A democracia não se sai muito melhor. Após criticar severamente o "pseudoprincípio da igualdade" e "os males da educação compulsória", Guénon proclama que "o argumento mais decisivo contra a democracia pode ser resumido em poucas palavras: o superior não pode proceder do inferior porque o maior não pode proceder do menor", e isso, ele nos diz, "é uma certeza matemática absoluta que nada pode contradizer".[40] Em outra obra, *Autoridade Espiritual e Poder Temporal*, Guénon argumenta que a sociedade contemporânea é uma completa "inversão" – um de seus termos-chave – do sistema de castas, com os sudras, o povo comum, agora dominante, tendo os brâmanes sido eclipsados desde a Revolução Francesa. Louvado pela maioria como triunfo da democracia, para Guénon isso significa que, "embora tudo que realmente importa esteja de fato em declínio, as pessoas tolamente supõem que veem o progresso".[41]

A familiaridade de Guénon com a sinarquia é evidente quando ele declara que, "sob o presente estado de coisas no mundo ocidental, ninguém ocupa mais o lugar que normalmente devia ocupar em virtude de sua própria natureza; isso é o que significa dizer que as castas não existem mais, pois casta, em seu sentido tradicional, nada mais é que a natureza individual... que predispõe cada homem ao cumprimento de uma ou outra função particular".[42] Como no estado celular de Papus, em que cada membro da sociedade deve executar a tarefa que lhe cabe ou sofrer as consequências, para Guénon, "oposição ou contraste significam falta de harmonia ou desequilíbrio, ou seja, algo que... só pode existir de um ponto de vista relativo, particular e limitado".[43] Lendo isso, não causa surpresa que Guénon estivesse fascinado com o relato que Saint-Yves fazia de Agartha, chegando mesmo a ponto, como vimos, de defender Ossendowski de acusações de plágio. Em seu livro sobre o reino sinárquico subterrâneo, *O Senhor do Mundo*, Guénon sustenta que Agartha representa "um centro espiritual existente no mundo terrestre", alojando "uma organização responsável por preservar integralmente o repositório de tradição sagrada que é de origem 'não humana'... e pelo qual a sabedoria primordial se comunica através das épocas para aqueles capazes de recebê-la".[44] A ideia em si de um Senhor do Mundo, para Guénon, apontava para "Manu, o legislador primordial e universal".[45] Em outras palavras, o Soberano Pontífice, o benevolente ditador espiritual, que governa seu reino com mão amorosa, mas firme.

ELITES ESPIRITUAIS

Guénon acreditava que o Ocidente só poderia ser salvo de um colapso total através da formação de uma elite espiritual, uma espécie de Fraternidade Rosa-Cruz dos tempos modernos, que compreendesse a necessidade de um retorno da Tradição primordial e estivesse disposta a tomar providências para assegurá-lo. Mas esses novos rosa-cruzes não adotariam os ideais progressistas defendidos por Johann Valentin Andreae. Em vez disso, agiriam como uma espécie de sociedade secreta governante, um conselho de peritos que, a despeito delas mesmas, conduziriam as massas de volta para a luz. A "sabedoria primordial" só estava disponível para "aqueles capazes de recebê-la" e isso significava para Guénon que o fardo de salvar o Ocidente repousava nos ombros da minoria. "Tradições vivas" ainda podiam ser encontradas no Oriente; essas tradições, no entanto, não estavam disponíveis para todos. Só podiam ser "assimiladas por uma elite", não "pela massa do povo ocidental, para quem elas não eram feitas".[46] "Se", Guénon especula, "uma elite ocidental vem a ser formada, o verdadeiro conhecimento das doutrinas orientais será... essencial a ela", mas, continua Guénon, "o restante, a maioria do povo, cujo destino será *colher os frutos do seu trabalho* [grifos meus], pode muito bem permanecer alheio a esse conhecimento, recebendo sua influência de modo inconsciente e, em todo o caso, por meios que estarão além de sua percepção".[47] "A verdadeira elite", ele nos diz, "não teria de intervir diretamente nestas esferas [social e política] ou tomar parte em ação visível; dirigiria tudo mediante uma influência da qual o povo não teria consciência e que, quanto menos visível fosse, mais poderosa seria."[48] "Bastaria", ele argumenta, "que houvesse uma elite numericamente pequena, mas vigorosamente estabelecida para guiar as massas, que obedeceriam suas sugestões sem suspeitar de sua existência ou ter alguma ideia de seu modo de ação."[49]

Não seria de admirar se, numa espécie de enantiodromia junguiana, a eventual paranoia de Guénon desse meia-volta e ele próprio se tornasse a fonte dos "outros ocultos" operando nos bastidores. E embora as conclusões pareçam inaceitáveis, é difícil discordar de muitas de suas críticas ao moderno Ocidente. Contudo, o tipo de mentores benevolentes que Guénon concebe não preocupa apenas esotéricos paranoicos. O tipo de elite governante proposta por Guénon foi defendido, pelo menos segundo alguns de seus críticos, pelo filósofo político Leo Strauss, que encontramos no Capítulo 2. Em *Leo Strauss e a Direita Americana*, a teórica política canadense Shadia Drury sustenta que Strauss é responsável por uma sensibilidade elitista na política americana, que ela relaciona com uma agenda cristã fundamentalista e imperialista. Para Drury, Strauss era maquiavélico. Ensinava que "o fato de os cidadãos serem continuamente enganados por aqueles que ocupam o poder é crítico, mas as pessoas precisam ser conduzidas e precisam de governantes fortes para dizer o que é bom para elas". Como já mencionei, Strauss, como Eric Voegelin, é visto como influência importante na política neoconservadora e sua ideia da "mentira nobre" retrocede a figuras como Joseph de Maistre e o fictício (embora de modo algum impossível) Grande Inquisidor.

A ideia de um Soberano Pontífice e seus agentes planejando a sociedade para o nosso próprio bem parece assustadora, contudo é razoável afirmar que muitos de nós realmente se esquivam da responsabilidade de se governarem a si próprios. Como o freudiano marxista Erich Fromm observou há muito tempo, procuramos alguma "fuga da liberdade", um tema que Dostoievski, criador do Grande Inquisidor, abordou em profundidade. Uma ameaça pode desencadear uma defesa de nossa liberdade; mas assim que ela se afasta, tornamos a afundar no tipo de complacente indiferença espiritual que Guénon desprezava. Isto não é argumentar a favor de sua elite; é apenas salientar que a defesa que Guénon faz dela não é necessariamente inspirada por algum apetite perverso por poder político. Pode ter raízes numa avaliação nada lisonjeadora, mas precisa da psicologia humana.

Com a ascensão da sociedade de massas e a política do "mais baixo denominador comum", a noção de uma elite espiritual e de uma espécie de "cavalaria esotérica" atraiu aqueles que compartilhavam das preocupações de Guénon. Um deles era o alquimista e egiptólogo francês René Schwaller de Lubicz que, como Guénon, emergiu dos *undergrounds* ocultistas da Paris *fin de siècle*. Nos anos que se seguiram à Primeira Guerra Mundial, Schwaller de Lubicz reuniu um grupo de indivíduos de opiniões parecidas para formar sua própria elite espiritual. Entre eles havia possivelmente um personagem que estaria no centro do mais devastador movimento político do século XX. Seu nome era Rudolf Hess.

10

Lados Sombrios

Leitores contemporâneos conhecem René Schwaller de Lubicz por seu trabalho sobre a metafísica e cosmologia do Egito antigo, apresentado numa série de livros difíceis, mas fascinantes, como *Symbol and the Symbolic, Esoterism and Symbol* e *The Temple in Man*. Suas opiniões sobre a antiguidade da civilização egípcia alcançaram um amplo círculo de leitores na década de 1990, quando a noção de que a Esfinge é mil anos mais antiga que a estimativa oficial foi retomada por Graham Hancock e Robert Bauval nos *best-sellers As Digitais dos Deuses* e *O Mistério de Órion*. Anteriormente, na década de 1970, as ideias de Schwaller de Lubicz foram popularizadas por meio de *The Serpent in the Sky*,* de John Anthony West. Outros leitores têm conhecimento de Schwaller por relatos de Fulcanelli, o misterioso alquimista do início do século XX, que alguns acreditam ter descoberto a pedra filosofal e que, segundo algumas narrativas, trabalhou com Schwaller na descoberta do segredo de produzir vitrais alquímicos.[1] As ideias de Schwaller de Lubicz influenciaram um dos principais pensadores "alternativos" contemporâneos, William Irwin Thompson, e por meio do trabalho de Thompson, o pensamento de Schwaller se tornou parte do pensamento da Nova Era, contribuindo para ele com um rigor geralmente não associado a esse termo.

Mas como os leitores das memórias de André VandenBroeck sobre o período que passou como discípulo de Schwaller no início dos anos 60 descobrem, essa figura basilar do pensamento espiritual tinha um lado

---

* *A Serpente Cósmica*, publicado pela Editora Pensamento, São Paulo, 2009.

sombrio.[2] Nos anos ao redor da Primeira Guerra Mundial, Schwaller formou uma sociedade secreta, uma elite guenoniana, refratária a opiniões democráticas e igualitárias. Como Guénon, De Lubicz tinha aversão ao mundo moderno e, em sua celebração da cavalaria e hierarquia, queria contrabalançar o que, para ele, era uma crescente mediocridade espiritual e cultural.

Como os leitores deste livro reconhecerão, uma forma de cavalaria corre por toda a política esotérica, começando com os Cavaleiros Templários e seu impacto sobre a Maçonaria. Contudo, no início do século XX, noções de cavalaria moveram-se para territórios menos frequentados por cavaleiros galantes executando feitos heroicos. Como escreve o jornalista político William Pfaff, nos dias sombrios cercando a Guerra Mundial, "a tradição da cavalaria europeia foi convertida numa falsificação niilista de cavalaria" e ideias de nobreza e heroísmo foram "apropriadas por Hitler, pelas SS e posteriormente por partidos fascistas ou de tipo fascista da Romênia à Irlanda, da Irlanda à Austrália".[3] Embora a atração de Schwaller pela cavalaria não fosse exclusiva dele, o modo como abordou o tema produziu resultados que ligam para sempre seu nome a essa sombria apropriação. Como Joseph Campbell, Schwaller é um dos "caras legais" que infelizmente diziam "coisas ruins".

HERÁLDICA

Como Guénon, Schwaller era um *habitué* do mundo ocultista parisiense que cercava Papus. Era íntimo dos irmãos Chacornac, que gerenciavam uma livraria perto do Sena e se encarregaram da publicação de *Le Voile d'Isis* na década de 1920, publicando mais tarde a obra de Guénon. Ele frequentava a livraria de Edmond Bailly, bem como a esplendidamente chamada Librairie du Merveilleux (Livraria do Maravilhoso), gerenciada por Pierre Dujols e Alexandre Thomas. Nascido na Alsácia-Lorena de uma família rica (o pai era químico), René começou como discípulo do pintor Matisse e seguidor do filósofo Henri Bergson. A partir de Bergson e Matisse, passou a ter, após um estudo de Einstein, Max Planck e Werner Heisenberg, um profundo interesse pelo ocultismo. Ingressou na Sociedade Teosófica por volta de 1913, enquanto seus interesses eram dominados pela alquimia, geometria sagrada, arquitetura gótica e heráldica – a história e interpretação de escudos de armas. Nessa altura

Schwaller conheceu o poeta hermético lituano e mais tarde diplomata Oscar Vladislas de Lubicz Milosz. Em 1919, De Lubicz Milosz concedeu a Schwaller o direito de usar o título "De Lubicz"; antes disso ele era simplesmente René Schwaller. René e Oscar compartilhavam um profundo interesse pela heráldica e pelo possível laço entre escudos de armas e reencarnação. Isso levou a uma forte união entre os dois e quando estavam juntos um chamava o outro de "irmão de armas".[4] Em seu enigmático livro *Nature Word*, Schwaller escreve: "O caminho adequado coloca você primeiro em busca de seu 'totem', isto é, de uma heráldica espiritual". É assim porque "você não pode caminhar com os sapatos de outra pessoa, pois você próprio é um todo, um aspecto particular da Consciência universal", um sentimento fortemente oposto às tendências coletivistas da época.[5] Mas "De Lubicz" não era o único nome que René Schwaller receberia. Embora alguns relatos sugiram que ele o adotou durante seus primeiros tempos na Sociedade Teosófica, num episódio que faz lembrar Jean Baptiste Willermoz e o "Agente Desconhecido", acredita-se que René tenha recebido o místico nome *Aor*, que significa "luz" em hebraico, de uma fonte mediúnica. Na verdade, foi sugerido que a associação de Milosz com a elite de Schwaller terminou devido às práticas espíritas que começaram a dominar o grupo, assim como Louis-Claude Saint-Martin rejeitou as práticas teúrgicas de Willermoz.[6] Em anos posteriores, pedia-se que os discípulos de Schwaller se referissem a ele por esse título secreto, esotérico.

OS VIGIAS

A data exata em que a elite de Schwaller se encontrou pela primeira vez não está clara; segundo o relato de Schwaller, o grupo começou em 1917. Ele os chamou *Les Veilleurs*, "Os Vigias", e eles produziram um jornal, a princípio chamado *L'Affranchi*, "O Liberado", mas depois rebatizado *Le Veilleur*, "O Vigia". *Veilleur* em francês está relacionado com o inglês "vigil" [vigília] e "vigilance" [vigilância], que tem uma sinistra associação com "vigilante". Embora os Vigias de Schwaller não fossem ativistas, seus pronunciamentos sobre questões como raça une-os a grupos que mostravam um interesse menos intelectual por esses assuntos. Em anos posteriores, Isha Schwaller de Lubicz, esposa de René, falou dos objetivos dos Vigias como "a defesa comum dos princípios dos direitos humanos" e "das supremas salvaguardas da independência".[7] Contudo, sua interpretação dos valores do grupo podem ser objeto de debate.

Na narrativa que faz do *underground* esotérico da Paris de inícios do século XX, Geneviève Dubois comenta que os Vigias, que faziam parte do salão aberto pela *socialite* e lésbica americana Natalie Clifford Barney, estavam associados a um grupo chamado Le Centre Apostolique (o Centro Apostólico), que tinha como divisa "Hierarquia-Fraternidade-Liberdade", uma variação sinárquica do grito de batalha da Revolução Francesa. Esse Centro Apostólico, Dubois relata, era "realmente uma espécie de sinarquia ocultista... dando suporte a um messianismo político-social inspirado em parte pelas ideias de Saint-Yves d'Alveydre".[8] O centro em si era dirigido por um grupo ainda mais misterioso, o Frères de l'Ordre Mystique de la Résurrection (Irmãos da Ordem Mística da Ressurreição).[9] Segundo alguns relatos, o Centro Apostólico agia como a forma "exotérica" dos Vigias, cuja forma "esotérica" era conhecida pelo nome *Tala*, hebraico para "lugar", embora René Guénon o traduzisse como "elo".[10]

Juntamente com Schwaller, os membros originais dos Vigias incluíam Jeanne Germain, mais conhecida por seu nome místico, "Isha", sob o qual escreveu livros sobre o antigo Egito, sendo *Her-Bak* o mais conhecido. Depois de já viverem há muitos anos juntos, Isha e Schwaller se casariam em 1927, e foi de fato ela que fez que a atenção do marido se voltasse para o Egito faraônico. Outro membro do grupo era Carlos Larronde, jornalista, poeta e fundador do Théatre Idéaliste, amigo íntimo de O. V. de Lubicz Milosz. Entre os demais membros se incluíam Gaston Revel, fundador e editor do jornal *Le Théosophe* (que mais tarde se tornou *Le Veilleur*) e o químico e astrólogo Henri Coton-Alvart. Os Vigias atraíram algumas figuras ilustres que não estavam envolvidas no círculo mais fechado do grupo, mas tinham simpatia por seus objetivos: o cientista Camille Flammarion, o romancista Pierre Benoit, os poetas Paul Fort e Henri de Regnier e o pintor Fernand Leger.[11] Dois outros membros iniciais de particular interesse para nós são O. V. de Lubicz Milosz e Vivian Postel du Mas.[12]

O DIPLOMATA HERMÉTICO

De descendência lituana, Oscar Vladislas de Lubicz Milosz escreveu em francês e viveu boa parte de sua vida na França, onde é encarado como um poeta nacional. Destacando-se como típico "decadente" do *fin de siè-cle*, sobreviveu a uma tentativa de suicídio e disciplinou-se para se tornar um moderno filósofo hermético na tradição de Louis-Claude de Saint-Martin e Swedenborg.[13] Autor de sugestivos trabalhos herméticos como *Ars Magna* e *The Arcana*, Milosz foi também um importante estadista. De fins da Primeira Guerra Mundial até o final dos anos 30, serviu como diplomata, trabalhando para garantir os interesses de sua nacionalidade ancestral, a lituana; após a Primeira Guerra Mundial, quando o tabuleiro do xadrez europeu estava sendo reestruturado, Milosz teve de escolher entre ser polonês ou lituano. Mas o verdadeiro lar de Milosz era a Europa em seu sentido mais pleno. O pai fora um nobre polonês-lituano, a mãe judia e a avó paterna italiana, uma mistura étnica que o levou a ser considerado "um ocidental plenamente realizado, um verdadeiro filho e herdeiro do Ocidente".[14] O domínio de várias línguas por Milosz foi útil à sua obra poética como tradutor e também a suas obrigações diplomáticas. Foi membro da delegação lituana à Conferência de Paz de 1919 e representante lituano junto ao governo francês. Entre 1920 e 1925, como *chargé d'affaires**, organizou as legações da Lituânia em Paris e em Bruxelas. Em Genebra, foi o delegado lituano na Liga das Nações. Por seu serviço em prol das relações franco-lituanas, em 1931 Milosz, como Saint-Yves d'Alveydre, foi feito cavaleiro da Legião de Honra. Milosz foi também, aliás, tio do escritor e anticomunista polonês Czeslaw Milosz, ganhador do Prêmio Nobel de Literatura em 1980, ele próprio um grande leitor de Swedenborg.

Os deveres diplomáticos de Milosz de Lubicz exigiram que escrevesse sobre uma série de questões políticas, econômicas e sociais, mas ele também fez contribuições à política ocultista. Em 1918, em *La Revue Baltique* (A Revista Báltica), publicação associada aos Vigias, Milosz falou de uma Lituânia e Letônia que proporcionavam "os últimos vestígios de uma cultura altamente espiritualizada no meio de um mundo governado pelo absurdo culto da dominação e da matéria".[15] Para Milosz, os es-

---

* Encarregado de negócios. (N. do T.)

tados bálticos eram "as mães desta raça indo-europeia, o centro espiritual do moderno mundo ariano".[16] A defesa dos estados bálticos estava relacionada com sua crença no aparecimento de novos valores, que tinham de surgir para se contraporem à perda do "espírito". Esses valores se agruparão em torno da ideia de hierarquia, que agora "será aplicada pela primeira vez na ordem interior de uma nação, de um continente... de um mundo".[17] Milosz, que em seus últimos anos adquiriu um tipo de personalidade messiânica (numa carta a um amigo, anunciou: *Não fui mandado para todos*, mas apenas para a salvação de alguns")[18] e que em 1938 profetizou uma próxima "conflagração universal",[19] acreditava que, "após uma ausência de mais de vinte séculos", o espírito estava "tornando a descer para a matéria".[20] Enquanto aguardam esse retorno, "as próprias fundações da civilização ariana são abaladas". "A raça branca", ele sentia, tinha "perdido toda a direção" e os estados bálticos seriam chamados a "desempenhar um papel muito grande... na evolução geral da raça indo-europeia". Ele chegou a acreditar que a "Lituânia independente", uma terra de "cultura antiga, trabalho ardente e sábia organização",[21] poderia servir como modelo para a jovem República Soviética. Essa última sugestão pode ter custado algum esforço a Milosz; ele fora deixado sem um tostão pela Revolução Bolchevique quando suas economias, aplicadas em títulos do governo czarista, perderam o valor da noite para o dia.

Se os comentários de Milosz sobre a civilização ariana e a raça branca nos fazem torcer o nariz, não devemos esquecer que, antes dos nazistas, "ariano" era um termo usado em diferentes contextos por pessoas que teriam apenas desprezo pelos ideais nazistas; embora ele pudesse ser usado de modo racista, chauvinista, nem sempre era. Nem todos que usavam o termo "ariano" eram nazistas, embora todos que eram nazistas o usassem, exatamente como a suástica surgiu como símbolo universal bem antes de sua apropriação nazista, remontando a tempos tão recuados quanto o período neolítico (ambos, sem dúvida, são agora irrecuperáveis, tingidos permanentemente pelo horror nazista). Devíamos lembrar também que Milosz era metade judeu; e, tendo mãe judia, pelas leis raciais nazistas isso o tornava judeu, ponto final (sua morte em março de 1939 salvou-o do destino de outros judeus na França de Vichy). Milosz tinha total respeito pelos judeus, cujo pensamento, ele acreditava, formava "o vértice de uma pirâmide espiritual da qual as filosofias hindu, egípcia, aramaica, grega e neoplatônica formam a base e os quatro lados" e cuja "poesia bíblica" ele afirmava proclamar uma "afirmação heroica". Esses comentários foram feitos numa revista judaica, num artigo em que Milosz se refere a si próprio como judeu, falando de *"nosso espírito contemporâneo"* e *"nosso corpo, privado para sempre...* do apoio de um lugar definitivo" [grifos meus]. Também acreditava que era "mais fácil" para os judeus "redescobrir a trilha do imutável", embora assim que um judeu "se desvia do caminho do Conhecimento – que é também o do sacrifício – ele seja capturado pela matéria".[22]

Entre suas muitas línguas, Milosz era autodidata em hebraico e, durante anos, teve como livro de cabeceira uma Bíblia hebraica. Um de seus últimos livros sustentava que os judeus tinham se originado da Península Ibérica, local, ele afirmava, do Jardim do Éden original, uma tese que muitos consideravam reveladora de sua ligeira excentricidade. Não há prova de que Milosz tenha sido jamais antissemita, embora, como muitos outros judeus, não hesitasse em criticar os judeus se eles se comportavam de um modo que julgasse censurável. Estava também, como outros na época, preocupado com "a questão judaica". Embora mais tarde retornasse ao catolicismo e, como Éliphas Lévi e o autor de *Meditations on the Tarot,* sustentasse que o dogma católico continha as maiores verdades esotéricas, ainda falaria positivamente sobre o "bom judeu, o bom muçulmano, o bom budista". Contudo, tinha de fato certas reservas sobre o que via como o "orgulho" de René Guénon e outros da escola tradicionalista.[23]

Um homem da direita

Concentrei-me no elemento judeu em Milosz porque isso contrasta agudamente com as opiniões de seu "irmão de armas", Schwaller. Uma das coisas perturbadoras que André VandenBroeck descobriu sobre Schwaller foi que ele era "um típico cavalheiro francês burguês", o que significava que era um "homem da direita".[24] Também significava que era antissemita. VandenBroeck teve dificuldade para assimilar a coisa, pois vinha de um meio judeu e era um "homem da esquerda". Do início ao fim de seu livro, como observa o romancista Saul Bellow, corre uma tensão entre "o nível altamente espiritualizado dos ensinamentos de De Lubicz" e "o resíduo das convicções reacionárias de De Lubicz".[25] Embora Bellow, que tinha íntimo contato com outro "homem da direita", Mircea Eliade, reconheça que Schwaller é "uma fonte de percepções revolucionárias", ele também reconhece sua ligação com "os horrores políticos do século XX".[26] VandenBroeck reconheceu-o também, o que levou à sua separação do mestre.

VandenBroeck atingiu a maioridade durante esses horrores políticos e, como muitos nos anos 30 e 40, viu que "só a esquerda resistiu ao fascismo... e tal resistência era uma prioridade em minha época". O esquerdismo de VandenBroeck, porém, não o impediu de avaliar com cuidado a ligação entre certas formas de esoterismo e a política de direita. Com Guénon e Schwaller, VandenBroeck viu que "a verdadeira direita é monárquica e teocrática; deseja autoridade, de preferência divina, acredita em elites". Conservando o valor dessa ideia, VandenBroeck adiciona, no entanto, a advertência: "Este ponto de vista poderia ter muita coisa a seu favor, não fosse uma propensão à demagogia, com o facismo sendo seu último florescimento".[27] Uma das formas sob as quais esse "fascismo espiritual" emergiu foram as ideias de De Lubicz sobre evolução: ou antes o oposto, a involução, sua versão da opinião tradicionalista de que tudo tem estado em decadência desde Adão. Recorrendo a suas raízes teosóficas, Schwaller falou ao discípulo da "involução da humanidade em geral... de gigantes que um dia caminharam na Terra para o estado quase animal, condenado ao aniquilamento cataclísmico, de que o mundo moderno rapidamente se aproxima, enquanto uma elite em evolução reúne toda a experiência humana para uma ressurreição da espiritualidade", um ciclo que ele acreditava ter acontecido muitas vezes no passado.[28] As ideias de Schwaller sobre elites tinham também uma dimensão sexual. Segundo ele, as mulheres têm uma "inevitável deficiência congênita",[29] tornando o pensamento abstrato e a filosofia uma "impossibilidade constitucional" para elas.[30] O relato feito por VandenBroeck de Lucy Lamy, enteada de De Lubicz, que trabalhava como sua "escriba" e que ele havia "formado" para essa "função" desde criança, retrata uma vida submetida a constrangimentos, tolhida.[31]

O interesse de VandenBroeck em seu mestre estava nos "domínios abstratos, intelectuais, filosóficos e lógicos", de modo que ele pôde ignorar esses traços indigestos de caráter enquanto assimilava as percepções de Schwaller em alquimia, cognição e no que Schwaller chamava de "symbolique" egípcio. Podia inclusive concordar com a versão dada por De Lubicz ao conhecimento espiritual da elite de Guénon, do qual as massas estariam inconscientes.[32] Isso incluía a música e De Lubicz, que era notoriamente ruim de ouvido (em termos francos, a única música que apreciava era o *O Ciclo do Anel,* de Wagner), compartilhava com Julius Evola e Theodor Adorno um desprezo pela música contemporânea, por sua "secularização", sendo a "desintegração da tonalidade" meramente outra demonstração da "necessidade de um 'conhecimento do templo' só acessível a uma elite".[33] Como Guénon, Schwaller tinha um toque de paranoia, falando sombriamente de "gente que gostaria de saber o que sei", de governos interessados em sua obra e de páginas desaparecendo misteriosamente de seus livros.[34] Mas as dúvidas de VandenBroeck sobre seu mestre começaram quando ele soube dos Vigias e das contribuições de Schwaller para *Le Veilleur.* Uma contribuição em particular foi incomodamente destoante, um artigo escrito por "Aor" para inclusão no primeiro número, que serviu como uma espécie de proclamação da "orientação política geral" do grupo. O artigo era intitulado *Lettre aux Juifs,* "Carta aos Judeus".

CARTAS E BOTAS DE EQUITAÇÃO

VandenBroeck tinha testemunhado o antissemitismo de Schwaller mais recentemente e atribuíra isso à sua "xenofobia associada a intolerância religiosa", um traço infelizmente comum entre a classe média francesa.[35] O que desconcertou VandenBroeck foi que, dentre todas as questões esotéricas, intelectuais ou filosóficas a que poderia se dedicar nessa declaração sobre os objetivos de sua elite, "Aor" tenha escolhido tratar de uma questão de raça. Foram dirigidas outras "cartas" a artistas, socialistas, filósofos, ocultistas – Isha chegou a contribuir com uma sobre feminilidade. Mas o *chef des Veilleurs* preferiu escrever sobre os judeus. Esse gesto "extremamente visível na Paris de 1919" perturbou VandenBroeck. "Numa nova publicação representando suas ideias, ele deixa outros se dirigirem a filósofos e artistas, e prefere se dirigir... aos judeus?" E o que tinha "Aor" a dizer a eles? "Vão construir seu país e edificar uma torre quadrada em Sião."[36]

A ideia de que os judeus europeus devessem se repatriar para um "torrão natal" na terra de Israel estava circulando desde que o jornalista austríaco judeu Theodor Herzl dera início ao movimento sionista no final do século XIX. Mas VandenBroeck não podia ignorar a mensagem de Aor. Sua carta era "um convite" aos judeus franceses para "deixarem a

França, que não era realmente o país deles",[37] um sentimento aplicado a afro-americanos nos anos 60 nos Estados Unidos, com exortações racistas a "voltarem para o lugar de onde vieram". "Mais uma vez", Vanden-Broeck escreveu, "eu encontrara a perniciosa semente que cresce de modo selvagem na extrema-direita política e mais uma vez eu a encontrara lançada em nome da espiritualidade."

O que igualmente perturbou VandenBroeck foi que, por toda a sua carreira subsequente, Schwaller tinha não apenas mantido silêncio sobre os Vigias e o inegável antissemitismo dele próprio (Schwaller levava uma vida incrivelmente reservada e VandenBroeck só soube dos Vigias após o tempo que passou com ele), mas jamais repudiara seus antigos pontos de vista. Tinha, é verdade, refinado sua ideia da elite. Em *Nature Word*, publicado pela primeira vez em 1963, Schwaller escreve que "ser da Elite é querer dar e ser capaz de dar... para aproximar-se da fonte inesgotável e dar esse alimento aos famintos e sedentos na forma que é adequada a eles".[38] Isso tem um timbre filantrópico, mas ainda vê a elite numa certa posição de privilégio, distribuindo esmolas esotéricas. Schwaller nunca se retratou de suas crenças políticas, ao contrário de C. G. Jung, que reconheceu ter cometido erros nos primeiros tempos do Nacional-Socialismo, quando achou que algo de bom poderia vir dele, uma opinião compartilhada por muitos que, como Jung, logo ficaram aterrados com a barbárie dos nazistas. Numa conversa com o rabino Leo Baeck, um amigo que rompera com ele por causa de seus comentários e que passara um período no campo de concentração de Theresienstadt, Jung admitiu que tinha "escorregado". Os dois se reconciliaram e, com base nisso, o estudioso da cabala e sionista Gershom Scholem aceitou um convite para participar das conferências Eranos, nas quais Jung era o centro não oficial.[39] Schwaller, ao contrário, nunca deu uma desculpa pública, e nisso fez como o filósofo Martin Heidegger, que também jamais admitiu ter "escorregado".

Talvez ainda mais, no entanto, que as ideias de Schwaller sobre a "questão judaica", o que perturbou VandenBroeck foi a admissão de Schwaller de que a preocupação dos Vigias com o declínio cultural incluía peças de vestimenta. Depois de discutir a futilidade da indústria da moda, Schwaller revelou bruscamente a informação de que, "em Paris, após a Primeira Guerra Mundial, eu trabalhava com um grupo de pessoas e, em protesto contra essa tolice da moda, todos os homens usavam o mesmo traje: botas, calças de equitação e uma camisa preta. *Ce qui plus tard est devenu l'uniforme des SA*" ("O que mais tarde se tornou o uniforme das SA").[40]

As SA ou *Sturmabteilung* (Tropas de Assalto) eram os bandidos paramilitares que levaram Hitler ao poder e que foram mais tarde, em 1934, aniquilados por Hitler e as SS ou *Schutzstaffel* (Esquadrões de Defesa de Tropas de Assalto) na "Noite dos Longos Punhais". Desnecessário dizer que tanto a Sturmabteilung quanto a Schutzstaffel são exemplos privilegiados da "falsificação niilista da cavalaria" mencionada por William Pfaff.

VandenBroeck ficou impressionado pela descontração com que Schwaller fez a ligação entre as roupas que escolheu e "aqueles que as usariam para a barbárie".[41] Como a linguagem abstrata neutralizava a relação causal entre a animosidade de Schwaller para com a moda e o uniforme que simbolizaria a desumanidade nazista, VandenBroeck teria deixado a história esquecida como uma sincronia macabra não fosse uma sinistra possibilidade que mais tarde lhe ocorreu.

VIVIAN POSTEL DU MAS E RUDOLF HESS

Um editor de literatura pornográfica parece um estranho canal para transmissão esotérica, mas Maurice Girodias, como chefe da Olympia Press, era exatamente isso, embora deva ser dito que ele também publicava obras de Henry Miller, Samuel Beckett e Vladimir Nabokov. Curiosamente, Girodias conhecia tanto VandenBroeck quanto Schwaller e, quando foi visitar VandenBroeck anos após este ter concluído o aprendizado com Schwaller, Girodias esqueceu de levar um livro que estava lendo. Intitulado *La Synarchie*, falava sobre Vivian Postel du Mas, mencionado mais acima como um dos membros fundadores dos Les Veilleurs, embora segundo alguns relatos tenha ficado pouco tempo associado ao grupo.[42] Na década de 1930, Vivian du Mas foi um defensor da sinarquia de Saint-Yves ao escrever *Schéma de l'archetype social* (Esboço da Sociedade Arquetípica), uma "análise sistemática de todos os níveis do universo visível e invisível" e *Le Pacte Synarchique* (O Pacto Sinárquico), um tratado político baseado nas "quatro ordens que correspondem ao sistema de castas hindu", o qual sustenta que sua "divisão das pessoas em ordens é natural e conforme à tradição" e é uma necessária "classificação espiritual dos indivíduos".[43] VandenBroeck comenta que tinha ouvido sobre "a sociedade secreta que se diz ter sido uma eminência parda por trás dos governos franceses dos anos 30 e início dos anos 40, e que se acredita que, em certas regiões, exerce poder na França até os dias de hoje". Ele acrescenta que o pacto sinárquico de Du Mas "chegou aos corredores da Terceira República e lá permaneceu durante a Ocupação".[44] Folheando *La Synarchie*, ele se depara com uma referência aos Vigias. Entre outras coisas, Du Mas é mencionado em associação com outro nome relacionado com a elite de Schwaller, Rudolf Hess, o futuro vice-führer da Alemanha voltado para o esoterismo. Um dos poucos nazistas de alto escalão com verdadeiro interesse pelo oculto, Hess era seguidor de Rudolf Steiner (ironicamente, um dos primeiros alvos dos nazistas), comia alimentos "biodinâmicos", praticava saúde alternativa e era um astrólogo apaixonado.

Mais tarde, lendo a autobiografia de Girodias,[45] VandenBroeck descobriu seu encontro com o grupo sinárquico de Du Mas numa conferência de Krishnamurti em Paris, na década de 1930. Comentando as botas de equitação que usavam, Girodias perguntou: "Quem são eles, as próprias Tropas de Assalto de Deus?" Girodias esteve também na fundação da Ordem Sinarquista, onde Du Mas fez uma palestra sobre as ideias de seu pacto sinárquico, no qual uma versão moderna do sistema de castas está baseada nas "diferenças psicológicas entre quatro categorias muito distintas de seres humanos" e envolve "ordens" que têm sua própria "hierarquia e governo".

O relato de Girodias, a referência a Hess e o comentário casual de Schwaller sobre a moda escolhida pelos Vigias levou VandenBroeck a um pensamento incômodo. "Será que passei aqueles meses ouvindo uma voz que um dia inspirou Rudolf Hess?"[46] Pode ser que a escolha do traje feita por Schwaller tenha se tornado o uniforme das SA e mais tarde das SS – assim como de outros grupos de "cavaleiros" – por meio de alguma influência direta sobre uma das poucas figuras nazistas que tinha um conhecido interesse pelo esoterismo? Sabemos que a suástica foi um símbolo importante para Schwaller, como foi para a teosofia em geral, bem antes de se tornar associada a Hitler (foi também importante para Nicholas Roerich). Em seu primeiro livro, *Les Nombres* (Os Números), publicado em 1916 (um ano apenas antes de os Vigias começarem a vigiar), Schwaller dedicou muita atenção a ela. A associação de Hess com os Vigias continua sendo especulativa, mas como alguns têm sustentado, é possível que Hess tenha pegado ideias de Schwaller e as levado para a Alemanha, onde poderia tê-las introduzido em outro grupo de elite, a infame Sociedade Thule. Como Joscelyn Godwin assinala, existe inclusive um laço fonético entre "Thule" (pronunciado "tu-la") e o nome do círculo interior dos Vigias, "Tala".[47] Entre outras preocupações, os membros da Sociedade Thule estavam, como Schwaller, profundamente interessados na "questão judaica".

HIPERBÓREA Ô!

Hoje em dia a literatura sobre o nazismo esotérico constitui um imenso subgênero, povoado principalmente por obras de duvidosa erudição ou fantasias esotéricas. Os estudos mais dignos de confiança são os de Nicholas Goodrick-Clarke;[48] também posso recomendar um trabalho curto, mas muito impressionante, que efetivamente mina a maior parte da mitologia sobre "nazistas ocultistas": *Unknown Sources: National Socialism and the Occult*, de Hans Thomas Hakl.[49] Os esforços desse e de outros historiadores confiáveis rivalizam com obras mais impressionantes como *Reich Oculto*, de J. H. Brennan, e o clássico *A Lança do Destino*, de Trevor Ravenscroft. Embora proporcionando uma leitura empolgante, esses relatos e outros semelhantes são com mais frequência obras de imaginação que qualquer outra coisa e, infelizmente, criaram uma associação entre ocultismo e fascismo que é difícil de abalar. Com certeza em alguns casos a associação é justificada e, de fato, o vínculo entre nazismo e o oculto começou bem antes de Ravenscroft e Brennan.[50] A onda dos relatos começa com a publicação na França, em 1960, do *best-seller* de Louis Pauwels e Jacques Bergier, *O Despertar dos Mágicos*, mas livros anteriores sugerem um elo de ligação entre Hitler e o oculto. Em 1939, Dion Fortune, participante de uma ramificação da Golden Dawn e fundadora da Society of Inner Light, publicou *The Magical Battle of Britain*, um trabalho projetado magicamente para impedir o avanço nazista pela Europa, que ela associava a magia negra. Em 1940, o teosofista britânico Lewis Spence publicou *The Occult Causes of the Present War*, afirmando que o objetivo secreto de Hitler era tornar a mergulhar a Europa no paganismo. E em 1941, Rom Landau, autor do *best-seller God is My Adventure*, que comentava seus encontros com Gurdjieff, Ouspensky, Krishnamurti e outras figuras espirituais, publicou *We Have Seen Evil: A Background to the War,* relato de suas impressões sobre Hitler e Mussolini. Obras mais francamente acadêmicas, como *Metapolitics: The Roots of the Nazi Mind,* de Peter Viereck (publicada em 1940, reeditada em 1961) e, mais tarde, *The Crisis of German Ideology,* de 1964, de George L. Mosse, viam o nazismo como uma expressão particularmente maligna do romantismo alemão, do qual o ocultismo era parte importante, uma associação que tem sido exaustivamente reafirmada, não obstante as reservas de outros historiadores.[51] Hans Thomas Hakl traça as raízes do esoterismo nazista para uma revista esotérica francesa, *Le Chariot,* que em 1934 falou pela primeira vez de Hitler como agente de "forças espirituais invisíveis".[52] Compreensivelmente, os franceses, que sentiram o tacão da dominação nazista na década de 1940, têm mostrado o maior interesse em revelar os poderes sombrios por trás do regime de Hitler. O próprio Louis Pauwels, um dos arquitetos do ocultismo nazista, observou que, nos primeiros tempos da "falsa guerra" de 1939, ouviu uma estranha propaganda antinazista que descrevia Hitler como personagem demoníaco.[53]

Mas embora a realidade das raízes ocultas de Hitler e do nazismo seja menos sensacional do que muitos livros sugerem, o meio em que elas surgiram tinha certamente uma atmosfera ocultista. Como Ascona e Monte Verità, a Munique que viu a ascensão do Nacional-Socialismo estava repleta do pensamento "alternativo" da época; havia inclusive um circuito Munique-Ascona, muito parecido com a "trilha beat" Nova York-San Francisco do início dos anos 60. Proto-hippies e adeptos da Nova Era estressados pela vida da cidade podiam se retirar para a Montanha da Verdade para esfriar a cabeça e "retornar à natureza". Característicos da época foram os *wandervogel,* bandos de jovens idealistas alemães que usavam cabelos compridos, sandálias, tocavam violão e passavam o tempo cultuando o sol e vagando pela zona rural, fazendo lembrar de modo impressionante a rapaziada florida dos anos 60.

Contudo, como Martin Green escreve em sua história do Monte Verità, no crepúsculo político cada vez mais sombrio, "a ideia asconiana provou ser... uma precursora do nazismo".[54] Infelizmente, os pacíficos *wandervogel* se transformariam na Juventude Hitlerista. Especialmente após a Primeira Guerra Mundial e sua humilhante derrota, a Alemanha sofreu uma crise de identidade que James Webb afirma ter sido potente motivação para uma "fuga da razão". Como observa o historiador David

Clay Large, muitos nessa época em Munique sentiam "uma repugnância pela modernidade industrial, o racionalismo liberal, a democracia parlamentar e o cristianismo ortodoxo" e se voltavam para o misticismo e para o ocultismo como meios de renovação.[55] Durante a guerra, uma "orgia sem precedentes de destruição fora levada a termo em nome do 'progresso e civilização'".[56] Na época, muitos rejeitavam ambos e procuravam, em vez disso, algum sentido no passado.

Um grupo que vinha se manifestando contra a "civilização" bem antes da Primeira Guerra Mundial era o Círculo Cósmico, cujo membro mais famoso era o filósofo *völkisch* Ludwig Klages, que tinha seguidores no subúrbio boêmio de Schwabing, versão em Munique do Haight-Ashbury* e do Greenwich Village.[57] Profundamente influenciado pelo teórico cultural do século XIX Johann Jacob Bachofen, cujo *Das Mutterrecht* (O Matriarcado) sustentava que a civilização pré-histórica fora matriarcal, Klages rejeitou a lógica e a racionalidade "masculinas" e afirmou que "a mais antiga sabedoria da humanidade era posse e privilégio das mulheres".[58] Para Klages, "só homens em contato com sua mulher interior são capazes de verdadeira criatividade".[59] No passado remoto, ele via "um mundo submerso em que muitas das condições que governam a vida moderna ainda não estavam presentes". Não o homem, "mas a mulher governava lá; não a mente calculista, mas a alma em expansão, cheia de mito e poderes simbólicos".[60]

Muita coisa do pensamento de Klages seria bem-vinda entre os adeptos da Nova Era, que compartilham tanto seu feminismo místico e crença num matriarcado primordial – popularizado por escritoras como Riane Eisler – quanto a rejeição da civilização moderna. Contudo, a celebração feita por Klages do mito, do símbolo e do passado contribuiu para um ambiente que dava suporte às fantasias pré-históricas de muitos antissemitas de espírito ariano, que rejeitavam o intelecto em favor da "alma em expansão", especialmente porque suas visões de uma "pura" terra natal ariana raramente tinham de enfrentar o escrutínio racional. O próprio Klages tinha visões arianas e, segundo o filósofo neomarxista judeu-alemão Walter Benjamin, "fazia causa comum com o fascismo".[61]

---

* Bairro de San Francisco conhecido como The Haight. Foi a principal área de difusão do movimento *hippie* nos anos 60. (N. do T.)

A Sociedade Thule, embora não tenha constituído uma organização ocultista, foi fundada por um indivíduo que certamente era ocultista. "Thule" é o nome de uma cidade mítica do norte, uma espécie de Shambhala ou Agartha polar. Ligada a uma civilização pré-histórica chamada "Hiperbórea" (Além do Vento Norte), que o historiador Richard Rudgley chama de "continente perdido da imaginação europeia",[62] era uma terra de clima suave que os antigos gregos acreditavam se encontrar na parte mais setentrional do globo. Em suas *Odes Píticas*, o poeta grego Píndaro escreveu: "Nem por navio ou viagem a pé se poderia encontrar a maravilhosa estrada para o lugar de encontro dos hiperboreanos". Em 1897, quando estava na prisão por atividades antibritânicas, o combativo líder nacionalista hindu Bal Gangadhar Tilak escreveu *The Artic Home in the Vedas*, sustentando que o lugar de nascimento da raça ariana não era a Ásia Central, mas o extremo norte.[63] Uma ideia que muitos arianistas alemães adotariam com satisfação.

ULTIMA THULE*

Píndaro pode ter tido dúvidas sobre a possibilidade de descobrir Hiperbórea, mas alguns ocultistas do início do século XX na Alemanha eram menos modestos. Um deles era Rudolf Sebottendorf, que fundou a Sociedade Thule em Munique em 1918. Sebottendorf, que estivera associado aos tradicionalistas, tinha antecedentes excêntricos.[64] Maçom, sufi, alquimista, teosofista e astrólogo, Sebottendorf, cujo verdadeiro nome era Adam Glauer (foi também conhecido como Erwin Torre), nasceu na Alemanha, que deixou para viver no Egito e depois na Turquia. Retornou à Alemanha nos primeiros anos do século XX, onde se casou, mas logo se divorciou; foi também preso por falsificação. Em 1911 retornou à Turquia, onde adquiriu nacionalidade turca, converteu-se ao islã e foi adotado pelo expatriado barão alemão Heinrich von Sebottendorf, daí o nome.

Depois de lutar do lado turco na Primeira Guerra Balcânica, Sebottendorf voltou de novo à Alemanha. Em Munique, em 1916, procurou sem êxito discípulos para seu sistema de meditação baseado na numerologia. Nesse ano entrou em contato com a Germanenorden, uma loja se-

---

* *Ultima Thule* seria a antiga capital da Hiperbórea. (N. do T.)

creta de tipo maçônico de antissemitas arianos (algo como a Ku Klux Klan) e foi transformado em líder de um grupo local. Logo após formou a Thulegesellschaft (Sociedade Thule), um "grupo de estudos da antiguidade alemã" que se tornou uma "organização de conspiradores da direita radical com opiniões estritamente antimarxistas, antiliberais, antidemocráticas e antissemitas".[65] Com efeito, a Sociedade Thule era uma "frente de batalha" para a Germanenorden. Como muitos na época, Sebottendorf acreditava na conspiração judaico-maçônica, defendia um misticismo baseado na "pureza" do sangue alemão e uma espécie de *jihad* contra judeus, ideias que se tornariam centrais para o pensamento de Hitler. Um elo claro entre os nazistas e a Sociedade Thule era a suástica; o emblema da Sociedade Thule era uma suástica adornada por uma adaga.

Nicholas Goodrick-Clarke sustenta que a Sociedade Thule foi influenciada pelas ideias do ocultista austríaco furiosamente antissemita Guido von List. Dedicado ao renascimento do paganismo germânico e ao místico poder das runas, como Sebottendorf, List tinha fantasias sobre pureza racial. Seu admirador e seguidor, o ex-monge cisterciense Jörg Lanz von Liebenfels, cunhou o termo "ariosofia", significando "a sabedoria dos arianos", para caracterizar os ensinamentos de List. Em Viena, Liebenfels publicou um jornal racista, *Ostara*, nome que homenageia a deusa alemã pagã da primavera; um de seus leitores regulares era um pintor de terceira classe chamado Adolf Hitler. Como o nome indica, a ariosofia tirava alguns de seus temas da teosofia que, como ela, encarava a tradição judaico-cristã como inferior à da Índia ariana. A teosofia também falava de "raiz-raiz" e "sub-raças", ideias que, nas mãos de gente como List e Liebenfels, serviam a objetivos odiosos.

Sob Sebottendorf, a Sociedade Thule prosperou, atraindo sólidos pilares da sociedade: industriais, produtores rurais, juízes, médicos, oficiais de polícia e professores universitários estavam entre seus membros. Isso não era incomum. Como assinala o historiador George L. Mosse: "Os nazistas encontravam seu maior apoio entre gente respeitável, educada", sendo suas ideias "eminentemente respeitadas... após a Primeira Guerra Mundial".[66] Eles também atraíram personalidades bem conhecidas, como o biólogo Ernst Haeckel, um darwinista cujas ideias teriam enorme influência sobre Rudolf Steiner e C. G. Jung.[67] Haeckel foi defensor do que chamaríamos darwinismo social, uma abordagem da sociedade a partir da "sobrevivência dos mais aptos", que se tornaria popular entre os nazistas. Em fins do século XIX e inícios do XX, Haeckel era famoso por toda a Europa; seus livros popularizando a evolução darwinista eram *best-sellers* como são hoje os livros de Richard Dawkins. Ele chegou a propor uma nova religião, o monismo, baseada em suas ideias evolucionárias. Outro interessado na sociedade foi Alfred Rosenberg, autor de *O Mito do Século XX*, que acabaria rivalizando com *Mein Kampf* como *best-seller* nazista; Rosenberg se tornaria mais tarde o principal ideólogo nazista. Também se envolvendo nisso estava Anton Drexler, que em 1919 fundou o Partido dos Trabalhadores Alemães, um grupo político antissemita e antimarxista que aceitava o mito de que a Alemanha perdera a Primeira Guerra Mundial porque fora "apunhalada pelas costas" pelos políticos e os socialistas. O cofundador do partido, Dietrich Eckart, era um jornalista, poeta e ocultista antissemita influenciado pelas ideias de List e Liebenfels.

Embora jamais tenha ingressado na Sociedade Thule, Hitler se tornou membro do Partido dos Trabalhadores Alemães de Drexler. O resto, infelizmente, foi história. Logo após seu ingresso, Hitler ficou sob a proteção de Eckart e, se alguém é responsável por criar o monstro Adolf Hitler, esse alguém foi Eckart. Considerado a musa negra por trás do Nacional-Socialismo – a monstruosa *egrégora* que se originou do Partido dos Trabalhadores Alemães de Drexler –, Eckart apresentou Hitler a Alfred Rosenberg e tomou parte no fracassado *putsch** da cervejaria em 1923. Morreu no mesmo ano. Nessa época, a Sociedade Thule não existia mais; Sebottendorf havia partido para a Turquia depois de vários thuleanos de alto escalão serem assassinados pelos sovietes bávaros em retaliação pelas mortes de seus próprios membros. Em 1933, Sebottendorf retornou à Alemanha e reivindicou crédito pela ascensão de Hitler num livro intitulado *Before Hitler Came*. Compreensivelmente, Hitler não gostou do livro e mandou que Sebottendorf fosse preso, mas ele conseguiu escapar e retornou a Istambul, onde se acredita que tenha se suicidado afogando-se no Bósforo em 1945.

---

* Golpe. (N. do T.)

O caso Jung

Embora Hitler tivesse aparentemente pouco interesse pelo esoterismo (como Mark Sedgwick escreve: "Hitler não tinha simpatia por qualquer gênero de ocultismo"),[68] tivera contato íntimo com gente interessada, e o movimento nazista, embora não tenha sido produto de "irmandades negras" ou diabólicos "superiores incógnitos", foi certamente receptivo a certas influências ocultistas. As SS de Himmler incorporavam de modo abjeto elementos rúnicos, pagãos ou relacionados com o Graal, estando profundamente influenciadas pelas ideias do ocultista Karl Maria Wiligut.[69] Um oficial das SS, Otto Rahn, escreveu um livro que se transformou em *best-seller*, *Cruzada contra o Graal*, associando os cátaros à lenda do Graal. Hermann Wirth, autor do monumental *The Rise of Mankind*, usou a meditação para examinar o passado e sustentou, como Bal Gangadhar Tilak, que a raça ariana começou no norte congelado. Em 1935, Wirth foi cofundador da famosa Ahnenerbe, a "unidade de pesquisa" nazista dedicada a descobrir a herança ariana ancestral da Alemanha, cujos esforços incluíram enviar o explorador Ernst Schäfer, das SS, para medir crânios tibetanos no Himalaia. E embora o próprio Hitler possa ter rejeitado o ocultismo, ele estava certamente consciente do "poder do mito", uma expressão familiar aos espectadores da série fantasticamente bem-sucedida de entrevistas do jornalista Bill Moyers com o estudioso dos mitos Joseph Campbell.

O poder eletrizante da suástica, os deslumbrantes efeitos de luz de Albert Speer nos gigantescos comícios de Nuremberg, a oratória "demoníaca" de Hitler e sua própria divinização como o *führer*, a visão romântica de uma Alemanha bucólica arraigada no "sangue e no solo", oposta à modernidade urbana, mecânica – tudo fazia parte da mitologia do Nacional-Socialismo que Hitler e seguidores vendiam a um público interessado. Houve um mito fundamental para o sucesso de Hitler, a sombria mentira enunciada nos *Protocolos dos Sábios de Sião*. Que os *Protocolos* fossem "verdadeiros" ou não provavelmente jamais ocorreu a Hitler; o importante era que estavam de acordo com as suas opiniões e que, assim como ele, muita gente *acreditava* que fossem verdadeiros. (As pessoas que acreditavam nos *Protocolos* não eram necessariamente desprovidas de inteligência; um dos que lhes davam o mais fervoroso suporte era Henry Ford, pai da linha de montagem e da produção em massa. Como muita gente influente, confrontado com a prova de que os *Protocolos* eram forjados, Ford se recusou a acreditar nela.) Como o sindicalista francês Georges Sorel e o filósofo político Leo Strauss, Hitler sabia que, em política, o mito é frequentemente mais importante que a "verdade", um bem difícil, em qualquer época, de se conseguir passar. Razão e racionalidade são coisas maçantes que exigem esforço. O mito contorna as inibições da mente crítica e alcança as forças vitais que estão por baixo dela. É isso que o torna empolgante e revigorante. É também o que o torna perigoso. Ao dizer isto não estou me colocando "contra" o mito; estou meramente assinalando que ele envolve algo mais do que apenas "seguir o que nos deixa felizes".

Na época, porém, muitos estavam dispostos a se aventurar aos perigos do mito, dando-lhe precedência sobre a razão. Uma dessas pessoas foi o psicólogo suíço C. G. Jung, talvez mais que qualquer outro a figura mais importante no novo despertar do pensamento espiritual em tempos modernos. Embora durante grande parte de sua carreira Jung ocultasse o interesse pelo ocultismo, o que escreveu em seus últimos anos sobre o gnosticismo, a alquimia, o paranormal, o espiritismo e mesmo discos voadores trouxeram essas áreas consideradas marginais para o campo da pesquisa respeitável. Como era de se esperar, as inclinações ocultistas de Jung levaram a críticas de irracionalismo. Como Ludwig Klages, Jung tem sido visto por muitos na esquerda como um perigoso expoente de ideias *völkisch*. O filósofo neomarxista Ernst Bloch, ele próprio não estranho a utopias rosacrucianescas, descreveu um dia Jung como um "psicanalista de palavrório fascistoide".[70] Outros filósofos neomarxistas, como Theodor Adorno, também rotularam Jung de fascista. A etiqueta foi talvez examinada seriamente pela primeira vez pelo filósofo da cultura judeu-alemão Walter Benjamin, que, ao contrário de Adorno, tinha algum interesse em ideias ocultistas, especificamente na cabala e na grafologia, uma disciplina que, ironicamente, compartilhava com o "fascista" Klages (Benjamin foi também amigo íntimo do estudioso da cabala Gershom Scholem, que, como mencionei, foi parceiro de Jung nas conferências Eranos). Adorno, Bloch e outros viam a psicologia de Jung como simples celebração do inconsciente, uma rejeição da mente crítica, racional, seguindo a mesma tendência que o trabalho do mais francamente irracionalista Klages, cujas ideias sobre "alma" em oposição a "espírito", sustentavam eles, ajudaram a preparar a psique alemã para

Hitler. O fato de Jung, como muitos outros, ter a princípio acreditado que o potencial criativo da Alemanha pudesse encontrar uma expressão fértil por meio de Hitler certamente não ajudou. Segundo a psicologia de Jung, o lado "sombra" da psique, embora associado ao "mal", pode frequentemente ser a fonte do "bem", de nova vida e transformação, e Jung, segundo se demonstrou, falava dos nazistas como "uma caótica pré-condição para o nascimento de um novo mundo",[71] um aceno para a observação de Nietzsche de que "é preciso ter o caos dentro de si para dar à luz uma estrela cintilante". Isso, em certo sentido, exemplifica os perigos de "pecar no sagrado" e nos lembra que mesmo grandes homens podem ficar cegos devido às suas ideias.

Mais recentemente, no controvertido trabalho *The Jung Cult*, Richard Noll faz acusações similares contra Jung, afirmando que, no início de sua carreira, quem parecia ser o herdeiro do trono de Freud submergiu no meio ocultista ariano de Munique e Ascona como um devoto de crenças *völkisch* e se imaginando uma espécie de salvador nacional. Outras obras sugerem que Jung, em sua carreira posterior, embora não fosse membro habilitado do partido, era pelo menos uma espécie de "companheiro de viagem" nazista, analisando as apostas antes de finalmente se colocar do lado vitorioso.[72] Os partidários de Jung rejeitam essa ideia assim como a crença de que, nas palavras do romancista Thomas Mann, Jung tenha sido "sempre meio nazista".[73] O próprio Jung negava categoricamente que tenha sido algum dia simpatizante nazista ou antissemita.

O debate continua.[74] O que se revela nos relatos do envolvimento de Jung com os nazistas é que, como qualquer outra pessoa, o grande homem foi capaz de cometer erros prejudiciais e fazer avaliações apressadas, acusação feita contra Jung por um de seus mais próximos colaboradores, o psicanalista judeu Jolande Jacobi.[75] As avaliações apressadas de Jung incluíram comentários sobre as diferenças entre as psiques alemã e judaica numa época em que tais observações, por mais "objetivas" ou "científicas" que parecessem, seriam usadas para objetivos odiosos pelos oportunistas raciais nazistas. Pronunciamentos sobre a "velha" psique judaica e a "jovem" psique alemã dificilmente deixariam de ser mal interpretados nos dias sombrios dos anos 30, mesmo que Jung fizesse esses comentários no contexto de outras observações sobre as psiques "ocidentais" e "orientais" e não estivesse destacando os judeus como alvo de crítica. Da mesma maneira, a observação de Jung de que os judeus parecem "nunca ter criado uma forma cultural própria", mas precisam de uma "nação hospedeira", teria sido lida em 1934 (quando foi feita) de um único modo: o judeu era um parasita, alimentando-se do hospedeiro ariano. Não importa que filósofos judeus como Otto Weininger e Ludwig Wittgenstein fizessem comentários semelhantes (e evidentemente o fato de os terem feito não os torna verdadeiros).[76]

Jung também pode ser criticado por ter aceitado a presidência da Sociedade Geral de Psicoterapia e a editoria de seu jornal, o *Zentralblatt für Psychotherapie* – ambas baseadas na Alemanha –, numa época em que estavam se movendo inexoravelmente para serem *gleichgeschaltet*, "amoldadas", a ideologias nazistas. Jung sustentou que aceitou a presidência para impedir que a sociedade ficasse integralmente ajustada ao nazismo e que chegou inclusive a tomar iniciativas para ajudar seus membros judeus, dando nova redação aos estatutos para torná-los formalmente internacionais e criar uma nova categoria de filiação, permitindo assim que judeus excluídos da qualidade de filiados alemães pertencessem a ela como indivíduos. Durante o tempo em que Jung foi editor do *Zentralblatt*, o dr. M. H. Göring – primo do marechal do Reich Hermann Göring –, que fora nomeado presidente da seção alemã da sociedade, inseriu uma declaração de princípios pró-nazista em um número de 1933, recomendando *Mein Kampf* como texto básico para todos os psicoterapeutas e instando todos os membros a manifestarem sua lealdade ao Nacional-Socialismo. Jung, que morava em Zurique e tinha pouco controle "efetivo" do jornal, ficou indignado com a declaração e afirmou que ela fora incluída sem o seu conhecimento.

Jung acabou abrindo mão da presidência e da editoria, mas que inicialmente as tivesse ocupado tem sido encarado como prova de que não queria se tornar inimigo do Terceiro Reich tão no começo do jogo. Em sua defesa, pode ser dito que Jung não quis ceder uma importante publicação intelectual para tornar mais completo o domínio nazista e, além de ajudar colegas judeus e outros judeus (e ter importantes seguidores judeus, como Erich Neumann e Gerhard Adler), em 1936 Jung finalmente condenou Hitler como "fanfarrão delirante", um homem "possesso" que colocara a Alemanha na "rota para a perdição".[77] Depois disso, Jung se tornou naturalmente um alvo; seus livros foram proibidos e destruídos e teve o nome posto na lista negra nazista.[78] Como Deirdre Bair deixa claro numa recente biografia de Jung, a inteligência militar americana examinou relatórios sobre as simpatias nazistas de Jung, julgou que não tinham substância e alistou Jung para ajudá-la nos planos de derrotar Hitler. Juntamente com outras atividades em prol da causa aliada, Jung trabalhou para o Departamento de Serviços Estratégicos, fazendo avaliações psicológicas de líderes nazistas, sob o codinome "Agente 488". A influência de Jung chegou aos altos escalões da hierarquia aliada quando, perto do término da guerra, o general Dwight D. Eisenhower buscou no trabalho de Jung sugestões sobre o melhor meio de convencer os civis alemães de que a derrota era inevitável.[79] Jung foi inclusive, durante um período breve, envolvido num complô alemão para depor Hitler e seu ensaio "Wotan", onde sustenta que a ascensão do Nacional-Socialismo era prova de que a Alemanha, que chamou de "terra de catástrofes espirituais", fora dominada pelo arquétipo do antigo deus teutônico, tornou-se leitura obrigatória em todo o Ministério das Relações Exteriores britânico.[80]

Mas em certo sentido o choque de Jung com o nazismo é uma pista falsa. Estivesse ou não inclinado para o nazismo (e não penso que estivesse), Jung, como Schwaller de Lubicz, era sob muitos aspectos um "homem da direita". Como René Guénon, não morria de amores pelo mundo moderno. Construiu sua famosa torre, Bollingen, nas costas do Lago de Zurique para poder escapar da banalidade moderna e mergulhar em formas mais antigas, míticas de consciência. Em seu notório desprezo pela cultura moderna, via obras como *Ulisses*, de James Joyce, e as telas de Picasso como indicações de uma deterioração psíquica; como Schwaller, também não tinha bom ouvido e lhe sobrava pouco tempo para a música.[81] Havia também um traço autoritário em Jung que o fazia apreciador de ditadores como Francisco Franco, da Espanha, um sentimento político que criou desavença entre ele e o colega conferencista em Eranos, Jean Gebser, que estava ao lado dos republicanos e escapou por um triz de ser executado pelos fascistas.[82] Com todo o devido respeito por sua inegável contribuição à consciência espiritual dos tempos modernos, isso enquadra Jung como um dos "caras legais" que disse "coisas ruins".

Como Joseph de Maistre e Saint-Yves d'Alveydre, Jung acreditava que a anarquia devia ser evitada a qualquer custo. Escrevendo em 1936, Jung sustenta que "a perda de uma autoridade firme está gradualmente levando a uma anarquia intelectual, política e social que é repugnante para a alma do homem europeu, acostumado como é à ordem patriarcal".[83] Ele sentia que a perda da autoridade da Igreja era responsável pela ascensão do totalitarismo e a deificação do Estado, que ele define como "a aglomeração das não entidades que o compõem".[84] Como Ouspensky, Jung acreditava que o Estado estava "intelectual e eticamente muito abaixo do nível da maioria dos indivíduos dentro dele",[85] embora achasse que o homem moderno estava se movendo cada vez mais para uma absorção na massa. Um agente desse movimento era o Estado do bem-estar, que Jung via como "bênção duvidosa", que "despoja as pessoas de sua responsabilidade individual, transformando-as em crianças e carneiros", produzindo uma sociedade coletivista na qual "o capaz será simplesmente explorado pelo irresponsável", um argumento lançado com frequência por políticos conservadores e pensadores de direita como o filósofo e romancista Ayn Rand. O Estado do bem-estar, contudo, era apenas uma manifestação dos males da modernidade. Mais perturbador era "a acumulação de massas urbanas, industrializadas – de pessoas arrancadas do solo, engajadas em empregos restritos e despojadas de qualquer instinto saudável, inclusive o de autopreservação",[86] uma observação que poderia facilmente ter sido feita pelo tradicionalista e simpatizante fascista Julius Evola.

Jung sustentava que tais condições tornavam possível uma coisa como o nazismo. Esses, no entanto, são os próprios males a que os nazistas se opunham quando reivindicavam estar "enraizados no solo" contra o que viam como um cosmopolitismo judeu sem raízes, urbano. Isso não desqualifica a crítica que faz Jung da condição moderna, que sob muitos aspectos parece verdadeira, mas é outro exemplo das complexidades da política ocultista. Também mostra que uma rejeição do mundo moderno não precisa resultar numa perigosa "fuga da razão", na adoção de alguma suposta "tradição" ou num mergulho no fascismo. Ela também pode inspirar um reconhecimento racional de que, a menos que as realidades perturbadoras sejam resolvidas, uma dessas três indesejáveis possibilidades se apresentará para preencher a lacuna.

Contra tais tendências, Jung formulava seu conceito de individuação, o processo psicológico através do qual, no dizer de Nietzsche, "a pessoa se torna o que é", e que Jung via como a única esperança que tinha o homem ocidental de não ser absorvido numa massa social homogênea, o "homem massa" da época moderna. Como Noll sustenta em seu trabalho desafiador, é fácil ver isto como o apelo do próprio Jung por uma elite; Jung reconhece que a individuação, embora teoricamente possível para todos, realmente só é adotada pela minoria, embora não exista nada que impeça outros de fazer o mesmo, exceto a inclinação. Os ecos de Guénon e Schwaller são incômodos, mas a individuação de Jung, como a autoa-tualização do psicólogo Abraham Maslow, não requer alguma tradição primordial ou conhecimento do templo – ou mesmo botas de equitação –, mas que assumamos a responsabilidade de desenvolver nossa própria personalidade e potencial, que Jung considerava "um ato da maior coragem diante da vida".[87] Como tal, sugere um caminho mais liberal, tolerante e criativo do que o proporcionado por escolas autoritárias de pensamento.

Essas outras escolas de pensamento, no entanto, continuaram existindo e suas reações às condições modernas que incomodavam Jung eram muito diferentes.

11

Arcanjos de Nossa Natureza Mais Sombria

Antes de passar aos temas principais deste último capítulo, eu gostaria de mencionar brevemente um desenvolvimento em política ocultista sobre o qual escrevi longamente em meu livro *Turn Off Your Mind: The Mystic Sixties and the Dark Side of the Age of Aquarius*. A última grande retomada ocultista da época moderna começou na França, em 1960, com a publicação do inesperado *best-seller The Morning of the Magicians*, de Louis Pauwels e Jacques Bergier, e nunca realmente terminou. Em forma modificada, é levada avante como nosso movimento Nova Era, que já está conosco há pelo menos vinte anos, tomando a "Convergência Harmônica" de 1987 como útil ponto de partida, embora as ideias Nova Era estivessem circulando antes disso.

Como mencionei mais acima, na década de 1960, muitas das ideias "alternativas" que foram populares nos primeiros tempos de Monte Verità, e que faziam a ronda nos cafés da Schwabing pré-nazista de Munique, vieram à tona. Em meados dos anos 60, as pessoas mais famosas do mundo – os Beatles e os Rolling Stones – defendiam uma cesta básica de atividades místicas: meditação, sabedoria oriental, magia, até mesmo satanismo, como a música dos Stones "Sympathy for the Devil" sugere. Entre as faces incluídas na capa do álbum de máximo impacto dos Beatles, *Sgt. Peppers' Lonely Hearts Club Band* (1967), estão C. G. Jung, Aleister Crowley e Aldous Huxley. A defesa cuidadosa feita por Huxley do uso criterioso, controlado, de drogas alucinógenas para explorar a consciência (como sustentado em *As Portas da Percepção*) foi logo apropriada pelo guru psicodélico Timothy Leary, que notoriamente se batia por uma abordagem "democrática" mais generalizada que, ironicamente, fez com que a dietilamida do ácido lisérgico-25, popularmente conhecida como LSD, se tornasse ilegal. Que Leary, um demagogo, visse a si próprio como líder de uma nova "sociedade psicodélica" não ajudava. Uma boa porção dos apelos por "revolução" que ecoaram durante os últimos anos da década e continuaram brevemente pela seguinte foram alimentados pelos efeitos alteradores da mente do LSD e, de maneira menos intensa, da maconha, embora muitos radicais de esquerda vissem nessas drogas a mesma coisa que Marx via na religião, ou seja, um meio de manter o populacho feliz. O que tornou a época excepcional é que ideias sobre modos de vida "alternativos" (que resultaram numa superabundância de comunidades e sociedades alternativas), juntamente com um grande interesse por culturas não ocidentais e um ressurgimento do pensamento místico e ocultista, foram associadas por muitos a expectativas sobre uma reforma social iminente, na qual a Atlântida viria à tona, os discos desceriam ou algum outro desfecho apocalíptico teria lugar. Essas expectativas milenaristas foram amplamente disseminadas pelo maquinismo da cultura popular, que, nos anos 60, estava se transformando na rede de comunicação global que é hoje.

Outro fator importante foi o estabelecimento de uma vigorosa cultura jovem, que agia ao mesmo tempo como transmissora e como rico mercado consumidor: era preciso comprar os álbuns para ouvir a música que pedia uma rejeição da sociedade burguesa. Mas também havia, no sentido de James Webb, preocupação genuína com uma "transcendental escala de valores". Um exemplo da mistura de consciência política e mágica que caracterizou a década foi a revolução estudantil em Paris, em maio de 1968, em que o "poder da imaginação" e "tome seus desejos pela realidade" estavam entre as palavras de ordem dos grafites que cobriam o campo de batalha urbano.

Muitos dos atuais fundamentos da moderna espiritualidade entraram pela primeira vez na consciência popular geral nessa década turbulenta e relacioná-los aqui seria supérfluo; o leitor interessado pode recorrer ao meu livro. Mas embora muita coisa boa, sem a menor dúvida, tenha emergido nessa época, os anos 60 não foram apenas paz e amor. Havia um lado escuro na Era de Aquário, e Charles Manson foi o ícone que se tornou clichê, o mentor *hippie* responsável pelos horripilantes assassinatos Tate-Labianca em Los Angeles, em 1969, que tinha interesse em LSD, Hermann Hesse e na sua própria cidade subterrânea.[1] Curiosamente, 1969 foi também o ano de Woodstock e da primeira descida na Lua, mostrando que, como em épocas anteriores, nos anos 60 o antigo se fundia ao moderno: sendo Woodstock uma tentativa de rejeitar a civilização e, nas palavras da cantora Joni Mitchell, "voltar ao jardim", enquanto a caminhada na Lua de Neil Armstrong foi o mais vigoroso símbolo até hoje do triunfo da tecnologia.

Mas Manson, que também queria se desvencilhar da civilização – no caso dele para dar início a uma guerra racial –, foi apenas o mais visível dos brotos sombrios a florir no verão do amor (Manson começou a reunir sua "família" em San Francisco, em 1967). Também apareceram outras formas de escuridão e algumas tinham vínculos com a consciência política do tempo. Um exemplo é a tentativa feita por líderes da "geração paz e amor" de empregar os Hell's Angels, a famigerada gangue de motoqueiros, como uma espécie de camisas pardas hippies para dar proteção aos "chefes" contra os "caretas" em reuniões "tribais", como o Be-In, no parque Golden Gate de San Francisco, em 1967. Em sua maior parte, a violência que divertiu os Hell's Angels nesse encontro não foi relatada – teria sido propaganda negativa para a causa.[2] Mas o mesmo não aconteceu na cena que, para muitos, marcou o fim do "flower power" (força das flores): o desastroso concerto dos Rolling Stones em Altamont, Califórnia, em 6 de dezembro de 1969 (de novo esse importante ano), quando os Hell's Angels, novamente empregados como seguranças, aterrorizaram uma pequena cidade *hippie* e assassinaram pelo menos uma pessoa. Quem estava naquele concerto ou os muitos que viram o filme feito sobre ele, *Gimme Shelter*, perceberam que, como John Lennon diria quase exatamente um ano mais tarde, "o sonho acabou".

Num sentido amplo e quase anedótico, outro exemplo da política esotérica dos anos 60 foi a tentativa feita por Kenneth Anger, cineasta e seguidor fervoroso de Aleister Crowley, de exorcizar o Pentágono, que, segundo o xamã Estrondo de Trovão, dos índios hopi, era um poderoso símbolo do mal – uma ideia com que, durante a Guerra do Vietnã, muitos concordavam. De um modo menos óbvio, no entanto, esquerdistas radicais como Abbie Hoffman e Jerry Rubin, fundadores do movimento Yippie, engajaram-se numa forma de "política de rua", que incluía mais que um passe de mágica. A adoção do irracionalismo que caracterizou boa parte das táticas de Hoffman e Rubin, e que James Webb vê como um poderoso elemento em política ocultista, está clara no mantra "Do it!" (Faça!) de Rubin. Embora mais conhecido hoje como gancho publicitário da Nike, na época o grito de guerra de Rubin combinava melhor com o "faça o que quiser" de Crowley – que, pensando bem, é outro bom material publicitário. "Ação é a única realidade. Não confie em palavras. Confie em fazer. Fé nos impulsos. Faça. Faça", nos dizia Rubin, uma mensagem que muitos consumidores atuais ouvem todo dia. É uma outra versão da declaração revolucionária feita paralelamente por Hoffman, em *Revolution for the Hell of It*, de que "a realidade é uma experiência subjetiva. Existe na minha cabeça. Eu sou a Revolução" – uma noção mágica, se algum dia houve alguma. Ambas as declarações estão relacionadas com a expressão que serve como título do meu livro, *Turn Off Your Mind*, que chegou até mim por meio de John Lennon, que a pegou de Timothy Leary, que a tomou do *Livro Tibetano dos Mortos*.* Para Leary, Rubin e muitos outros na época, a mente racional era um obstáculo no caminho da "revolução", era algo que devíamos evitar ou de que devíamos nos livrar. Deixo para o leitor interessado decidir até que ponto esses e outros "revolucionários" dos anos 60 foram bem-sucedidos em sua campanha e até que ponto algumas das consequências foram agradáveis.[3] Outras formas do esoterismo na política exigem minha atenção e é para elas que tenho agora de me voltar.

JULIUS EVOLA E MIRCEA ELIADE

Neste capítulo, quero olhar para dois personagens que parecem estar a quilômetros de distância da "política mágica" dos anos 60. Estranhamente, no entanto, o tradicionalista italiano e simpatizante fascista Julius Evola e o historiador da religião romeno Mircea Eliade também possuem vínculos com essa década mística.

Optei por encerrar este apanhado do esoterismo na política com esses dois por algumas razões. Uma é que Evola e Eliade se conhecem. Na verdade, Evola foi um tipo de mentor tradicionalista para Eliade, embora Eliade, vivendo e trabalhando nos Estados Unidos após a Segunda Guerra Mundial, subestime e obscureça sua formação tradicionalista. Age

---

* Versão organizada por W. Y. Evans-Wentz, publicada pela Editora Pensamento, São Paulo, 1985.

assim por diferentes razões, algumas tendo relação com a política, outras com sua carreira e ainda porque, sob muitos aspectos, ele havia ultrapassado os limites de uma visão estritamente tradicionalista. Embora a maioria dos leitores provavelmente conheça Eliade, muitos talvez não estejam tão familiarizados com Evola, mesmo que, de uns anos para cá, seu renome como teórico esotérico brilhante, rigoroso e extremamente agradável de se ler tenha crescido graças às muitas traduções inglesas de suas obras, até recentemente não disponíveis e hoje publicadas pela Inner Traditions, uma das principais editoras esotéricas dos Estados Unidos. É justamente a popularidade póstuma de um autor que ganhou as boas graças dos nazistas e defendeu a veracidade dos *Protocolos dos Sábios de Sião* que sugere uma associação renovada entre alguns membros da comunidade esotérica e a política de extrema-direita. Embora a participação inicial de Eliade – numa extensão debatível – no tipo particular de "fascismo espiritual" de Evola seja objeto de muita controvérsia, ela continua sendo parte de sua história, desconhecida da maioria de seus leitores. Enquanto Evola proclamava aos quatro ventos opiniões antidemocráticas, autoritárias e fascistas, Eliade possivelmente incorporava uma versão menos ruidosa de temas similares num trabalho acadêmico altamente considerado, a tal ponto que é possível ver Eliade como uma espécie de tradicionalista "encoberto", embora alguém que, em várias ocasiões, tenha rejeitado a linha estritamente tradicionalista e adotado um ponto de vista mais amplo, mais inclusivo.

Também escolhi esses dois porque o trabalho deles nos faz olhar para tempos relativamente recentes. Os escritos de Eliade sobre xamanismo e religiões arcaicas continuam sendo bastante populares e, na década de 1960, durante os anos de "paz e amor", os livros de Evola estavam sendo redescobertos por indivíduos de um temperamento muito diferente, a juventude neofascista da Itália (foi precisamente a ascensão da esquerda radical, associada aos anos 60, que propiciou a redescoberta de Evola). E enquanto a estatura acadêmica de Eliade, quando não seu apelo popular, tem sido abalada em anos recentes, o círculo de leitores de Evola vem crescendo continuamente. Livros destinados a serem lidos pela juventude italiana descontente, procurando orientação num indesejado mundo moderno, não costumam fazer parte do estoque de livrarias Nova Era nos Estados Unidos e no Reino Unido.

Mas desde sua morte em 1974, os pontos de vista de Evola têm atraído mais que apenas leitores de literatura esotérica. Um exemplo é o atentado a bomba numa estação ferroviária de Bolonha, em 1980, praticado por neofascistas italianos de extrema-direita, muito provavelmente membros do Nuclei Armati Rivoluzionari, que fugiu para a Grã-Bretanha quando a investigação policial fechou o cerco. Oitenta e cinco pessoas foram mortas, incluindo crianças, e centenas ficaram feridas. Muitos "suspeitos habituais" da extrema-direita foram interrogados e, durante os depoimentos, um nome foi mencionado por todos: Julius Evola, cuja obra possivelmente proporcionou o fundamento ideológico para o atentado a bomba. A única razão que impediu a detenção de Evola foi o fato de ele estar morto. Como observou um comentarista: "Diz-se que na Itália, na década de 1970, se a polícia encontrasse livros de Evola durante uma busca em seu apartamento, você teria mais problemas do que se encontrassem explosivos plásticos".[4]

FUTURISTA TRADICIONAL

O barão Julius Evola ou, para dar o nome completo, Giulio Cesare Andrea Evola, nasceu em 19 de maio de 1898 de uma família siciliana nobre.[5] Filho inteligente, rebelde, Evola logo se revoltou contra a rígida criação católica e o ressentimento contra o cristianismo permaneceria do início ao fim de sua vida, alimentando um arrogante desprezo pelas massas "fracas" e "ignorantes". Evola nunca obteve um diploma acadêmico, nem parece ter exercido atividade remunerada – a renda de Evola, como a de Schwaller de Lubicz, é coisa misteriosa – mas estudos de engenharia industrial impregnaram seu estilo aristocrático e insosso de um senso de precisão, uma clareza e uma lógica frias. Ironicamente, no entanto, o que pôs Evola no rumo de se tornar um tradicionalista foi a admiração inicial pelo trabalho do poeta futurista italiano de vanguarda Filippo Tommaso Marinetti, cujas ideias seriam bem acolhidas pelo ditador fascista da Itália, Benito Mussolini, um favorecimento que mais tarde o próprio Evola tentaria conseguir. Marinetti cantava louvores à modernidade que Evola logo começaria a desprezar e não parece um mentor convincente para um filósofo cujo trabalho que melhor se conhece é intitulado *Revolta contra o Mundo Moderno*. As próprias sensibilidades fascistas de Marinetti, no entanto – uma rejeição rancorosa da natureza, uma celebração do sistema e da eficiência e uma aceitação da velocidade e da violência como fins em si mesmos –, estavam de acordo com o caráter de

Evola, e o tipo de "terrorismo estético" em que os futuristas se engajavam seria refletido pelos seguidores de Evola, embora num nível tragicamente mundano. A guerra, para Marinetti, era um acontecimento estético e a onomatopeia brutal de sua poesia, imitando o som de metralhadoras ("ferrões sopapos *traque-traque* chibatas *pic-pac-pum-tumb*"), prenuncia o fascínio do próprio Evola pela xátria, a casta guerreira hindu. Evola jamais perdeu seu romantismo guerreiro e mais tarde escreveu um livro sobre o escritor nacionalista alemão Ernst Jünger, um condecorado herói de guerra. Embora não tenha participado de nenhuma ação, Evola serviu brevemente no exército italiano como artilheiro, nos últimos dias da Primeira Guerra Mundial.

Retornando à vida civil, Evola sentiu falta da disciplina e hierarquia dos militares e foi oprimido por uma sensação de desnorteamento. Experimentou drogas, o que só o levou a uma preocupação com o suicídio. Foi salvo desse destino mórbido por uma obra do budismo e mais tarde escreveu um livro sobre o ascetismo budista, *A Doutrina do Despertar*. Buda, contudo, teve concorrência; outro movimento de vanguarda, Dada ou Dadaísmo, se espalhara pela Itália e Suíça. A tática belicosa do futurismo agora parecia vulgar, mas o dadaísmo, fundado pelo romeno Tristan Tzara em 1916, em Zurique, tinha um apelo intelectual. Evola atirou-se no movimento, lendo poesia dadaísta para a música atonal de Arnold Schönberg no cabaré Grotte dell'Augusteo, versão romana do mal-afamado cabaré Voltaire, de Zurique. Começou inclusive a pintar e uma de suas obras dadaístas ainda está exposta na Galeria Nacional de Arte Moderna em Roma.

Evola produziu um importante ensaio sobre arte abstrata mas, como aconteceu com o futurismo, o dadaísmo não satisfazia. Anos mais tarde, Evola parece ter aproveitado uma oportunidade para repreender seu ego mais jovem, dadaísta, difamando a inspiração vanguardista. Em 1937, Evola publicou uma versão dos *Protocolos dos Sábios de Sião*, sustentando que tinham "o valor de um tônico espiritual" que não podia ser "ignorado ou rejeitado sem minar seriamente o *front* dos que estão lutando em nome do espírito, da tradição ou da verdadeira civilização" e que os judeus tinham como dever "destruir cada traço sobrevivente de verdadeira ordem e de civilização superior". Dentre os muitos exemplos de traiçoeira gente judia que forneceu, incluiu Tzara e Schönberg.[6] Nessa época, Tzara tinha enriquecido seu delito tornando-se comunista e

Schönberg estava exilado dos nazistas nos Estados Unidos. As ideias de Evola sobre os males praticados pelos judeus foram influenciadas, ironicamente, por um filósofo judeu, o brilhante, mas perturbado, Otto Weininger, cujo livro, *Sex and Character*, sustentava que os judeus como raça exibiam um ódio de coisas de natureza "mais elevada": daí a redução de Marx da religião a um "ópio do povo". Weininger, que lutou contra inclinações para a homossexualidade do início ao fim de sua curta vida (matou-se aos 23 anos),[7] também argumentou que, enquanto os homens eram seres espirituais buscando as alturas celestiais, as mulheres eram sombrias criaturas da Terra, interessadas apenas em sexo e reprodução. Como Schwaller de Lubicz, Evola nutria ideias muito "tradicionais" sobre as mulheres e, em sua *magnum opus*, dedica um capítulo às virtudes do harém e da prática hindu do *sati*, quando a viúva acompanha o marido na morte, sendo queimada viva em sua pira funerária.[8] De fato, toda a história esotérica do gênero humano de Evola – influenciada por Guénon, Madame Blavatsky, Bal Gangadhar Tilak e Bachofen – pode ser vista como o conflito entre o que ele chama de espiritualidade "solar", "viril", "masculina" e outra "lunar", "passiva", "feminina". Em poucas palavras: embora a civilização primordial, que estava informada pela Tradição, fosse solar, viril e começasse na Hiperbórea polar, ela se extraviou ao se cruzar com raças meridionais, femininas, "promíscuas". Como era de esperar, as coisas desde então entraram em declínio. Embora sob muitos aspectos eu compartilhe a avaliação feita por Evola dos excessos do feminismo, temos de admitir que sua obra estritamente "masculina" é boa candidata a uma filosofia baseada no medo estereotipado do feminino.

Depois do Dada, Evola se voltou para a filosofia e escreveu vários livros elucidando a metafísica do "indivíduo absoluto". Ela se resume à doutrina de que tal indivíduo desfruta "a capacidade de ser incondicionalmente o que quiser" e de que, como diria o filósofo Schopenhauer, o mundo é a representação que tal indivíduo faz dele. Para o arrogante Evola, isso era uma racionalização ontológica de seu próprio desrespeito com relação às outras pessoas, um traço que, infelizmente, não é incomum entre muitos ocultistas (a "Grande Besta" Aleister Crowley é um exemplo bem ilustrativo). Embora as obras filosóficas de Evola tenham caído na obscuridade, suas ideias sobre o indivíduo absoluto e a liberdade incondicional do ego tornaram-se a base do trabalho que lhe daria uma notoriedade duradoura: seus ensaios sobre a história e a prática do esoterismo.

INTRODUÇÕES À MAGIA

Evola se interessou pela teosofia e uma correspondência com *sir* John Woodroffe (como Arthur Avalon, autor de vários livros sobre a filosofia hindu) levou mais tarde ao livro sobre o tantra, *The Yoga of Power*; outro livro de Evola, misturando suas ideias sobre o tantra com as de Weininger, é a *Metafísica do Sexo*. Mas a verdadeira introdução de Evola no ocultismo, no esoterismo, e, mais significativamente, em René Guénon veio através do ocultista Arturo Reghini, editor de duas influentes publicações ocultistas italianas, *Atanòr* e *Ignis*. Segundo o historiador David Lloyd Thomas, Reghini era um "pitagórico moderno"[9] e, num interessante artigo sobre Evola, o crítico literário italiano Elémire Zolla sugere que boa parte da primitiva obra de Evola foi "emprestada" de Reghini sem reconhecimento[10] (de fato Evola e Reghini travaram uma breve, mas retaliadora batalha legal, envolvendo acusações mútuas de difamação e plágio).[11] Em meados de 1920, Reghini introduzira Evola numa sociedade esotérica conhecida como Grupo UR, que via a magia como a "ciência do ego", um sentimento que se ajustava aos de Evola. Evola mergulhou nas atividades do grupo estudando alquimia, taoísmo, budismo e outras práticas esotéricas e espirituais. Ligando todas essas atividades estava a ideia de iniciação, a noção de que, por meio delas, Evola estava se unindo a uma cadeia iniciática que remontava a uma tradição perdida, primordial. Ele encontrara seu ambiente e logo se transformou na voz mais criativa entre os anônimos membros UR. Foi nesse momento que sua revolta contra a modernidade tornou-se clara. Numa versão posterior de *La Torre*, a publicação do grupo, rebatizada após uma batalha pelo controle entre Evola e Reghini, Evola anunciou sua meta. O novo periódico seria uma revista de "combate, crítica, afirmação e negação" sobre o "plano mesmo da cultura ocidental" e formaria uma "barreira inquebrantável contra o declínio geral de todos os valores da vida".[12] O que Evola adquirira no "plano esotérico" deveria agora ser empregado no plano "existencial-político".[13] O que isto significava era a política ocultista.

FASCISMO TRADICIONAL

Devo salientar que os muitos escritos de Evola sobre uma variedade de temas esotéricos frequentemente justificam o aplauso que receberam. Ler Evola pode ser revigorante; seus artigos originários do Grupo UR reunidos em *Introduction to Magic*, por exemplo, exibem uma clareza e um rigor que são raros nesse tipo de material. E embora o esoterismo e a política de Evola formem realmente um "pacote único", como acontece com Schwaller de Lubicz, é possível extrair muita coisa de suas percepções sobre uma variedade de temas esotéricos sem ter de aceitar sua política. Essa, de fato, é a justificativa dada por muitos partidários de Evola, ainda que com frequência eles sejam "politicamente incorretos" e aplaudam sua política. Sem dúvida, numa época em que atitudes esquerdistas são obrigatórias e seus excessos são abundantes, os sentimentos de direita de Evola, como os do romancista francês Michel Houellebecq, podem parecer atraentes.[14] Contudo, esse potencial para equilibrar exageros de extrema-esquerda não nos deve fazer ignorar seu perigo.

O perigo fica claro quando identificamos as intenções de Evola: usar o fascismo para inaugurar uma sociedade baseada na Tradição. Como muitos, Evola ficou impressionado com a visão de Nietzsche de um futuro niilismo mundial e também suficientemente impressionado pelo *Declínio do Ocidente* de Oswald Spengler para traduzi-lo para o italiano. Evola compartilhava o ponto de vista de Guénon sobre a falta de mérito da sociedade moderna; como seu guru francês, Evola concordava que o liberalismo, igualitarismo, individualismo, livre-pensamento e os demais males da modernidade eram a colônia de cupins fazendo ruir a civilização ocidental. Onde ele divergia de Guénon era na crença de que o Ocidente seria salvo não por uma elite secreta trabalhando clandestinamente, mas por indivíduos valentes, francos – que mais tarde chamou de *uomini differenziati*, "homens que eram diferentes" –, que dariam um passo à frente e assumiriam o comando; uma sensibilidade "viril" informando certas agendas neoconservadoras. Durante algum tempo, julgou que Benito Mussolini fosse um tal *uomo differenziato* e tentou fazer *Il Duce* seguir o rumo da Tradição. A princípio o Grupo UR executou rituais mágicos com o objetivo de trazer para o movimento fascista a inspiração do espírito "viril", "guerreiro", da antiga Roma, cujo governo militar, autoritário, personificava os ideais políticos de Evola. Agindo mais concretamente, Evola publicou uma série de artigos em *La Torre* celebrando a tentativa de Mussolini de reviver o Império Romano à custa dos etíopes. O fascismo de Mussolini, no entanto, não chegava a ser suficientemente fascista. Evola procurava "um fascismo mais radical, mais intrépido, um fascismo realmente absoluto, constituído de forma pura, inacessível ao compromisso".[15] Mussolini, como Hitler, era um pragmático e embora compartilhasse a visão de Evola sobre uma Roma restaurada, sabia que aqueles que então governavam a cidade – a Igreja Católica – teriam de fazer parte do trato. Evola tinha outras ideias. Em *Imperialismo Pagão*, sustentava que o paganismo, não o catolicismo, deveria ser a espinha dorsal espiritual do fascismo e que Mussolini estava envolvido demais com a Igreja e demasiado pronto a bajular as massas para que pudesse surgir alguma verdadeira "aristocracia espiritual". Compreensivelmente, Mussolini não gostou das críticas de Evola, mas Evola foi admiravelmente firme. Quando informado de que *Il Duce* discordava de alguns de seus comentários, Evola respondeu: *"Tanto peggio per Mussolini"* (Tanto pior para Mussolini). A paciência de *Il Duce*, no entanto, se esgotou e, depois de dez números, *La Torre* foi forçada a cancelar novas edições.

Embora Mussolini mais tarde adotasse algumas das ideias de Evola para mostrar que era mais do que uma marionete de Hitler e o próprio Evola escrevesse para jornais fascistas, assinando uma coluna regular, "Problemas Espirituais na Ética Fascista", Evola não demorou a desistir da Itália, transferindo suas atenções para o Terceiro Reich. Se outros podiam argumentar que o fascismo arruinou a Itália, para Evola acontecia o contrário: "A Itália parece ter sido incapaz de proporcionar um material humano adequado e à altura das possibilidades superiores do fascismo".[16] A Alemanha parecia oferecer uma perspectiva melhor. A edição alemã de *Imperialismo Pagão* foi um sucesso e Evola foi convidado a fazer palestras na Pátria. A essa altura já havia escrito dois outros livros influentes – *Aspects of the Jewish Problem* e *Outline of a Racist Education* – e deu palestras sobre temas correlatos para estudantes universitários (durante todo o período do Terceiro Reich, escritores e acadêmicos tentaram conquistar as boas graças dos nazistas escrevendo livros para esclarecer ou tornar mais nítidos os pontos de vista racistas; frequentemente sincera, a prática foi também encarada como um bom expediente para progredir na carreira).

As opiniões de Evola sobre raça, fundamentadas numa base "espiritual" em vez de biológica, eram reconhecidamente menos rudes que as dos nazistas. Com efeito, Evola, como Weininger, sustentava que o indivíduo podia ser ariano por nascimento, mas ainda assim abrigar uma "alma judia". Do mesmo modo, o indivíduo podia ser judeu, mas ter uma "alma ariana". A mente detalhista e cultivada de Evola apelava para os que, no Terceiro Reich, estivessem menos tomados pela fanática obsessão de sangue de *Mein Kampf* (mesmo que jamais admitissem isso em público) e Evola se viu cortejado pelo já inclinado para o oculto Heinrich Himmler. Evola fez palestras para grupos das SS e foi convidado a excursionar pelos seus castelos. Também discursou no Herrenklub, para a elite de Berlim, e falou no Kulturbund, em Viena. Talvez lamentando a partida de Evola, ao promulgar as leis raciais da própria Itália em 1938, Mussolini voltou-se para ele como guia. Três anos mais tarde, *Il Duce* disse a Evola que seu livro *The Synthesis of Racial Doctrine* era exatamente do que o fascismo italiano precisava. As sutis ideias raciais de Evola são frequentemente citadas por seus partidários como prova de que ele nunca foi realmente antissemita. Mas, embora a ideia de uma "aristocracia espiritual" possa ser aplicada sem noções de raça (muitos seguidores de movimentos espirituais a adotam regularmente), é difícil ignorar os comentários não exatamente estimulantes que Evola fez sobre os judeus. A "horda judaica" era para ele "a antirraça por excelência" e sustentar que um partidário da virtude "tônica" dos *Protocolos* não era antissemita requer uma capacidade dialética superior à que possuo. Certamente o desprezo de Evola não se limitava aos judeus. Vimos quais eram seus sentimentos acerca do jazz, ao qual vinculava a "má linguagem do negro". Também se preocupava com outras "raças inferiores, não europeias" e, numa expressão feita para deliciar tanto feministas quanto machos chauvinistas, queixava-se das "torturadoras sexuais" que tinham a coragem de sacudir os quadris em calças muito justas.

Os nazistas acabaram rejeitando as ideias de Evola sobre "judeus arianos" e seu contrário; os problemas envolvidos em dizer quem era quem seriam sem dúvida insuperáveis. Evola fez muitos contatos importantes, mas o pragmático Himmler acabou não vendo utilidade nele e, como todos os outros que os nazistas viram como rivais em potencial, Evola teve as atividades restringidas. Ter sido rejeitado por Himmler pode ser um ponto a seu favor, embora seja duvidoso que as ideias de Evola sobre racismo espiritual tenham algum dia salvo quaisquer "judeus arianos" das câmaras de gás. Evola, contudo, não desistia assim tão facilmente. Embora já tivesse atribuído uma classificação de segunda classe a Mussolini, foi o primeiro a cumprimentar *Il Duce* no quartel-general de Hitler em Rastenburg, após seu audacioso resgate da prisão em 1943 e, durante algum tempo, Evola acabou envolvido com a república fascista, de vida curta, de Salò. Mas o Reich de mil anos estava se aproximando do fim mais cedo do que se esperava. Em 1945, Evola se encontrava em Viena durante o violentíssimo ataque dos soviéticos. Em vez de se dirigir para os abrigos, ficava trabalhando no escritório, traduzindo documentos maçônicos furtados, ou caminhava pelas ruas, querendo, disse ele, "questionar calmamente seu destino".[17] Foi ferido num ataque e ficou paralisado. Podemos nos perguntar se o velho artilheiro – que nunca entrara em ação – viu a ironia de se tornar uma vítima do bombardeio russo. Passou os últimos trinta anos de sua vida preso a uma cadeira de rodas, como núcleo severo de um pequeno mas dedicado grupo de seguidores.

APOLITEIA

A derrota de Hitler convenceu Evola de que não se podia lidar com política esotérica de maneira direta. Enquanto outros, como o austríaco de ascendência hindu Savitri Devi, tentavam reviver a crença no regime de Hitler apresentando-o como um avatar da Nova Era,[18] Evola abandonava os movimentos de massa e se concentrava no papel que *l'uomo differenziato* poderia desempenhar no desprezível mundo moderno. Retornando à Itália com a palavra de ordem "nem Coca-Cola nem Marx", Evola esperava que "aqueles que eram diferentes" pudessem mover os pés contra o capitalismo americano e o comunismo soviético, um objetivo com que muitos leitores contemporâneos concordariam, sem, no entanto, aceitar métodos de extrema-direita para atingi-lo. Evola escreveu sobre o "espírito legionário" e a "ética guerreira", mas sua retórica perdera um pouco do tom triunfal. Em 1951, apareceu uma nova edição de *A Revolta contra o Mundo Moderno,* que não falava mais dos esforços heroicos do fascismo internacional, recomendando, em vez disso, uma filosofia de estoica resistência. A polêmica de Evola provocou as autoridades e ele foi levado a julgamento sob a acusação de tentar reviver o fascismo. O fato de nunca ter realmente ingressado no partido, bem como sua eloquente defesa, inocentaram-no das acusações e Evola ficou livre para levar adiante sua batalha cada vez mais solitária contra um mundo cada vez mais moderno. Em *Men among the Ruins*, esboça a necessidade de uma contrarrevolução, tirando grande parte de seus argumentos de Joseph de Maistre. O momento e a época, no entanto, estavam trabalhando contra ele. Em *Ride the Tiger*, mencionado na introdução, Evola fez uma meditação sobre como "aqueles que eram diferentes" poderiam sobreviver aos últimos dias da Kali-Yuga. Defendendo a *apoliteia*, uma espécie de niilismo ativo, Evola sustentou que havia pouca esperança de salvar qualquer coisa que valesse a pena da sociedade moderna; "aqueles que eram diferentes" poderiam exibir sua diferença através de um desdém e desprezo aristocráticos. E embora Evola pessoalmente jamais chegasse a defender a violência, a visão de um mundo absolutamente nas garras do declínio indicava que haveria pouco dano em ajudá-lo a cair de vez. As páginas amargas de *Ride the Tiger* são frequentemente lidas como uma cartilha sobre vandalismo filosófico, uma justificativa ideológica para atirar tijolos pela janela da modernidade.

Evola poderia ter resvalado para a obscuridade não fosse a ascensão de seu oposto ideológico, a esquerda radical, não raro agente de um niilismo e uma violência filosófica tão áridos quanto os do *l'uomo differenziato*. Por entre as "revoluções" dos anos 60, que incluíam seu próprio gênero de política esotérica (incluindo uma tentativa de fazer o Pentágono levitar[19]), Evola foi redescoberto por estudantes italianos dissidentes de direita, que estranhamente associaram seu trabalho ao de outro herói deles, J. R. R. Tolkien. Apelidado, no início dos anos 70, de "nosso Marcuse" pelo líder italiano de extrema-direita Giorgio Almirante (referência ao então extremamente popular decano da ideologia esquerdista, Herbert Marcuse), semiparalisado e totalmente pessimista, Evola dava assistência em seu pequeno apartamento de Roma a um grupo crescente de seguidores neofascistas. Juntamente com reminiscências de Hitler, Himmler e Mussolini, Evola transmitia suas percepções sobre política tradicional, resumidas em fórmulas explosivas como: "Nada neste sistema merece ser salvo" e "Não se trata de contestar e polemizar, mas de explodir tudo". Se a revolta é contra o mundo moderno, então qualquer coisa se torna um alvo, incluindo os homens, mulheres e crianças inocentes numa estação ferroviária de Bolonha. Infelizmente, sendo abstrações, nem a modernidade, nem a sociedade, nem o mundo moderno podem ser atingidos por uma explosão; só as pessoas podem.

PROVAÇÕES E LABIRINTOS

A influência de Evola continuou após sua morte. Grupos neofascistas italianos, como o Ordem Nova, a Vanguarda Nacional e o Fronte Nacional, foram atraídos por seu objetivo de derrubar o sistema democrático "corrupto e burguês" e muitos desses radicais "viris" adotaram símbolos e imagens nazistas para promover suas ideologias. Embora os partidários de Evola tentem minimizar sua influência sobre esses bandidos de extrema-direita, os próprios neofascistas celebravam a contribuição dele. Quando foram julgados por uma série de assassinatos e atentados a bomba executados em 1971 e 1972, membros da Ordem Nova citaram Evola como justificativa para suas ações.[20] Franco Freda, que fora chefe da Ordem Nova, fez a *apoliteia* de Evola funcionar como um "apelo por ação contra o Estado burguês, sejam quais forem os efeitos", um tipo de "espontaneidade armada", que foi realmente uma retomada tardia, no século XX, de velhas táticas futuristas, embora os futuristas jamais tenham matado alguém.[21] Nesse tipo de "dadaísmo político", as distinções entre a esquerda radical e a direita radical ficam borradas, visto que ambas transformam o *status quo* em seu alvo. Como cito em outro lugar, os radicais de extrema-esquerda das décadas de 60 e 70 desfrutavam de uma ideologia similar de violência súbita, "desmotivada", que em ambos os casos é pouco mais que ação violenta pré-autorizada, tendo como alvo um suposto "sistema".[22] Se todo o "sistema" está errado, você pode atirar uma bomba em qualquer direção e ter certeza de que vai atingir alguma coisa.

Um seguidor muito importante das ideias de Evola também acreditava na necessidade de violência política. Em *Ordeal by Labyrinth*, uma série de entrevistas com o escritor Claude-Henri Rocquet, o historiador da religião Mircea Eliade comenta que se tornou "politicamente consciente" durante o tempo que passou na Índia, onde testemunhou a mesma repressão que enfureceu gente como Annie Besant. Eliade observou: "Um dia ouvi um extremista falar e tive de admitir que ele estava certo. Compreendi perfeitamente bem que também tinha de haver alguns que protestavam de forma violenta".[23] A Índia, contudo, não é o único país onde o nome de Eliade é associado a violência política. Em sua terra natal, a Romênia, houve laços entre os dois que, como acreditam muitos de seus detratores, Eliade fez o que pôde para obscurecer. Embora o Eliade que a maioria dos leitores conhecem seja o estudioso tolerante, multiculturalista das religiões do mundo, ele foi, sob uma face mais jovem, um escritor febrilmente nacionalista, movido pelas mesmas opiniões intolerantes adotadas por Schwaller de Lubicz e por Evola, o mentor tradicionalista de Eliade. Num artigo escrito em 1937, "Húngaros em Bucareste", o Eliade de 30 anos se queixa de que, durante um recente período de Natal, três peças húngaras tenham sido encenadas na capital da nação. Mas não era só isso. No filme *A Filha de Drácula* – uma admirável sequência do clássico de Bela Lugosi – alguns dos personagens pediam uma Transilvânia húngara. "Eu teria gostado de ouvir a plateia assobiar durante toda a duração do filme", Eliade escreveu. "Eu teria gostado de ver um grupo de estudantes despedaçar o filme e jogar fora o equipamento."[24] Como muitos romenos da época, Eliade se ressentia do que via como incursões húngaras à sua nação, assim como o Partido Nacionalista Britânico está incomodado com a atual "migração econômica" de europeus do leste para a Grã-Bretanha, tornada possível pela União Europeia. Eliade fazia suas estridentes observações na imprensa, num jornal nacional, numa época em que, na Alemanha, muitos "patriotas" – e não apenas estudantes – estavam fazendo precisamente o tipo de coisa que ele ansiava por fazer, não apenas a projetores de filmes e telas de cinema, mas a pessoas, principalmente a judeus, hóspedes universalmente indesejáveis.

Que Eliade, como Schwaller de Lubicz, pudesse querer esquecer um passado tão pouco sensato – e pudesse querer que outros também esquecessem – é compreensível. Contudo, o tipo de política esotérica que Evola vinculava ao pensamento tradicionalista continuou fazendo parte das sensibilidades de Eliade. Na mesma série de entrevistas, falando do poder político de atividades culturais como literatura e arte – ele as chama de "armas políticas" –, Eliade faz eco aos apelos de Schwaller de Lubicz e Guénon por uma elite. "Não são mais os políticos que se encontram no centro concreto da história", disse ele a seu entrevistador, "mas as grandes mentes, as 'elites intelectuais'". Eliade tinha na cabeça um pequeno número de "grandes mentes", cinco ou seis, mas, seja isso exagero ou não, "essas 'cinco' ou 'seis' são incrivelmente importantes".[25] Embora Eliade falasse criticamente de Guénon e jamais reconhecesse publicamente o débito para com Evola, suas raízes tradicionalistas se mostram por entre a camuflagem de meio século.

TRADICIONALISTA ENCOBERTO

No final dos anos 20 e início dos 30, Eliade era um "seguidor distante" do Grupo UR de Evola e Reghini; não está claro como exatamente fez contato com eles, mas Eliade, assim como Evola, se familiarizara com a obra de Guénon por intermédio de Reghini.[26] Eliade levou avante uma extensa correspondência com Evola – Evola chegou inclusive a mandarlhe cópias de seus livros durante o período que Eliade passou na Índia – e, embora haja pouco vestígio direto da influência de Evola na *oeuvre* de Eliade, o segundo foi claramente um seguidor do pensamento do primeiro quando era mais moço.[27] Em 1930, Eliade publicou um ensaio em que falava de Evola como grande pensador; no mesmo ensaio também elogiava o trabalho de outros filósofos racistas, como Arthur de Gobineau, Huston Stuart Chamberlain e o ideólogo nazista Alfred Rosenberg. Eliade ficou tão empolgado com as ideias de Evola – e tão ansioso para se furtar a uma declaração pública desse interesse – que em 1941, aos 34 anos, começou a escrever um romance em que Evola entra como personagem; é um ocultista chamado Tuliu, boa aproximação do primeiro nome de Evola. Tuliu adota uma fé esotérica que chama de "metafísica tradicional" e mora no pequeno apartamento de um campus universitário, onde as estantes estão cheias das "obras completas de René Guénon e J. Evola", assim como das "coleçoes completas dc *Ur, Krur* [nome de outro jornal evoliano] e *Études Traditionelles*". Tuliu recomenda Guénon e Evola aos amigos, enquanto uma pilha aleatória de livros de Blavatsky, Steiner, Papus e Annie Besant sugere a falta de importância que esses pensadores têm para ele. No diário que mantém enquanto escreve o romance, Eliade anota que deve dedicar um capítulo especial à "filosofia" de Tuliu, "para que o leitor não fique achando que se trata de um simples 'ocultista' desmiolado". "Na realidade", ele continua, "suas teorias não são de todo estranhas para mim", e Eliade anota que usará Tuliu para "dizer, por diferentes razões sobre as quais não há espaço para que eu me estenda aqui, coisas que nunca tive a coragem de confessar publicamente". "Só vez por outra", ele continua, "tenho admitido para alguns amigos minhas crenças 'tradicionalistas' (para usar o termo de René Guénon)."[28] Levando em conta anotações desse tipo, não é difícil ver Eliade como uma espécie de "tradicionalista encoberto".

Por que em seu diário Eliade não teve espaço "para se estender" sobre as razões que o levaram a jamais "confessar" publicamente sua adesão a crenças tradicionalistas é coisa que não está clara, a não ser que reconheçamos que ele não quis manter um registro – nem sequer um registro privado – admitindo uma espécie de covardia intelectual. Não se sabe o que o próprio Evola pensava disso – o romance jamais foi concluído e o diário só veio à tona anos mais tarde, – embora uma vez ele tenha questionado Eliade sobre sua reticência em se referir a ele em qualquer um de seus livros. Eliade respondeu que escrevia para um público amplo, não para "iniciados".[29] Como no caso de Jung, Eliade parece ter tomado providências para garantir que seu interesse por questionáveis temas ocultistas esotéricos não o impedisse de ter uma carreira respeitável.

Eliade encontrou seu mentor secreto em 1937. Depois da visita a Viena, onde fez palestras no Kulturbund nazista, Evola rumou para a Hungria e para a Romênia. Lá se encontrou com Eliade, sendo apresentado por seu discípulo romeno a Corneliu Zelea Codreanu, então líder de uma sociedade cristã de "cavaleiros" de extrema-direita, a Legião do Arcanjo Miguel, mais tarde conhecida como Guarda de Ferro. É sua associação com essa elite espiritual e a atuação como "companheiro de viagem", ou coisa pior, do fascismo romeno, que Eliade, como afirmam seus detratores, tentou manter escondida.

Grande parte da responsabilidade pela "exposição" de Eliade se deve à pesquisa de um discípulo, colaborador e mais tarde executor literário romeno: Ioan Culianu. Como Eliade, Culianu foi um brilhante historiador da religião, da magia e do ocultismo e se considera que ele próprio revelou notáveis poderes de predição e adivinhação. Culianu foi também um crítico público franco tanto do regime de Ceauşescu quanto do de Ion Iliescu, que se seguiu à queda do comunismo romeno. Em 1991, o corpo de Culianu foi encontrado no banheiro da Divinity School, na Universidade de Chicago, onde Eliade lecionou até seu falecimento em 1986. Culianu levara um tiro na nuca, num estilo de execução. O assassino ou assassinos jamais foram apanhados. Embora a polícia de Chicago inicialmente pensasse que a morte de Culianu pudesse ser obra de algum grupo ocultista insatisfeito com suas pesquisas, a explicação mais plausível é que se tratou de uma ação de nacionalistas romenos, incomodados com as críticas que ele fazia dos acontecimentos políticos em sua terra natal. É também possível que uma ressuscitada Guarda de Ferro, insatisfeita com a pesquisa de Culianu sobre o passado de Eliade, tenha retaliado, usando seu assassinato como advertência para outros romenos expatriados.[30]

Parte do "segredo" de Eliade, no entanto, já era conhecido de muitos na universidade e na comunidade acadêmica em geral, embora só nos últimos anos de Eliade os detalhes completos de sua outra vida tenham se tornado amplamente disponíveis. Em 1969, Gershom Scholem fez saber que Israel não poderia dar boa acolhida a Eliade, que, como Scholem, fora um dos "astros" palestrantes nas conferências Eranos; a razão era o passado de Eliade. Em 2000, o romancista Saul Bellow publicou um livro, *Ravelstein*, um mal disfarçado relato dos últimos dias de um amigo, o filósofo Allan Bloom, que morrera em 1992 de complicações resultantes da AIDS. Bloom, discípulo de Leo Strauss, alcançou renome nacional no final dos anos 80, quando seu livro *The Closing of the American Mind*, criticando o declínio da educação universitária sob o domínio de professores esquerdistas, tornou-se um inesperado *best-seller*. Como Eliade e Bellow, Bloom ensinava na Universidade de Chicago e, no romance, Eliade aparece como o "nacionalista romeno" Radu Grielescu, que quer atenuar um passado antissemita fazendo amizade e sendo visto com Bloom/Ravelstein, um judeu. Bellow, não estranho ao esoterismo – seu romance *Humboldt's Gift* é fortemente influenciado por Rudolf Steiner e certa vez ele realizou uma espécie de "curso por correspondência" de antroposofia com o filósofo Owen Barfield –, não faz mistério sobre o "segredo" de Grielescu. "O homem era um hitlerista", Bellow escreve, alguém que equiparava a presença de judeus na Romênia a um caso de sífilis social, referência a um artigo escrito por Eliade em 1937, em que ele fala da Romênia sendo "conquistada por judeus e despedaçada por estrangeiros".[31] Mesmo compatriotas, como o dramaturgo Eugène Ionesco, criticaram Eliade pelo surgimento de uma "estúpida, pavorosa, reacionária Romênia".[32]

O Arcanjo Miguel

A Legião do Arcanjo Miguel foi constituída na Romênia em 1927 por Corneliu Zelea Codreanu. Codreanu estudara direito na Universidade de Iasi, na fronteira russo-romena, onde acabou se envolvendo em atividades antissemitas e anticomunistas. Em 1923, um plano para assassinar vários banqueiros e políticos judeus foi desbaratado quando Codreanu foi preso, embora ele mais tarde assassinasse o responsável pela segurança em Iasi, um crime do qual foi absolvido. Este homicídio transformou-se no protótipo para assassinatos políticos posteriores associados à Legião, cuja filosofia encerrava uma espécie de fanatismo pela morte que incluía o martírio, a comunicação com os mortos e um desprezo pelo corpo – aspectos, aliás, do xamanismo ao qual Eliade se tornaria mais tarde ligado. Antes de formar a Legião, Codreanu fora seguidor de Alexandru C. Cuza, economista político da Universidade de Bucareste que fundara uma Liga de Defesa Nacional Cristã. O violento antissemitismo de Cuza foi encarado como insuficiente por Codreanu, que esperava que o movimento provocasse o "rejuvenescimento moral" da Romênia, o que incluiria sem dúvida a necessidade de "purificá-la" de judeus, húngaros e outros indesejáveis – versão precoce, no século XX, de limpeza étnica. Isso ocorreria através da criação de um "homem novo", uma versão da "regeneração" que temos encontrado por todo este livro. Nesse sentido, a Legião era tanto um movimento espiritual e religioso quanto político. Sua ideologia estava baseada numa forma fundamentalista de cristianismo ortodoxo e tirava seu nome do ícone do arcanjo Miguel. Se o fascismo de Mussolini tinha o Estado como centro e o nazismo de Hitler a raça, para Codreanu e seguidores, Cristo, paradoxalmente, era o núcleo de seu credo intolerante e cruel.

Como muitas outras coisas no passado "secreto" de Eliade, a natureza exata de seu relacionamento com a Legião ainda não está clara. Os detratores sustentam que era membro e entusiasta "de carteirinha", enquanto partidários afirmam que o flerte com a Legião foi um lamentável mau passo da juventude e que ele se afastara antes que a violência associada com a mais tardia Guarda de Ferro surgisse.[33] Contudo, os artigos de jornal em que Eliade louva clara e publicamente a elite de Codreanu o vinculam a ela. Como no caso da associação de Evola ao fascismo, a possibilidade de Eliade jamais ter ingressado na Legião de modo formal parece sem importância diante de suas evidentes simpatias.

A maioria dos leitores de língua inglesa desconhece que, no início da carreira, Eliade foi uma espécie de intelectual público, opinando sobre tudo, e que seu primeiro ensaio sobre a política nacionalista romena reunia uma série de artigos que escreveu sob o título "Itinerário Espiritual". Neles, Eliade se concentrou nos ideais políticos apoiados pela extrema-direita. Como Evola, Eliade rejeitava o liberalismo, a democracia e a modernização; também elogiava Mussolini, um primeiro sinal da admiração por líderes "fortes" – uma admiração que também teria por Franco, da Espanha, e Salazar, de Portugal, algo que compartilhava com Jung. Eliade aprovava um Estado nacionalista étnico baseado na Igreja Ortodoxa; apesar de seu interesse nas religiões orientais e "primitivas" (leia-se "primordiais"), Eliade permaneceu a vida inteira devoto do cristianismo ortodoxo. A Legião do Arcanjo Miguel era uma espécie de vanguarda da revolução ortodoxa com que Eliade contava para a Romênia. A homenagem prestada por ele à Legião sugere que seu tradicionalismo seguia a ênfase de Evola na casta xátria, ou guerreira, antes que na versão mais brâmane de Guénon.

Segundo alguns relatos, Eliade foi introduzido na Legião em 1935 pelo amigo e também escritor Emil Cioran.[34] Em 1937, ano em que apresentou o líder da Legião a seu mentor, Evola, Eliade era reconhecido como um dos principais propagandistas, posição adquirida por meio dos entusiásticos artigos de jornal. As metas eram impressionantes. A Legião, ele acreditava, inflamaria uma revolução cristã com o objetivo de criar uma nova Romênia, e seu líder, Codreanu, reconciliaria a Romênia com Deus. A vitória da Legião era parte do destino da Romênia, Eliade declarou, e, como lembrado acima, "produziria um novo tipo de homem" e o "triunfo do espírito cristão na Europa".[35] Como Evola e Guénon, Eliade acreditava num "supremo centro espiritual" geográfico, um "repositório de tradição primordial", uma espécie de Agartha ou Shambhala romena, que neste caso estava localizada na Dácia, a província romana da qual os romenos afirmam que são descendentes. Parte da missão da Legião era purificar esse "espaço sagrado", "primordial", de intrusos indesejáveis. Ligado a isso estava o culto de Zalmoxis, divindade daciana situada no centro de uma religião monoteísta de "morte e ressurreição", como o cristianismo, com o qual poderia ser facilmente assimilada. Parece perturbador, mas, apesar das sugestões esotéricas e ocultas, boa parte da retórica de Eliade sobre a Legião do Arcanjo Miguel tem incríveis semelhanças com ideais defendidos pela atual direita cristã americana.

Juntamente com Cioran, que manifestava uma admiração por Hitler (e que, ao contrário de Eliade e Heidegger, mais tarde se arrependeu publicamente dela), outras figuras próximas de Eliade estavam envolvidas com a Legião, mais significativamente seu professor de filosofia, Nae Ionescu, com quem Eliade e Evola almoçaram após o encontro com Codreanu. Como Eliade e Cioran, Ionescu fazia parte do influente grupo Criterion dos novos intelectuais romenos, e a curiosa filosofia de Ionescu, que ele chamava "trairismo" – uma mistura de existencialismo, nacionalismo romeno e misticismo cristão –, também defendia um regime voltado para a "purificação" da Romênia de elementos estrangeiros. Embora muitos fossem inspirados pelo "espírito legionário" de Eliade, outros pareciam menos entusiasmados e viam sua polêmica como "mística, densa e asfixiante", promovendo "consequências práticas nocivas" que acabariam se reduzindo à "eliminação dos judeus por meio de atos de repressão física e perseguição".[36]

Um leitor dos artigos de Eliade era o rei Carlos II da Romênia, que, alarmado com o poder crescente da Legião, colocou-a sob controle em 1938, prendendo Codreanu e outros membros, incluindo Eliade. Codreanu e seus doze partidários mais íntimos foram estrangulados nas células – um acontecimento que fez Evola chorar – e Eliade passou algumas semanas na prisão, mas acabou sendo libertado. O rei Carlos II passou então o controle da Legião a Horia Sima, um simpatizante nazista, que a transformou na famigerada Guarda de Ferro, uma ordem de "cavalaria" cujas atrocidades rivalizaram com as das SS e que os Aliados identificariam como o Partido Nazista romeno.

DIPLOMATA FASCISTA

Depois da prisão, Eliade se recusou a assinar uma declaração de desligamento da Legião; mais tarde sustentou que fazê-lo só o colocaria na "lista negra" se eles acabassem voltando ao poder. Mas sua associação com o fascismo não terminou aí. Graças à ajuda de um aluno, Michel Vâslan, que ingressara num outro grupo tradicionalista liderado por Vasile Lovinescu e que se tornaria mais tarde um seguidor de Guénon, Eliade obteve o posto de adido cultural no Reino Unido; ele foi mais tarde transferido para Paris e depois para Portugal, que estava então sob a ditadura de Antônio de Oliveira Salazar, por quem Eliade tinha grande consideração. Durante os anos seguintes, Eliade funcionou como um emissário cultural para a Romênia, que em 1940 formou um governo pró-nazista sob o novo rei, Miguel I. Até o fim da Segunda Guerra Mundial e a queda sob domínio soviético, a Romênia teve uma sucessão de governos fascistas, incluindo o Estado Legionário Nacional, de vida curta, no qual o controle da brutal Guarda de Ferro era quase completo. Em 1941, após uma fracassada e sangrenta Rebelião Legionária, quando a Guarda de Ferro fez uma tentativa de obter controle absoluto, a Romênia caiu sob a ditadura fascista de Ion Antonescu. No mesmo ano, a Romênia se juntou oficialmente às potências do Eixo. Nesse momento, Eliade torna-se adido cultural de uma ditadura fascista, em aliança com a Alemanha nazista e a Itália fascista, residindo na capital de outra, a de Salazar. Parte do seu trabalho era distribuir propaganda de apoio ao regime totalitário de Antonescu.

Se isso não é o bastante para dar dores de cabeça aos que fazem apologia de Eliade e um pretexto a seus detratores para uma justa indignação, em Paris, após a Segunda Guerra Mundial, Eliade lançou um jornal anticomunista chamado *The Morning Star*. (O título em romeno, *Luceafârul*, sugere mais claramente a ligação com Lúcifer.) Foi bancado por Nicolae Malaxa, um industrial e financista romeno da Guarda de Ferro que fora sócio do nazista de alto escalão Hermann Goering; a certa altura Malaxa e Goering participaram de um esquema para se apoderarem dos ativos de um empresário judeu e, durante a guerra, Malaxa pusera seu considerável império industrial por trás do esforço nazista (curiosamente, embora nazista conhecido, Malaxa foi mais tarde admitido nos Estados Unidos com o apoio do governo e a ajuda de um jovem Richard Nixon).[37] Eliade foi também conhecido por ter grande consideração por Alain de Benoist, iniciador da Nova Direita Francesa, que é um pagão declarado, extremamente influenciado por Julius Evola e também pelo jurista nazista e teórico político Carl Schmitt, cujas ideias, juntamente com as de Leo Strauss e Eric Vogelin, informam certos aspectos do conservadorismo americano hoje.

A POLÍTICA DO MITO

Em *The Politics of Myth*, Robert Ellwood sustenta que Eliade mais tarde se arrependeu das simpatias fascistas da juventude e adotou uma visão mais tolerante, "moderna", de religião e sociedade. Contudo, como ele estava na faixa dos trinta na época em que era diplomata, pode-se discutir até que ponto as simpatias de Eliade eram "juvenis"; e Eliade nunca fez uma retratação pública de suas controvertidas atividades. Estudiosos esquadrinharam a obra mais tardia, mais bem conhecida de Eliade em busca de suas fontes tradicionalistas e de traços de sua filosofia política, encontrando, em trabalhos acadêmicos amplamente respeitados, elementos de um primitivo "espírito legionário". Que ideias evolianas possam ter entrado em algumas das obras posteriores de Eliade não diminui necessariamente seu valor. Alguns críticos, contudo, adotaram o enfoque "rigoroso" de que, na obra que o tornou famoso, Eliade passava um *ethos* tradicionalista sob o disfarce de análise "objetiva".

Não é difícil ver que, embora muito mais aberta a ideias modernas, a visão posterior de Eliade é ainda da primazia do passado, daquilo que podemos chamar de "raízes ontológicas", como uma olhada no livro que construiu sua reputação no mundo de língua inglesa, *The Myth of the Eternal Return*, deixa claro. O "eterno retorno" de Eliade não é a noção de Nietzsche de uma eterna repetição de acontecimentos, mas uma visão do mito e ritual como meios de reconstituir os atos originais, "primordiais", que dão vida a seu caráter sagrado. Para Eliade, o homem "arcaico" ou "tradicional" não tinha interesse na história, no fluxo incessante do vir a ser; só estava interessado no existir, onde penetrava retornando à mítica "primeira vez". A história se passava no que Eliade chama de "tempo profano", um tempo desprovido de sentido, de onde só havia a possibilidade de escapar por uma entrada no "tempo mítico", a "uma só e única vez" dos ritos originais, primários. Na verdade, Eliade fala do "terror da história", do medo do "homem primordial" de ser tragado pelo fluxo implacável de acontecimentos sem significado, e recordamos a falta de interesse de Guénon nos últimos 2 mil anos (também Evola mostrava um arrogante desdém pelo "vir a ser"). Eliade não está interessado num passado associado à história, mas num passado abrangido pelo mito, e uma visão não generosa poderia sugerir que a filosofia posterior de Eliade fornece uma justificativa para a falta de interesse em seu próprio passado histórico. Como escreve sua crítica Adriana Berger, para Eliade "o passado não é válido porque representa a história, mas porque representa origens".[38] Esse fascínio com as origens, com os começos, está ligado à busca pelas raízes arianas – ou, no caso de Eliade, dacianas. Ele está no fundo das ideologias mais racistas, incluindo a do seu mentor, Evola. Em essência, é uma espécie de esnobismo. Sustenta que o lugar de onde você vem é mais importante do que o tipo de pessoa que você é ou do que você faz de si mesmo. Entre aristocratas, nobreza e "dinheiro antigo", o homem (ou mulher) que venceu sozinho é sempre um tipo de novo-rico e não realmente "um de nós". Infelizmente, durante grande parte da história ocidental, o judeu tem sido considerado o eterno novorico, mas outros também têm desempenhado esse papel.

Embora, como argumenta Ellwood, a visão do passado adotada por Eliade (e por Jung e muitos outros) seja realmente uma romântica visão moderna de como era esse tempo mítico (se algum dia existiu), ela ainda funciona como um poderoso elemento de atração para os que se sentem mal com a modernidade. A visão de uma "sociedade homogênea, em grande parte rural e 'com raízes'", dotada de uma "estrutura hierárquica", possuindo uma "inclinação religiosa ou mística capaz de expressar sua unidade em termos de ritual e de experiência",[39] é sob muitos aspectos atraente, dado nosso próprio mundo "atomístico" de "cosmopolitismo sem raízes". A ideia de que tal sociedade "sagrada" existiu algum dia no passado imemorial é sedutora. Mas a ideia do passado como preferível ao presente não é nova. Na realidade, o impulso de retornar a alguma grande e bela época parece tão antigo quanto a própria humanidade: desde Adão e Eva estamos tentando voltar ao jardim. E a noção de que o futuro será melhor que o passado – a essência da modernidade – é, em termos rigorosos, apenas uma ideia relativamente recente.

Como assinala o filósofo Leszek Kolakowski, a essência do conservadorismo é a crença de que há certas coisas que vale a pena conservar,[40] o reconhecimento de que, "em alguns de seus aspectos, ainda que secundários, o passado foi melhor que o presente"[41] e que o fluxo implacável do "terror da história" num progresso incerto talvez nem sempre seja desejável. Muitos de nós, eu inclusive, atordoados pela torrente interminável de avanço tecnológico e mudança social, podemos concordar. Contudo, embora a atração das origens seja grande, existe algo a ser dito sobre o que o filósofo neomarxista Ernst Bloch chamou de "ainda não", as possibilidades e potenciais que se encontram à frente, a promessa do novo. Certamente a visão "ainda não" da história tem seus problemas – testemunha as ruínas deixadas por muitas tentativas, na expressão de Eric Vogelin, de "imanentizar o *eschaton*", de forçar violentamente a história de modo a trazer o milênio. Estranhamente, forças políticas de extrema-direita nos Estados Unidos de anos recentes parecem combinar os piores elementos das duas visões opostas: o retorno a uma época melhor no passado e um apocalipse iminente que trará uma nova era.

Palavras finais

Novas Ordens Mundiais?

Pode parecer um salto do nacionalismo romeno de Mircea Eliade para a influência do fundamentalismo cristão evangélico na política americana. Mas enquanto eu escrevia o último capítulo, um livro perturbador despertou minha atenção e, ao lê-lo, tornou-se claro para mim que talvez o desdobramento mais significativo em "política iluminada" no século XXI esteja acontecendo agora nos Estados Unidos. O fato de que, no momento em que este livro for publicado, os americanos já terão eleito um novo presidente só acrescenta certa urgência e imediatismo a uma tal preocupação. Alguns acreditam que, com o fim do governo Bush, a influência da direita cristã na política americana declinará. Os nazistas, porém, caíram abaixo do radar após o fracassado golpe de 1923; uma década depois estavam no poder. Se estou batendo aqui em cachorro morto, peço a indulgência do leitor.

O livro em questão é *American Fascists*. Nele, Chris Hedges, um ex-correspondente estrangeiro do *New York Times*, pinta um quadro inquietante da ascensão do que, segundo ele, pode ser uma forma de fascismo cristão-americano. Não se trata do tipo de sensibilidade neonazista do "poder branco", que há algum tempo tem estado nas margens da sociedade americana. Não existem suásticas, nem saudações a Hitler, nem braçadeiras ou apelativas camisas marrons associadas a esse grupo, embora seu apelo a um setor cada vez mais desprivilegiado da sociedade americana seja semelhante ao apelo que tinha o Nacional-Socialismo para alemães desprivilegiados no início da década de 1930. Os "fascistas americanos" de que Hedges fala pertencem a um movimento enorme,

| 257 |

bem organizado, bem financiado e assustadoramente bem colocado em termos políticos, dedicado a desmantelar o estado secular e substituí-lo por uma espécie de teocracia autoritária, baseada numa interpretação (ou má interpretação) entorpecidamente literal da Bíblia. Por meio de escolas, da mídia, de grupos de pressão e lobistas, e de uma presença cada vez maior nos corredores do poder político americano, a direita cristã, Hedges sustenta, está se aparelhando para alterar fundamentalmente o modo de vida americano (o jogo de palavras seria indesculpável se a preocupação não fosse tão real), portanto, em última análise, também o modo de vida do resto do mundo.

Como muitos encontrados neste livro, os fascistas americanos de Hedges estão descontentes com o mundo moderno, especialmente com o mundo moderno americano, que veem como decadente, depravado e no rumo do desastre. Permissividade sexual, homossexualidade, feminismo, liberalismo, cultura popular, o Estado do bem-estar, estrangeiros e uma série de outros males estão puxando o que foi outrora, aos olhos deles, uma nação cristã, para o ralo. Embora eu hesite em assinalar com muita ênfase as semelhanças, há, como nos anos que levaram ao Nacional-Socialismo na Alemanha, entre os seguidores dessa crença, o sentimento de uma destruição iminente, de um cataclismo inevitável. Historiadores têm afirmado que trabalhos como o *Decline of the West*, de Spengler, e outros de um tom similar, publicados na Alemanha nos anos que se seguiram à Primeira Guerra Mundial, ajudaram a preparar a psique alemã para aceitar a ideia de uma vasta, irrevogável alteração na forma das coisas e de uma necessidade de líderes fortes para encontrar um caminho por entre o caos. Hedges sustenta que o horror de 11 de Setembro criou uma sensibilidade semelhante em muitos americanos e que a direita cristã está tirando proveito dos compreensíveis medos que esse e outros ataques terroristas geraram. Que as mentes por trás do 11 de Setembro e de outros ataques terroristas, nos Estados Unidos e em outros lugares, sejam tão estreitas, fanáticas e indiferentes ao sofrimento humano quanto as que alimentam a direita cristã (pelo menos segundo Hedges) só aumenta a sensação de que os problemas do Ocidente no início do século XXI atingiram, ou estão prestes a atingir, um ponto de crise. Sei que é um clichê, mas, tendo examinado neste livro uma série de pontos de ruptura similares nos últimos séculos, é difícil não reconhecer isso.

Deixarei que os leitores do livro de Hedges descubram – se já não têm consciência dela – a rede, de uma sofisticação preocupante, de controle midiático, educativo, social e político que seus fascistas americanos já instalaram e que, na eventualidade de outro 11 de Setembro ou catástrofe similar, rapidamente usarão para propor e assumir uma liderança beneficente da nação. Mas esses totalitários "iluminados" não dependem de um ataque terrorista, uma comoção econômica ou um desastre natural cada vez mais provável (possivelmente se originando do aquecimento global) para assumir seu justo lugar como governantes da Terra, embora a queda na economia americana no momento em que estou escrevendo seja o tipo de coisa com que estão contando. O mito central motivando suas ações é o iminente fim do mundo como o conhecemos, uma versão dos últimos dias montada a partir de uma leitura seletiva do Apocalipse. No centro disso está o que chamam o Êxtase, quando Jesus volta à Terra e todos os seus "verdadeiros crentes" são alçados para o céu, enquanto o resto da humanidade é "deixada para trás", para enfrentar uma prova inimaginável de tortura e horror horripilantes, o "tempo da tribulação".

Digo "inimaginável", o que é incorreto, pois uma série de *best-sellers* da direita cristã, reunidos sob o título *Left Behind*, consegue chegar a um nível de certo detalhe ao imaginar exatamente isso. Lendo as descrições da justa violência imposta aos que se recusam a deixar Jesus "entrar em seus corações" ou aos que não são suficientemente cristãos, com corpos se rompendo, cabeças explodindo, torsos cortados ao meio – tudo em minúcias bem realistas –, não pude escapar da sensação de estar diante de uma forma de pornografia religiosa ou apocalíptica, uma espécie de doentio sadismo espiritual. As crianças ocupam um lugar na primeira fileira do céu enquanto assistem aos pais, que não atingiram os pontos necessários, recebendo a rápida punição do Senhor. Mesmo Dante em seus piores momentos não descreveu as punições do inferno com tão obscena satisfação, mas afinal Dante é um escritor muito melhor que os autores desses sagrados banquetes de sangue.

Os livros, que rivalizam com *Harry Potter* e *O Código Da Vinci* em vendas, foram transformados em filmes, apresentando antigos astros de Hollywood em declínio e são grandes sucessos nas várias redes, extremamente populares, de difusão cristã. Há inclusive videogames baseados neles, com os guerreiros justos do Senhor se lançando contra as tropas do mal do Anticristo.

Que tais livros sejam escritos não é de admirar. Obras semelhantes divertem os seguidores do "hitlerismo esotérico", embora nelas nobres super-homens arianos derrotem as hordas repelentes de... bem, você pode preencher a lacuna.[1] É triste que esses livros sejam escritos, mas estamos num país livre, pelo menos até agora. O que mais incomoda é que tantos americanos os leiam e, pelo que sei, também existem traduções estrangeiras. Como assinalei mais para o começo deste livro, a cultura popular é com frequência um indicador melhor das crenças de uma sociedade que suas fontes "oficiais". Se isso é verdade, então um segmento substancial da consciência americana está na expectativa de uma iminente e santa cruzada contra todos os que ela acredita não serem "um de nós". Os candidatos à lista são os suspeitos de sempre: homossexuais, feministas, judeus, "pessoas de cor", liberais, socialistas, muçulmanos (adeptos de uma religião "satânica") e assim por diante. Em sua maior parte, esses eram também os alvos da violência "purificadora" com a qual a Legião do Arcanjo Miguel procurava limpar a Romênia de influências indesejáveis. Mircea Eliade acreditava que o homicida Corneliu Zelea Codreanu, líder da Legião, colocaria a Romênia "alinhada com Deus". Que a América não esteja atualmente alinhada com Deus é a queixa da direita cristã, mas com o Arrebatamento isso vai mudar. A crença no poder de "limpeza" da violência religiosa como meio de ação política, como se algum sagrado "tornado branco" viesse varrer para longe toda a "sujeira" social, tem aparecido desde o início deste livro. Infelizmente é uma opção que muitos, confrontados com as complexidades da vida moderna, consideram atraente. Entre eles, se as vendas das fantasias de *Left Behind* dão alguma indicação, milhões de americanos. A violência como meio de ter acesso a alguma suposta nova era não está, é claro, limitada à direita. Marx fantasiava sobre a burguesia pendurada em postes de rua. Mas não acho que agora haja registros de uma iminente sublevação marxista. Num tom menos violento, mas igualmente milenarista, muitos defensores da Nova Era estão prevendo alguma espécie de mudança radical por volta de 2012. Não fiz as contas, mas não ficaria surpreso se os profetas por trás dos romances *Left Behind* e os que falam do retorno de Quetzalcoatl estivessem disputando uma posição de chegada nos últimos dias.

Um dos alvos principais da direita cristã, sustenta Hedges, são o que chamam de "humanistas seculares", o que basicamente significa pessoas que não aceitam Jesus do mesmo modo que eles e que aceitam mais ou menos a vida moderna como ela é, baseada na ciência e no materialismo e, infelizmente, motivada em geral pelo consumismo. Os humanistas seculares também estão nos livros negros dos tradicionalistas e, como Mark Sedgwick assinala, certo pensamento tradicionalista tem alimentado certos elementos do fundamentalismo islâmico.[2] Isso não surpreende, visto que os tradicionalistas e os fundamentalistas islâmicos compartilham um violento desprezo pelo Ocidente moderno.

Certamente, para qualquer um que ache que a vida não deva se limitar aos *reality shows* da TV, aos mexericos em torno de celebridades e ao símbolo "F"* mal escrito nas roupas, o mundo ocidental secular deixa muito a desejar. Eu me incluo nesse grupo. Como muitas pessoas, não acho nada atraente muita coisa que cerca o mundo moderno. É por essa razão que julgo alguns que o criticam, como Julius Evola, René Guénon e outros com as mesmas sensibilidades, incômodos – não devido às óbvias simpatias fascistas de Evola ou ao espírito elitista de Guénon, mas porque muitas de suas críticas acertam no alvo. A menos que um repensar mais moderado da modernidade proponha logo alguma coisa, as alternativas mais extremas sugeridas por Guénon e outros como ele parecerão sedutoras. Apesar dos repelentes pontos de vista racistas de Evola, não causa surpresa que alguns de seus leitores tenham apreciado a crença de que a única coisa que restava era "explodir" tudo. Felizmente, a maioria encara isso como uma metáfora e eu apostaria que muitos de nós sentimos alguma coisa parecida vez por outra, embora, de novo felizmente, tenhamos a presença de espírito de não nos entregarmos a uma tal reação "purificadora". Ter vontade de derrubar tudo e começar de novo tem sido parte da psique humana há milênios, provavelmente desde o começo. É uma forma de impaciência metafísica, e a maioria das práticas espirituais tem como objetivo nos fazer aprender a dominar isso. Mas nenhuma sociedade ou nação pode praticar o Zen ou qualquer outra disciplina; só as pessoas podem. Por isso cabe a nós nos abstermos de uma entrega ao delicioso e estimulante exercício de reduzir tudo a pedaços.

Quando comecei este livro não me imaginava como alguém particularmente político ou, pelo menos, como mais político que qualquer

---

* De "fuck you". (N. do T.)

pessoa que tenha de lidar com uma certa soma de política na vida diária. Ainda não sou alguém que participe de marchas, suba nas barricadas ou peça uma revolução e acredito que a melhor contribuição que eu e gente como eu pode dar é tentar compreender as coisas com o máximo possível de clareza e sensibilidade. Se consigo ou não fazer isso é outra história. Agora, terminando este livro, acho que consigo articular para mim mesmo um tanto mais claramente o que posso chamar de minha atitude política. A política trabalha com o possível, não com o ideal; habita o mundo caótico do vir a ser, não o mundo estável do ser. Ideias do mundo do ser podem informar a política do vir a ser, mas não podem tomar seu lugar, o que significa que, enquanto o mundo for mundo, sempre haverá mudança. Tentativas de forçar um ideal, seja de direita, seja de esquerda, a tomar forma concreta fracassarão ou o sucesso virá com tamanho custo que teria sido preferível o fracasso. Enquanto assistia ao colapso de sua amada Rússia durante a Revolução Bolchevique, P. D. Ouspensky teve uma profunda percepção do que chamou "a impossibilidade da violência", "a inutilidade de meios violentos para atingir não importa o quê". "Vi com indubitável clareza", Ouspensky escreveu, "que meios e métodos violentos *em qualquer coisa que fosse* produziriam infalivelmente resultados negativos, isto é, resultados opostos àqueles objetivos pelos quais eles foram aplicados." Isso, disse Ouspensky, não era uma noção ética, mas prática. A violência simplesmente não funciona.[3] A história, eu acho, confirma Ouspensky. Se a humanidade e a sociedade vão se tornar "melhores", a coisa não vai acontecer da noite para o dia. Como aconselha o *I Ching*: "A perseverança faz avançar". E isso, digo eu, exige paciência.

Dado que o mundo político não é um mundo ideal, se me perguntassem o que eu prefiro, o mundo moderno – que permite shoppings, cultura ao alcance dos retardatários e consciência do consumidor – ou uma variante das teocracias autoritárias espirituais encontradas neste livro, eu teria ficado ao lado da modernidade. Como Leszek Kolakowski, sou conservador porque acredito que há muita coisa a conservar e que nem sempre o novo é melhor do que o velho. Mas como Ernst Bloch, sou um radical, porque acredito na promessa do novo, no potencial para alguma coisa que ainda não existe acontecer. O desafio, é claro, é como combinar as duas atitudes até atingirmos a faixa de equilíbrio onde as coisas entram "no ponto". Desnecessário dizer que isso não é fácil e, se for atingido, é apenas temporário. Quando penso no tipo de sociedade espiritual concebida por Schwaller de Lubicz e outros, sei apreciar seu apelo. Só preciso entrar num shopping para fazê-lo. Mas ela me parece um exemplo do que o filósofo Karl Popper chamou de "sociedade fechada". É mais do que provável que eu seja excessivamente moderno para desejar uma teocracia, mesmo espiritual. Tornei-me adulto com a televisão, os gibis, os filmes, a música pop e minha introdução na tradição esotérica ocidental veio através de livros baratos, não pelo encontro com algum misterioso emissário de uma elite iniciada. Também percebi ao escrever este livro que exemplifico, em minha própria vida, o "cosmopolitismo sem raízes" que tantos pensadores antimodernos julgam repreensível. E não apenas os tímidos; Jung não tinha muita coisa boa a dizer sobre cidades e não seria difícil encontrar nos comentários de Jung um eco da retórica "sangue e solo" nazista. Morei em três grandes metrópoles – Nova York, Los Angeles e Londres –, em dois países diferentes de dois continentes diferentes e tenho pouco, se é que tenho algum, vínculo com o solo ou a terra fora do que pode ser encontrado na cidade (quando as pessoas perguntam sobre minhas "raízes", explico que não as tenho e que penso em mim mesmo antes como um esporo). Não estou argumentando a favor disso e contra a vida mais rural que muitos críticos antimodernos celebram. A coisa simplesmente tomou este rumo.

O moderno mundo secular, apesar de todos os aspectos negativos, tem a seu favor sua própria desordem. Ela permite tudo de que os críticos antimodernos e outras pessoas, como eu mesmo, não gostam. Mas a própria desordem também permite outras coisas. Se havemos de ter liberdade – uma palavra ardilosa, eu sei –, teremos de tolerar algumas coisas de que não gostamos. Mas também teremos a liberdade de procurar alcançar as coisas de que gostamos. Mesmo que grande parte da cultura popular esteja num nível de entorpecida estupidez, ainda sou capaz de desligar a televisão e pegar Dostoievski, Nietzsche ou mesmo Julius Evola. Não tenho certeza se num mundo moldado por princípios evolianos eu poderia fazer isso. Chris Hedges argumenta que é precisamente a ausência de uma cultura popular significativa, comunitária, e de um nível razoável de inteligência e integridade na moderna sociedade americana que atrai muita gente que se sente "excluída" para o espírito do *Left Behind* (Deixados para Trás). Mas ele não argumenta a favor de meios de *impor* esses bens desejáveis à sociedade, de nos forçar a sermos, para o nosso próprio benefício, mais inteligentes e consequentes. Como via Ouspensky, uma tal compulsão não iria, de qualquer modo, funcionar. Tudo o que sobra para as pessoas que se importam com essas coisas é fazer o que podem para torná-las parte de suas vidas. Não há fórmula para isso, nem receita, nem itens para colocar na lista de "coisas a fazer". Apesar de todo o vazio e ecos de uma terra devastada, ainda estamos livres no mundo moderno para "nos tornarmos quem somos". Como o fazemos depende de nós mesmos. Ter de me conformar com a coisa caótica para conseguir isso parece um negócio justo.

Notas

Introdução

1. James Webb, *The Occult Establishment* (La Salle, IL, Open Court, 1976), p. 419.

2. Leszek Kolakowski, *Modernity on Endless Trial* (Chicago, University of Chicago Press, 1990), p. 12.

3. Para mais informações sobre o meu envolvimento "na obra", ver Gary Lachman, *In Search of P. D. Ouspensky* (Wheaton, Quest Books, 2004).

4. Para mais informações sobre a morte de Webb, ver meu artigo "The Strange Death of James Webb" em http://www.forteantimes.com/features/articles/264/the_damned_the_strange_death_of_james_webb.html. O leitor interessado não pode fazer coisa melhor que recorrer aos próprios livros de Webb. Infelizmente, eles não estão mais sendo editados, mas o leitor determinado pode sem dúvida encontrá-los na Internet.

5. Webb, *The Occult Establishment*, pp. 127, 133-34.

6. Gary Lachman, *Turn Off Your Mind: The Mystic Sixties and the Dark Side of the Age of Aquarius* (Nova York, The Disinformation Company, 2003).

7. Ver os comentários de Paul Krassner em *One Hand Jerking: Reports from an Investigative Satirist* (Nova York, Seven Stories Press, 2005).

8. Para mais informações sobre Joseph Campbell neste contexto, ver Robert E. Ellwood, *The Politics of Myth* (Albany, NY, SUNY Press, 1999).

9. Umberto Eco, "Ur-Fascism", *New York Review of Books*, 22 de junho de 1995.

10. Julius Evola, *Ride the Tiger: A Survival Manual for the Aristocrats of the Soul* (Rochester, VT, Inner Traditions, 2003), pp. 162-63.

11. Theodor Adorno, *Minima Moralia* (Londres, Verso, 1984), p. 241.

12. Ver Gary Lachman, *A Dark Muse: A History of the Occult* (Nova York, Thunder's Mouth Press, 2005).

13. Webb, *Occult Establishment*, p. 309.

14. Christopher McIntosh, *The Rosicrucians* (Wellingborough, UK, Crucible, 1987), p. 30.

15. Nicolas Campion, *The Great Year: Astrology, Millenarianism, and History in the Western Tradition* (Londres, Penguin Arkana, 1994), pp. 44-5.

16. Seu nome era Gabriel Green. Ver Ronald Story, *The Encyclopedia of UFOs* (Londres, New English Library, 1980), pp. 155-57.

17. Gary Lachman, "Foraging in Atlantis", in *The Dedalus Occult Reader: The Garden of Hermetic Dreams* (Sawtry, UK, Dedalus, 2004), p. 15.

18. René Guénon, *The Crisis of the Modern World* (Ghent, NY, Sophia Perennis, 1996), e Julius Evola, *Revolt against the Modern World* (Rochester, VT, Inner Traditions, 1995).

1. Aurora Rosa-Cruz

1. Manly P. Hall, *The Secret Teachings of All Ages* (Nova York, Tarcher/Penguin, 2003), p. 441.

2. Frances Yates, *The Rosicrucian Enlightenment* (Boulder, Shambhala, 1978), p. 57.

3. *Fama Fraternitas*, in Yates, *Rosicrucian Enlightenment*, p. 239.

4. Como veremos, Johann Andreae Valentin é conhecido como o autor de um texto rosa-cruz. Também se considera que esteve envolvido na *Fama*, assim como em sua continuação. Contudo, ainda não se chegou à conclusão se se tratou da obra de um ou mais indivíduos. Daí meu uso de "autor(es)".

5. Ibid, p. 245.

6. Ibid, pp. 245-46.

7. Frances Yates situa a data da "descoberta" do túmulo de Christian Rosencreutz em 1604. Se ele morreu em 1484, isso significaria que ficou exposto por 120 anos.

8. *Fama Fraternitas*, p. 247.

9. Os Irmãos do Espírito Livre foram um movimento cristão antinomiano, milenarista, que floresceu nos séculos XIII e XIV. Foram declarados heréticos pelo papa Clemente V no Concílio de Viena (1311-12) e caíram vítimas das mesmas perseguições que sofreram os Cavaleiros Templários e os cátaros.

10. *Fama Fraternitas*, p. 250.

11. Citado em Yates, *Rosicrucian Enlightenment*, p. 47.

12. *Fama Fraternitas*, p. 253.

13. *Fama Fraternitas*, p. 260.

14. Christopher McIntosh, *The Rosicrucians* (Wellingborough, UK, Crucible, 1987), p. 36.

15. Ibid, p. 32.

16. Ibid, p. 44.

17. Ibid, p. 17.

18. Philip Ball, *The Devil's Doctor* (Londres, William Heinemann, 2006), g. 385.

19. "Trazer a fruta" neste contexto se refere a "frutificar", "tornar frutífero".

20. Como Christopher McIntosh assinala, precedendo o aparecimento dos manifestos rosa-cruzes, havia uma rica tradição esotérica na Alemanha, tão rica que não é possível fazer-lhe justiça aqui. Paracelso já mencionei; outros nessa linha incluem Meister Eckhart (1266-1327), Johannes Tauler (1300-60), cuja obra influenciou Lutero; Johannes Ruysbroek (1293-1381); Nicholas de Cusa (1401-64); Johannes Reuchlin (1455-1522) e Heinrich Cornelius Agrippa (1486-1533).

21. Para mais informações sobre os cátaros e o gnosticismo, ver *Forbidden Faith: The Gnostic Legacy from the Gospels to the Da Vinci Code*, de Richard Smoley (San Francisco, HarperSanFrancisco, 2006).

22. Joscelyn Godwin, *The Golden Thread* (Wheaton, IL, Quest Books, 2007), pp. 107-08.

23. McIntosh, *Rosicrucians*, p. 48.

24. Yates, *Rosicrucian Enlightenment*, p. 137; McIntosh, *Rosicrucians*, p. 44.

25. Nem Rodolfo II nem seu irmão Matthias geraram um herdeiro – o que foi encarado como sinal de que as coisas não andavam bem no mundo. Com a morte de Matthias, o próximo na linha de sucessão à coroa era Ferdinando.

26. Para o interessante relato de uma visita às ruínas dos jardins e castelo, ver David Ovason, *The Zelator* (Londres, Arrow Books, 1999), pp. 146-50.

27. Frances Yates examina de maneira muito detalhada as semelhanças entre o *Chemical Wedding* e o casamento e vida de Frederico e Elizabeth, algumas das quais esbocei aqui. Ver Yates, *Rosicrucian Enlightenment*, pp. 59-69.

2. Colégios Invisíveis

1. Frances Yates, *The Rosicrucian Enlightenment* (Boulder, Shambhala, 1978), p. 161.

2. Christopher McIntosh, *The Rosicrucians* (Wellingborough, UK, Crucible, 1987), p. 51.

3. Khunrath esteve algum tempo na corte de Rodolfo II em Praga, onde conheceu John Dee e mais do que provavelmente se tornou seu aluno. Foi mais tarde médico do conde de Rotmberk em Trebon.

4. P. D. Ouspensky, *Tertium Organun* (Nova York, Alfred A. Knopf, 1981), p. 277.

5. Para mais informações sobre a pesquisa de Ouspensky e suas consequências, ver meu *In Search of P. D. Ouspensky* (Wheaton, IL, Quest Books, 2004).

6. Paul Foster Case, *The True and Invisible Rosicrucian Order* (York Beach, ME, Samuel Weiser, 1985), p. 5, citado em Richard Smoley, *Forbidden Faith: The Gnostic Legacy from the Gospels to the Da Vinci Code* (San Francisco, HarperSanFrancisco, 2006), p. 134.

7. Manly P. Hall, *The Secret Teachings of All Ages* (Nova York, Tarcher/Penguin, 2003), p. 539.

8. Mais de um livro foi encontrado no túmulo e os relatos da descoberta divergem, como ocorre com muita coisa na literatura rosa-cruz.

9. Hall, *Secret Teachings*, p. 462.

10. McIntosh, *Rosicrucians*, p. 56.

11. Peter Marshall, *The Theatre of the World* (Londres, Harvill Secker, 2006), p. 132.

12. Para o papel da editora de De Bry nos acontecimentos que levaram à Tragédia Boêmia, ver Yates, *Rosicrucian Enlightenment*, pp. 70-90.

13. Incluído na *Utriusque Cosmi Historia* está o "Theatre Memory System", de Fludd, uma versão das técnicas mnemônicas herméticas mencionadas anteriormente. O imaginário *Theatrum Orbi*, ou Theatre Globe, de Fludd, está, de acordo com Yates em *The Art of Memory*, baseado no reconstruído Globe Theatre – o teatro de Shakespeare –, que pegara fogo em 1613 e para cuja reconstrução James I destinara grandes somas. Temos, portanto, outro elo Shakespeare-Hermético-Rosa-cruz. O teatro imaginário, que Fludd empregou como dispositivo mnemônico para alojar seu sistema mundial hermético, estava baseado num verdadeiro teatro "mundial" (Globe Theatre). As menções do "teatro" como "mundo" e do "mundo" como "teatro" são sugestivas demais para serem retomadas aqui.

14. Tem se afirmado que havia uma loja maçônica perto da casa de Fludd, na Coleman Street, em Londres.

15. Yates, *Rosicrucian Enlightenment*, p. 169.

16. Ibid., pp. 182-83.

3. Manobras Maçônicas

1. Jasper Ridley, *The Freemasons* (Londres, Robinson, 2000), p. xi.

2. Ibid, p. 116.

3. James Webb, *The Occult Establishment* (LaSalle, IL, Open Court, 1976), p. 129.

4. A busca por "Hillary Clinton" e "maçons" na Internet produz alguns resultados interessantes, um dos quais indico aqui: http://www.cuttingedge.org/news/n1259.cfm.

5. Ver David Ovason, *The Secret Zodiac of Washington, D.C.* (Londres, Arrow Books, 2006), e Robert Hieronimus, *Founding Fathers, Secret Societies: Freemasons, Illuminati, Rosicrucians and the Decoding of the Great Seal* (Rochester, VT, Destiny Books, 2005).

6. Manly P. Hall, *The Secret Teachings of All Ages* (Nova York, Tarcher/Penguin, 2003), p. 282.

7. Ibid., p. 283.

8. Ibid., p. 658.

9. Ver *The Hiram Key, The Second Messiah* e *Uriel's Machine,* de Christopher Knight e Robert Lomas; *The Sign and the Seal*, de Graham Hancock; *The Templar Revelation*, de Lynn Picknet e Clive Prince, e *The Atlantis Blueprint*, de Colin Wilson e Rand Flem-Ath.

10. "Vatican Book on Templars Demise", http://news.bbc.co.uk/2/hi/Europe/7029513.stm.

11. Ver nota 9.

12. *The Temple and the Lodge*, de Michael Baigent e Richard Leigh (Londres, Arrow Books, 1998), p. 159.

13. Ibid., p. 160.

14. O site oficial da Capela Rosslyn, contudo, liga os dragões a Yggdrasil, a Árvore da Vida na mitologia nórdica.

15. Mark Sedgwick, *Against the Modern World* (Oxford, Oxford University Press, 2004), p. 50.

16. René Guénon, *The Lord of the World* (North Yorkshire, Coombe Springs Press, 1983), p. 48.

17. Ridley, *Freemasons*, pp. 26-7.

18. Baigent e Leigh, *Temple and the Lodge*, p. 208.

19. Frances Yates, *The Rosicrucian Enlightenment* (Boulder, Shambhala, 1978), p. 211.

20. Ibid.

21. Thomas De Quincey, "Historico-Critical Inquiry into the Origins of the Rosicrucians and the Freemasons", originalmente publicado no *London Magazine*, janeiro de 1824 – http://www.freemasons-freemasonry.com/dequincey_rosicrucians-freemasons.html.

22. Richard Smoley, *Forbidden Faith: The Gnostic Legacy from the Gospels to the Da Vinci Code* (San Francisco, HarperSanFrancisco, 2006), p. 141.

23. Ridley, *Freemasons*, p. 1.

24. A obra clássica sobre o esoterismo das catedrais góticas é ainda *Le Mystère des Cathédrales*, atribuída ao enigmático alquimista conhecido como Fulcanelli.

25. Jean Gimpel, *The Cathedral Builders* (Londres, Michael Russell, 1983), pp. 68-9.

26. Ridley, *Freemasons*, p. 17.

27. Ibid., p. 18.

28. Ibid., p. 15.

29. Baigent e Leigh, *Temple and the Lodge*, p. 247.

30. Ibid., p. 244.

31. Ibid., pp. 264-67.

4. Revoluções Esotéricas Eróticas

1. Em seu gigantesco *London: The Biography* (Londres, Chatto & Windus, 2000, p. 230), entre outras possíveis derivações, o romancista Peter Ackroyd sugere que Fetter Lane é assim chamada porque era o local das oficinas que faziam os *fetters* ou estojos das lanças para os Cavaleiros Templários, cuja presença na área era familiar. Segundo Ackroyd, a região tem a antiga reputação de atrair proscritos religiosos, políticos e sociais, assim como outros personagens vivendo "à margem".

2. Devo o relato que se segue do conde Zinzendorf, dos morávios e da influência que exerceram sobre Swedenborg e William Blake à fascinante pesquisa de Marsha Keith Schuchard e a seu cativante trabalho *Why Mrs Blake Cried: William Blake and the Sexual Basis of Spiritual Vision* (Londres, Century, 2006).

3. Lars Bergquist, *Swedenborg's Secret* (Londres, Swedenborg Society, 2005), p. 204.

4. A obra clássica sobre Sabbatai Zevi continua sendo *Sabbatai Zevi: The Mystical Messiah*, de Gershom Scholem (Princeton, NJ, Princeton University Press, 1973).

5. William Blake, *The Complete Poetry and Prose*, organizado por David Erdman (Berkeley e Los Angeles, University of California Press, 1982), pp. 35-6.

6. Para um relato da influência das ideias de "pecar no sagrado" e estar "além do bem e do mal" sobre uma geração, ver meu *Turn Off Your Mind*.

7. Infelizmente, só posso referir-me aqui a alguns dos aspectos das crenças e práticas de Zinzendorf e dos morávios. Leitores querendo saber um pouco mais talvez tenham interesse em ler minha resenha de *Why Mrs. Blake Cried*, de Marsha Keith Schuchard, em http://arts.independent.co.uk/books/reviews/article350877.ece.

8. Em Gary Lachman, *Into the Interior: Discovering Swedenborg* (Londres, Swedenborg Society, 2006). Dou uma visão geral das ideias científicas e filosóficas de Swedenborg, muitas das quais parecem séculos à frente de seu tempo.

9. Para mais informações sobre as possíveis atividades de Swedenborg como agente secreto jacobita, ver novamente o fascinante trabalho de Marsha Keith Schuchard, especificamente seus artigos "Yeats and the Unknown Superiors: Swedenborg, Falk and Cagliostro", in *The Hermetic Journal*, nº 37 (outono de 1987); "The Secret Masonic History of Blake's Swedenborg Society", in *Blake: An Illustrated Quarterly*, vol. 26, nº 2 (ou-

tono de 1992); e "Swedenborg, Jacobites and Freemasonry", in Erland J. Brock, org., *Swedenborg and His Influence* (Bryn Athyn, PA, Academy of the New Church, 1988). Material extraído desses artigos, juntamente com uma pesquisa adicional muito fértil, está incluído em *Why Mrs. Blake Cried*, de Schuchard.

10. Swedenborg usou o termo *conubial* em vez do mais comum *conjugal* para enfatizar o aspecto espiritual da relação.

11. Bergquist, *Swedenborg's Secret*, p. 169.

12. Schuchard, *Why Mrs. Blake Cried*, p. 70. Além da posição que ocupava como bispo entre os Irmãos Boêmios, Comenius tinha um laço mais direto com Zinzendorf através do neto, David Ernst Jablonski. Enquanto era pastor oficial da corte do rei Frederico I da Prússia, Jablonski conheceu Zinzendorf, que pode tê-lo introduzido na Ordem do Grão de Semente de Mostarda.

13. Ibid., pp. 169-70.

14. Lachman, *Into the Interior*, pp. 86-7.

15. Joscelyn Godwin, *The Theosophical Enlightenment* (Albany, NY, SUNY Press, 1994), p. 103.

16. Bergquist, *Swedenborg's Secret*, p. 170.

17. Blake, *Complete Poetry and Prose*, p. 605.

18. "Why Mrs. Blake Cried", de Schuchard, ensaio que serviu de base para o seu último livro, disponível em http://www.esoteric.msu.edu/volumeII/BlakeFull.html.

19. Godwin, *Theosophical Enlightenment*, p. 97.

20. Ibid., p. 223. Em seu relato das origens da Aurora Dourada, o estudioso do oculto R. A. Gilbert relata que W. Wynn Westcott, um dos membros fundadores da ordem, sugeriu que a sociedade estava em linha de sucessão com grupos ocultistas conectados em linha direta com o que Falk organizou em Londres na década de 1740. Embora não impossível – Westcott estava separado de Falk por apenas um século –, o elo parece improvável.

21. Marsha Keith Schuchard, *Restoring the Temple of Vision: Cabalistic Freemasonry and Stuart Culture* (Leiden, Neth., E. J. Brill, 2002).

22. Para mais informações sobre as correspondências de Swedenborg, ver meu *Into the Interior*, pp. 82-4.

23. Lynn R. Wilkinson, *The Dream of an Absolute Language* (Albany, NY, SUNY Press, 1996), p. 20.

24. Robert Darnton, *Mesmerism and the End of the Enlightenment* (Cambridge, MA, Harvard University Press, 1968), p. vii.

25. Raine discute as buscas esotéricas de Blake, especialmente seu estudo da tradição hermética, num trabalho seminal: *Blake and Tradition* (Londres, Routledge & Kegan Paul, 1969), e também em *Golgonooza City of the Imagination: Last Studies in William Blake*

(Hudson, NY, Lindisfarne, 1991). Os leitores podem estar interessados numa entrevista que fiz com Kathleen Raine para a revista *Lapis* alguns anos antes de sua morte. Ver http://www.lapismagazine.org/archive/L04/raine_lachman_iint.html.

26. Peter Ackroyd, *Blake* (Londres, Sinclair-Stevenson, 1995), p. 158.

27. Ibid., p. 163.

28. Ibid., p. 46.

29. Jasper Ridley, *The Freemasons* (Londres, Robinson, 2000), p. 96.

30. Michael Baigent e Richard Leigh, *The Temple and the Lodge* (Londres, Arrow Books, 1998), p. 295.

31. Ridley, *Freemasons*, p. 100.

5. Iluminações

1. Robert Darnton, *Mesmerism and the End of the Enlightenment* (Cambridge, Harvard University Press, 1969), p. 34.

2. Gary Lachman, org., *The Dedalus Occult Reader: The Garden of Hermetic Dreams* (Sawtry, UK, Dedalus, 2004), p. 4.

3. Gary Lachman, *A Secret History of Consciousness* (Great Barrington, MA, Lindisfarne, 2003), p. 106.

4. Ibid., p. 256-67.

5. Para mais informações sobre Orage e a Nova Era, ver meu *In Search of P. D. Ouspensky* (Wheaton, IL, Quest Books, 2004).

6. T. E. Hulme, *Speculations* (Londres, Routledge & Kegan Paul, 1959), p. 116.

7. Ibid., p. 118.

8. Richard Smoley, *Forbidden Faith: The Gnostic Legacy from the Gospels to the Da Vinci Code* (San Francisco, HarperSanFrancisco, 2006), p. 177.

9. Jacques Barzun, *The Use and Abuse of Art* (Princeton, NJ, Princeton University Press, 1974), p. 67.

10. Isaiah Berlin, *The Crooked Timber of Humanity* (Londres, Pimlico, 2003), p. 118.

11. Isaiah Berlin, "Two Enemies of the Enlightenment", p. 5, em http://berlin.wolf.ox.ac.uk/lists/nachlass/maistre.pdf.

12. Joscelyn Godwin, *The Theosophical Enlightenment* (Albany, NY, SUNY Press, 1994), p. 121.

13. Citado em ibid.

14. Jasper Ridley, *The Freemasons* (Londres, Robinson, 2000), pp. 138-50.

15. Gary Lachman, *A Dark Muse: A History of the Occult* (Nova York, Thunder's Mouth Press, 2005), pp. 49-57.

16. O livro de Robison está disponível online em http://www.sacred-texts.com/sro/pc/index.htm.

17. Lachman, *A Dark Muse*, p. 50.

18. John Bruno Hare, introdução, http://www.sacred-texts.com/sro/pc/index.htm.

19. O grupo de Avignon de Pernety desovou um rival, os Illuminés d'Avignon, liderados pelo conde Thaddeus Grabianka, sabbataiano e cabalista. Como Marsha Keith Schuchard relata, o conde Grabianka era um dos agentes da mútua fecundação esotérica entre França e Inglaterra e, em 1785, levou seu mesmerismo impregnado de sexualidade e magia para os seguidores de Swedenborg em Londres. Ver *Why Mrs. Blake Cried*, pp. 218-21.

20. Christopher McIntosh, *Eliphas Levi and the French Occult Revival* (Londres, Rider, 1972), p. 96.

21. Ibid., pp. 84-5.

22. Darnton, *Mesmerism and the End of the Enlightenment*, p. 88.

23. Ibid., p. 86.

24. O espaço não permite mais que uma menção de um livro fascinante explorando os laços entre mesmerismo, política e o surgimento da psiquiatria no final do século XVIII: *The Air Loom Gang*, de Mike Jay (Londres, Bantam, 2003).

25. Darnton, *Mesmerism and the End of the Enlightenment*, p. 79.

26. Ibid.

27. Ibid., pp. 91-2.

28. Lachman, *A Dark Muse*, p. 31.

29. Ibid., p. 287.

30. Ibid., p. 288.

31. Lynn Picknett e Clive Prince, *The Sion Revelation* (Londres, Time Warner Books, 2006), pp. 360-62.

32. Darnton, *Mesmerism and the End of the Enlightenment*, p. 69.

33. McIntosh, *Eliphas Levi and the French Occult Revival*, p. 26.

34. Iain MacCalan, *The Seven Ordeals of Count Cagliostro* (Londres, Century, 2003), p. 210.

35. Citado em Frances Mossiker, *The Queen's Necklace* (Nova York, Simon & Schuster, 1961), p. 554.

6. Espíritos Rebeldes

1. Éliphas Lévi, *The History of Magic*, trad. A. E. Waite (Londres, Rider, 1982), p. 313.

2. Christopher McIntosh, *Eliphas Levi and the French Occult Revival* (Londres, Rider, 1972), p. 46.

3. Ibid., p. 42.

4. *Meditations on the Tarot: A Journey into Christian Mysticism* (Nova York, Tarcher/Penguin, 2002), pp. 419-20. É geralmente aceito que o autor desse trabalho notável, mas polêmico, é o antroposofista e convertido católico Valentine Tomberg.

5. Joscelyn Godwin, *The Golden Thread* (Wheaton, IL, Quest Books, 2007), p. 50.

6. Morris Berman, *Coming to Our Senses* (Londres, Unwin, 1990), p. 299.

7. Robert Darnton, *Mesmerism and the End of the Enlightenment* (Cambridge, Harvard University Press, 1969), p. 117.

8. De novo reporto o leitor interessado a meu livro *A Dark Muse*.

9. Ver http://weuropeanhistory.suite101.com/article.cfm/histories_mysteries.

10. Lachman, *A Dark Muse*, pp. 136-41.

11. Em consideração à simplicidade, ainda que durante sua trajetória como radical Lévi fosse ainda Alphonse Louis Constant, vou a seguir, e até o fim, me referir a ele como Lévi.

12. Thomas Williams, *Eliphas Levi, Master of Occultism* (Tuscaloosa, AL, University of Alabama Press, 1975), p. 22.

13. Lévi, *History of Magic*, pp. 355-57.

14. Williams, *Eliphas Levi*, p. 17.

15. Ibid.

16. Ibid., p. 18.

17. Para um relato das outras prisões de Lévi e uma análise de seus escritos políticos, ver Lynn R. Wilkinson, *The Dream of an Absolute Language; Emanuel Swedenborg & French Literary Culture* (Albany, NY, SUNY Press, 1996).

18. Éliphas Lévi, *Transcendental Magic* (Londres, Rider, 1982), p. 376.

19. McIntosh, *Eliphas Levi and the French Occult Revival*, p. 142.

20. Lévi, *History of Magic*, p. 32.

21. Ibid., p. 41.

22. Colin Wilson, *Afterlife* (Nova York, Doubleday, 1987), pp. 73-108.

23. Para um relato das experiências de Steiner com os mortos, ver Gary Lachman, *Rudolf Steiner: An Introduction to his Life and Work* (Nova York, Tarcher/Penguin York, 2007).

24. Rudolf Steiner, *The Occult Movement in the Nineteenth Century and its Relation to Modern Culture* (Londres, Rudolf Steiner Press, 1973).

25. Ibid., p. 20.

26. Alex Owen, *The Darkened Room: Women, Power, and Spiritualism in Late Victorian England* (Londres, Virago Press, 1989), p. 1.

27. Barbara Goldsmith, *Other Powers: The Age of Suffrage, Spiritualism, and the Scandalous Victoria Woodhull* (Nova York, Harper Perennial, 1999).

28. Colin Wilson e Donald Seaman, *Scandal!* (Londres, Weidenfeld & Nicolson, 1986), p. 23.

29. Um das primeiras e mais famosas defensoras dos direitos das mulheres, Wollstonecraft foi difamada tanto por amigos quanto por inimigos por sua "escandalosa" libertinagem e atitude franca com relação ao sexo. Ver as excelentes biografias *Her Own Woman: The Life of Mary Wollstonecraft* (Londres, Abacus, 2001), de Diane Jacobs, e *The Life and Death of Mary Wollstonecraft* (Londres, Penguin, 1992), de Claire Tomalin.

30. Wilson e Seaman, *Scandal!*, p. 1.

7. Jornadas para o Oriente

1. Jasper Ridley, *The Freemasons* (Londres, Robinson, 2000), p. 208.

2. Sylvia Cranston, *The Extraordinary Life and Influence of Helena Petrovna Blavatsky* (Nova York, Tarcher/Putnam, 1993), p. 79.

3. Peter Washington, *Madame Blavatsky's Baboon* (Londres, Secker & Warburg, 1993), p. 41.

4. Rudolf Steiner, *The Occult Movement in the Nineteenth Century* (Londres, Rudolf Steiner Press, 1973), p. 31. Embora fosse um dos mais inteligentes e progressistas esotéricos modernos, Steiner parece ter compartilhado os preconceitos de seu tempo. Fazendo observações sobre a predominância de médiuns mulheres, comenta que "o organismo feminino está adaptado pela natureza a preservar uma vidência atávica por mais tempo que o organismo masculino", o que, no sistema evolutivo de Steiner, significa que as mulheres estão mais próximo das formas anteriores de consciência humana do que os homens. Ibid., p. 30.

5. Uma garrafa de Leyden é um dispositivo para estocar carga elétrica. Foi inventada em 1745 por Pieter van Musschenbroek.

6. Steiner, *The Occult Movement*, p. 34.

7. Nicolas Goodrick-Clarke, *Western Esoteric Master Series: Helena Blavatsky* (Berkeley, CA, North Atlantic Books, 2004), pp. 2-3.

8. Paul Johnson, *In Search of the Masters: Behind the Occult Myth* (South Boston, VA, pelo autor, 1990); e *The Masters Revealed: Madame Blavatsky and the Myth of the Great White Lodge* (Albany, NY, SUNY Press, 1994).

9. Christopher Hale, *Himmler's Crusade* (Londres, Bantam Press, 2003).

10. P. D. Ouspensky, *Tertium Organum* (Nova York, Alfred A. Knopf, 1981), p. 108.

11. P. D. Ouspensky, *A New Model of the Universe* (Nova York, Alfred A. Knopf, 1969), pp. 443-44.

12. P. D. Ouspensky, *Letters from Russia 1919* (Londres, Arkana, 1991), p. 2.

13. De fato, Ouspensky um dia comentou com seu aluno J. G. Bennett que a diferença entre um homem e outro pode ser maior que aquela entre uma ovelha e um repolho. Ver J. G. Bennett, *Witness* (Tucson, AZ, Omen Press, 1974), p. 53.

14. Ver Abraham Maslow, "Humanistic Biology: Elitist Implications of the Concept of 'Full-Humanness'", in *Future Visions: The Unpublished Papers of Abraham Maslow*, org. Edward Hoffman (Thousand Oaks, CA, Sage Publications, 1996).

15. Washington, *Madame Blavatsky's Baboon*, p. 39.

16. Os "nove desconhecidos" de Jacolliot tiveram uma carreira variada, aparecendo na aventura de ficção sobrenatural do teosofista Talbot Mundy, surgindo como parte do elenco de personagens no *best-seller* dos anos 60 *The Morning of the Magicians*, de Pauwels e Bergier, e como fonte das comunicações paranormais recebidas por Uri Geller. Ver meu *Turn Off Your Mind: The Mystic Sixties and the Dark Side of the Age of Aquarius* (Nova York, The Disinformation Company, 2001), pp. 158-59.

17. James Webb, *The Harmonious Circle* (Nova York, G. P. Putnam's & Sons, 1980), pp. 48-73.

18. Ukhtomsky e o futuro czar visitaram a sede da Sociedade Teosófica durante a jornada de Tsarevitch ao redor do mundo em 1891; na mesma viagem, encontraram o coronel Olcott em Colombo. Ukhtomsky era o principal defensor da Ásia russa e, no sucesso de Blavatsky na Índia, viu uma prova da disposição dos indianos para aceitar seus laços com o "irresistível norte". Ibid., p. 58.

19. Karl Meyer e Shareen Brysac, *Tournament of Shadows* (Londres, Little, Brown & Co., 2001), p. 242.

20. Ibid., p. 512.

21. Washington, *Madame Blavatsky's Baboon*, p. 94.

22. Em 1968, o Sri Lanka (Ceilão na época de Olcott) emitiu um selo comemorativo das iniciativas de Olcott a favor do budismo e da educação. Quando Blavatsky e ele chegaram, havia apenas duas escolas budistas; as demais eram dirigidas por missionários cristãos que excluíam o budismo dos currículos. Em 1900, graças ao empenho de Olcott, tinham surgido duzentas escolas budistas. Seu trabalho promovendo o budismo no Ceilão foi tão impressionante que Olcott foi convidado pelos japoneses a fazer o mesmo no país deles. (Ver Cranston, *Extraordinary Life and Influence of Helena Petrovna Blavatsky*, p. 195.)

23. Ainda hoje a situação dos intocáveis continua crítica. Ver
http://news.nationalgeographic.com/news/2003/06/0602_030602_untouchables.html.

24. Cranston, *Extraordinary Life and Influence of Helena Petrovna Blavatsky*, pp. 194-96.

25. Ver meu *Turn Off Your Mind*, pp. 81-6.

26. Andrei Bely, *Petersburg* (Londres, Penguin, 1995), p. xix. Para mais informações sobre Bely e Steiner, ver meu *A Dark Muse: A History of the Occult* (Nova York, Thunder's Mouth Press, 2005), pp. 212-18, e *Rudolf Steiner: An Introduction to his Life and Work* (Nova York, Tarcher/Penguin York, 2007), pp. 167-69.

27. Nicolai Berdyaev, *The Russian Idea* (Nova York, Lindisfarne, 1992), p. 19.

28. Ibid., p. 24.

8. Reis do Mundo nas Montanhas da Verdade

1. Martin Green, *Mountain of Truth: The Counterculture Begins, Ascona 1900-1920* (Hanover e Londres, University Press of New England, 1986), p. 176.

2. R. M. Bucke, *Cosmic Consciousness* (Nova York, Dutton, 1966), p. 4. Para mais informações sobre Bucke, ver meu *Secret History of Consciousness* (Great Barrington, Lindisfarne, 2003), pp. 3-16.

3. Peter Washington, *Madame Blavatsky's Baboon* (Londres, Secker & Warburg, 1993), p. 73.

4. Para mais informações sobre Orage e Gurdjieff, ver meu *In Search of P. D. Ouspensky* (Wheaton, IL, Quest Books, 2004).

5. Para mais informações sobre a conferência de Orage, ver meu *Secret History of Consciousness*, pp. 34-88.

6. Ralph Shirley, citado em Alex Owen, *The Place of Enchantment* (Chicago, University of Chicago Press, 2007), p. 134.

7. Richard Rudgely, *Pagan Resurrection* (Londres, Century, 2006).

8. James Webb, *The Occult Establishment* (La Salle, IL, Open Court, 1976), p. 199. Webb também assinala que Ossendowski foi salvo de uma sentença de morte por suas atividades revolucionárias pelo conde Witte, primo de Madame Blavatsky e futuro primeiro-ministro da Rússia.

9. Ferdinand Ossendowski, *Beasts, Men and Gods* (Londres, Edward Arnold, 1923), p. 300.

10. Ibid., p. 302.

11. Ibid.

12. Ibid.

13. Webb, *The Occult Establishment*, pp. 200-01.

14. Joscelyn Godwin, *Arktos: The Polar Myth in Science, Symbolism, and Nazi Survival* (Kempton, IL, Adventures Unlimited Press, 1996), pp. 79-80.

15. Tenzin Gyatso, *The Kalachakra Tantra* (Londres, Wisdom Publications, 1985), pp. 166-67.

16. James Webb, *The Harmonious Circle* (Nova York, G. P. Putnam's & Sons, 1980), p. 59.

17. A missão de Roerich também proporcionou um clássico avistamento de OVNI, décadas antes do famoso relato de Kenneth Arnold em 1947. Em *Altai-Himalaya: A Travel Diary* (Kempton, IL, Adventures Unlimited Press, 2001), pp. 361-62, Roerich fala de ter visto um "enorme objeto oval movendo-se em grande velocidade" pelo céu de norte a sul. "Ao cruzar nosso acampamento essa coisa mudou sua direção de sul para sudoeste. E a vimos desaparecer no céu extremamente azul." Um dos lamas que viajava com o grupo disse-lhes que aquilo era um sinal de que Rigden-Jyepo estava "cuidando deles" (ver Nicholas Roerich, *Shambhala*, Rochester, VT, Inner Traditions, 1990, p. 244). Roerich também fala de um "refinado aroma de perfume" que acompanhou o avistamento, que ele reconhece como um sinal de Shambhala (ibid., p. 7).

18. Ibid., p. 4.

19. Roerich, *Altai-Himalaya*, p. 359.

20. Karl Meyer e Shareen Brysac, *Tournament of Shadows* (Londres, Little, Brown & Co., 2001), p. 455.

21. Ibid., p. 480.

22. Infelizmente, o pacto pouco fez para deter a pilhagem ou destruição das obras de arte durante a logo iniciada Segunda Guerra Mundial e, em anos recentes, o saque dos museus de Bagdá em seguida à invasão do Iraque comandada pelos Estados Unidos foi precisamente o tipo de vandalismo cultural que Roerich queria evitar.

23. Geneviève Dubois, *Fulcanelli and the Alchemical Revival* (Rochester, VT, Destiny Books, 2006), p. 13.

24. Colin Wilson, *A Criminal History of Mankind* (Nova York, G. P. Putnam's Sons, 1984), p. 519.

25. Ibid., p. 520.

9. Reações

1. Devo o material sobre Saint-Yves d'Alveydre neste capítulo e no anterior a *The Sion Revelation: The Truth about the Guardians of Christ's Sacred Bloodline*, de Lynn Picknett e Clive Prince (Londres, Time Warner Books, 2006), p. 376.

2. Ibid.

3. Saint-Yves d'Alveydre, prefácio a Papus, *The Qabalah: Secret Tradition of the West* (Wellingborough, UK, Thorson's, 1977), p. 33.

4. Citado em James Webb, *The Occult Establishment* (La Salle, Open Court, 1976), p. 236.

5. Ibid., p. 30.

6. Geneviève Dubois, *Fulcanelli and the Alchemical Revival* (Rochester, VT, Destiny Books, 2006), p. 11.

7. Mark Sedgwick, *Against the Modern World* (Oxford, Oxford University Press, 2004), p. 48.

8. Picknett e Prince, *The Sion Revelation*, p. 368.

9. Webb, *The Occult Establishment*, p. 168.

10. Ibid., pp. 241-49.

11. Ver Richard McNeef, "Crowley and the Spooks", *Fortean Times* 231, janeiro de 2008.

12. Picknett e Prince, *The Sion Revelation*, p. 373.

13. Citado em Martin Green, *Mountain of Truth: The Counterculture Begins, Ascona 1900-1920* (Hanover e Londres, University Press of New England, 1986), p. 244.

14. P. D. Ouspensky, *Letters from Russia* (Londres, Arkana, 1991), pp. 2-3.

15. Para mais informações sobre a oposição a Steiner, ver meu *Rudolf Steiner. An Introduction to his Life and Work* (Nova York, Penguin, 2007).

16. Johannes Tautz, *Walter Stein* (Londres, Temple Lodge, 1990), p. 218.

17. Ibid.

18. Ibid., p. 212.

19. Ibid., p. 183.

20. P. D. Ouspensky, *A New Model of the Universe* (Nova York, Alfred A. Knopf, 1969), p. 342.

21. Outros tradicionalistas incluem Ananda Coomaraswamy, Julius Evola, Fritjoff Schuon, Seyyed Hossein Nasr, Huston Smith, Martin Lings e Titus Burckhart.

22. George Steiner, *Nostalgia for the Absolute* (Toronto, Anansi Press, 1997).

23. Sedgwick, *Against the Modern World*, p. 24.

24. René Guénon, *The Crisis of the Modern World* (Ghent, Bélgica, Sophia Perennis, 1996), p. 15.

25. Sedgwick, *Against the Modern World*, p. 15.

26. Robin Waterfield, *René Guénon and the Future of the West* (Londres, Crucible, 1987), p. 31.

27. Ibid., pp. 25-6.

28. Ibid. Ver também Steven Wasserstrom, *Religion after Religion: Gerschom Scholem, Mircea Eliade, and Henry Corbin at Eranos* (Princeton, NJ, Princeton University Press, 1999).

29. Dubois, *Fulcanelli and the Alchemical Revival*, p. 15.

30. Waterfield, *René Guénon and the Future of the West*, p. 53.

31. Ibid., p. 14.

32. Doinel fundou sua Igreja Gnóstica em 1888, mas em 1895 chocou a subcultura ocultista parisiense abandonando o gnosticismo, retornando à Igreja e escrevendo um livro, *Lucifer Unmasked*, onde sustenta que o gnosticismo, o martinismo e a maçonaria eram obra de Satã.

33. Sedgwick, *Against the Modern World*, pp. 60-1.

34. Waterfield, *René Guénon and the Future of the West*, p. 41.

35. Guénon, *The Crisis of the Modern World*, pp. 15-6.

36. Ibid., p. 18.

37. Ibid., p. 16.

38. Ibid., p. 17.

39. Ibid., p. 55.

40. Ibid., p. 73.

41. Sedgwick, *Against the Modern World*, p. 25.

42. Ibid., p. 69.

43. Ibid., p. 34.

44. René Guénon, *The Lord of the World* (North Yorkshire, Coombe Springs Press, 1983), p. 5. Um parceiro tradicionalista, o estudioso budista Marco Pallis, criticou Guénon por sua crédula aceitação da realidade geográfica de Agartha, sustentando que de fato "ninguém sabia nada na Índia ou no Tibete acerca de Agartha e do Senhor do Mundo". Ver Mirua A. Tamas, *Agarttha: The Invisible Center* (Toronto, Rose Cross Books, 2003), p. 13.

45. Ibid.

46. Guénon, *The Crisis of the Modern World*, p. 27.

47. Ibid.

48. Ibid., p. 80.

49. Ibid., pp. 108-09.

10. Lados Sombrios

1. Para um breve relato da vida e obra de Schwaller de Lubicz, ver meu "René Schwaller de Lubicz and the Intelligence of the Heart" em http://www.unitedearth.com.au/lubicz.html.

2. André VandenBroeck, *Al-Kemi: Hermetic, Occult, Political and Private Aspects of R. A. Schwaller de Lubicz* (Nova York, Lindisfarne, 1987).

3. William Pfaff, *The Bullet's Song: Romantic Violence and Utopia* (Nova York, Simon & Schuster, 2004), pp. 90-1.

4. Geneviève Dubois, *Fulcanelli and the Alchemical Revival* (Rochester, VT, Destiny Books, 2006), p. 66.

5. R. A. Schwaller de Lubicz, *Nature Word* (West Stockbridge, MA, Lindisfarne Press, 1982), p. 129.

6. Dubois, *Fulcanelli and the Alchemical Revival*, p. 71.

7. Schwaller de Lubicz, *Nature Word*, p. 51.

8. Dubois, *Fulcanelli and the Alchemical Revival*, p. 68.

9. Ibid.

10. Joscelyn Godwin, *Arktos: The Polar Myth in Science, Symbolism, and Nazi Survival* (Kempton, IL, Adventures Unlimited Press, 1996), p. 54.

11. Dubois, *Fulcanelli and the Alchemical Revival*, p. 71.

12. Dubois se refere a Du Mas como "Henri" (p. 71), mas as outras referências usam "Vivian".

13. Para um relato da vida e obra de Lubicz Milosz, ver meu *Dark Muse: A History of the Occult* (Nova York, Thunder's Mouth Press, 2005), pp. 245-53. Para sua relação com Swedenborg, ver meu ensaio "Space: the Final Frontier, O. V. de Lubicz Milosz and Swedenborg", in *Between Method and Madness: Essays on Swedenborg and Literature. Journal of the Swedenborg Society*, vol. 4, organizado por Stephen McNeilly (Londres, Swedenborg Society, 2005), pp. 81-93.

14. Christopher Bamford in O. V. de Lubicz Milosz, *The Noble Traveller: The Life and Writings of O. V. de L. Milosz* (West Stockbridge, MA, Lindsfarne, 1985), p. 50.

15. Ibid., p. 453.

16. Ibid.

17. Ibid.

18. Ibid., p. 463.

19. Ibid., p. 477.

20. Ibid., p. 453.

21. Ibid., p. 457.

22. Ibid., p. 464.

23. Ibid., p. 475.

24. VandenBroeck, *Al-Kemi*, p. 25.

25. Ibid., no prefácio de Saul Bellow.

26. Ibid.

27. VandenBroeck, *Al-Kemi*, p. 25, pp. 25-6.

28. Ibid., p. 35.

29. Ibid., p. 160.

30. Ibid., p. 39.

31. Ibid., p. 44.

32. Ibid., p. 13.

33. Ibid., p. 66.

34. Ibid., pp. 51, 123-24.

35. Ibid., pp. 166-67.

36. Ibid., pp. 168-69. Para uma tradução na íntegra da "Carta aos Judeus", ver pp. 268-69.

37. Ibid., p. 170.

38. Schwaller de Lubicz, *Nature Word*, p. 102.

39. Gerhard Wehr, *Jung: A Biography* (Boston, Shambhala, 1987), pp. 325-26.

40. VandenBroeck, *Al-Kemi*, p. 166.

41. Ibid.

42. Dubois, *Fulcanelli and the Alchemical Revival*, p. 71.

43. VandenBroeck, *Al-Kemi*, pp. 274-75.

44. Ibid., p. 240. Para mais informações sobre esse assunto, ver *The Sion Revelation: The Truth about the Guardians of Christ's Sacred Bloodline*, de Lynn Picknett e Clive Prince (Londres, Time Warner Books, 2006).

45. Maurice Girodias, *The Frog Prince* (Nova York, Crown Publishers, 1980).

46. VandenBroeck, *Al-Kemi*, p. 245.

47. Godwin, *Arktos*, p. 55.

48. Nicholas Goodrick-Clarke, *The Occult Roots of Nazism* (Nova York, NYU Press, 1993); *Hitler's Priestess: Savitri Devi, The Hindu-Aryan Myth and Neo-Nazism* (Nova York, NYU Press, 2000); *Black Sun: Aryan Cults, Esoteric Nazism and the Politics of Identity* (Nova York, NYU Press, 2003).

49. Hans Thomas Hakl, *Unknown Sources: National Socialism and the Occult* (Edmonds, WA, Holmes Publishing Group, 2000).

50. Neonazistas mais tardios como o hinduísta Savitri Devi e o diplomata chileno Miguel Serrano fantasiaram Hitler como um "avatar" de uma nova era e escreveram livros que se tornaram influentes nas margens de extrema-direita do "pensamento alternativo", com ativistas ecológicos e militantes de direito animal, entre outros. Como René Guénon, Savitri Devi era adversário da modernidade e concordava quando os tradicionalistas diziam que estamos fincados na Kali-Yuga: "A história humana, longe de ser uma contínua ascensão para o melhor, é um processo cada vez mais irremediável de abastardamento, emasculação e desmoralização da humanidade, uma 'queda' inexorável" (Goodrick-Clarke, *Hitler's Priestess*, p. 115). Serrano, que fez amizade com um idoso Hermann Hesse e com C. G. Jung, e que por intermédio de seus contatos diplomáticos conheceu os escritores Arthur Koestler e Aldous Huxley, bem como o historiador Arnold Toynbee, é autor de uma série de livros enaltecendo o hitlerismo esotérico. Como Savitri Devi, ele encara Hitler como um "avatar" cósmico que veio para guerrear contra as influências maléficas da raça judaica materialista. Além de negar o holocausto, Serrano acreditava que Hitler sobreviveu à queda do Terceiro Reich, escapando de uma Berlim em chamas num disco voador; ele agora reside num esconderijo subterrâneo no Polo Sul (Godwin, *Arktos*, p. 70). Serrano tem uma preocupante popularidade entre muitos esotéricos de extrema-direita e o fato de ter tido uma relação muito familiar com os corredores do poder político só faz dobrar essa preocupação. Que Hitler e o nazismo geraram uma incômoda subcultura de ocultismo fascista é inegável. A questão é que o tipo de influência ocultista *direta* que comumente se acreditava ter estado por trás da ascensão de Hitler simplesmente não tem base real.

51. Ver a edição de 2003 de *Metapolitics: The Roots of the Nazi Mind*, de Peter Viereck (Piscataway, NJ, Transaction Publishers), que inclui a resenha do historiador Jacques Barzun da edição original. A defesa que o próprio Barzun faz do romantismo pode ser encontrada em seu livro intitulado *Classic, Romantic, Modern* (Chicago, University of Chicago Press, 1975).

52. Hakl, *Unknown Sources*, pp. 22-3.

53. Ver meu *Turn Off Your Mind: The Mystic Sixties and the Dark Side of the Age of Aquarius* (Nova York, The Disinformation Company, 2001), p. 32.

54. Martin Green, *Mountain of Truth: The Counterculture Begins, Ascona 1900-1920* (Hanover e Londres, University Press of New England, 1986), p. 238.

55. David Clay Large, *Where Ghosts Walked: Munich's Road to the Third Reich* (Nova York, W. W. Norton, 1997), p. 25.

56. Ibid., p. 27.

57. Entre os demais membros se incluíam o estudioso Alfred Schuler e o poeta judeu e professor de literatura Karl Wolfskehl. Uma figura no perímetro do círculo era o poeta místico Stefan George. Outra figura associada ao Círculo Cósmico foi a romancista e entusiasta do amor livre Fanny Reventlow. Ver David Clay Large, acima, e *The Jung Cult*, de Richard Noll (Londres, Fontana Press, 1996).

58. Large, *Where Ghosts Walked*, p. 26.

59. Ibid.

60. Ibid., p. 30.

61. Walter Benjamin, *Illuminations* (Londres, Fontana Press, 1992), p. 153.

62. Richard Rudgley, *Pagan Resurrection* (Londres, Century, 2006), p. 53.

63. Ibid., p. 56.

64. Mark Sedgwick, *Against the Modern World* (Oxford, Oxford University Press, 2004), pp. 95-8.

65. Lynn Picknett e Clive Prince (com Stephen Prior e Robert Brydon), *Double Standards: The Rudolf Hess Cover-Up* (Londres, Time Warner Books, 2002), pp. 32-4.

66. George L. Mosse, *The Crisis of German Ideology* (Londres, Weidenfeld & Nicholson, 1966), p. 1.

67. Para a influência de Haeckel sobre Steiner, ver meu *Rudolf Steiner: An Introduction to His Life and Work*; para sua influência sobre Jung, ver Richard Noll anteriormente.

68. Sedgwick, *Against the Modern World*, p. 97.

69. Rudgley, *Pagan Resurrection*, pp. 136-51.

70. Citado em Gerhard Wehr, *Jung: A Biography* (Boston, Shambhala, 1987), p. 352. Para o "utopismo" de Bloch, ver seu monumental *The Principle of Hope* e *The Spirit of Utopia*.

71. Cyprian P. Blamires e Paul Jackson, orgs., *World Fascism: A Historical Encyclopedia* (Santa Barbara, ABC Clio, 2006), p. 358. Infelizmente, o único trabalho de referência usado para Jung neste verbete é o controvertido e (a meu ver) tendencioso livro de Richard Noll.

72. Ver, no entanto, a crítica que Sonu Shamdasani faz a Noll em seu *Cult Fictions: C. G. Jung and the Founding of Analytical Psychology* (Londres, Routledge, 1998). Para Jung e o Nacional-Socialismo, ver Ronald Hayman, *Jung: A Biography* (Londres, Bloomsbury, 1999).

73. Citado em Hayman, *Jung*, p. 319.

74. O leitor pode se juntar a ele em http://www.kingseyes.demon.co.uk/answpostjung.htm. Para um breve resumo da controvérsia, ver "C. G. Jung and National Socialism" in Aniela Jaffé, *From the Life and Work of C. G. Jung* (Einsiedeln, Daimon Verlag, 1989).

75. Ver Deidre Bair, *Jung: A Biography* (Londres, Little Brown, 2004), p. 512.

76. Os comentários de Weininger podem ser encontrados em *Sex and Character* (Londres, William Heineman, 1906); para Wittgenstein, ver seu *Culture and Value*, traduzido por Peter Winch (Chicago, University of Chicago Press, 1980), pp. 18-9.

77. C. G. Jung, *Essays on Contemporary Events* (Princeton, NJ, Princeton University Press, sem data), pp. 16-7.

78. Ibid., p. 79.

79. Bair, *Jung*, pp. 492-94.

80. Ibid., pp. 471, 482.

81. Anthony Storr, *Music and the Mind* (Londres, HarperCollins, 1997), p. 155.

82. Ver meu *Secret History of Consciousness* (Great Barrington, Lindisfarne, 2003), p. 226.

83. Jung, *Essays*, pp. 34-5.

84. Ibid., p. 37.

85. Ibid.

86. Ibid., p. 56.

87. C. G. Jung, *Psychological Reflections* (Nova York, Harper & Row, 1961), p. 280.

11. *Arcanjos de Nossa Natureza Mais Sombria*

1. Ver meu *Turn Off Your Mind: The Mystic Sixties and the Dark Side of the Age of Aquarius* (Nova York, The Disinformation Company, 2001), p. 35.

2. "Have You Seen Your Critic, Baby?" Entrevista com Ralph J. Gleason em *Altamont*, organizada por Jonathan Eisen (Nova York, Avon Books, 1970), pp. 252-53.

3. Para Anger, Rolling Thunder, Hoffman e Rubin, ver *Turn Off Your Mind*, pp. 355-60. Para Leary, Lennon e o *Livro Tibetano dos Mortos*, ver ibid., pp. 279-81.

4. Mark Sedgwick, *Against the Modern World* (Oxford, Oxford University Press, 2004), p. 5.

5. Uma versão desta seção apareceu como meu artigo "Mussolini's Mystic" no número 191 de *Fortean Times*, edição especial (sem data), 2004, pp. 40-5. As fontes do artigo são: Richard Drake, "The Revolutionary Mystique and Terrorism in Contemporary Italy", in *Political Violence and Terror*, org. Peter Merkl (Berkeley, University of California Press, 1986); Julius Evola, *Revolt against the Modern World* (Rochester, VT, Inner Traditions, 1995); Joscelyn Godwin, *Arktos: The Polar Myth in Science, Symbolism, and Nazi Survival* (Kempton, IL, Adventures Unlimited, 1996) e Nicholas Goodrick-Clarke, *Black Sun* (Nova York, NYU Press, 2002).

6. Umberto Eco, "The Poisonous Protocols", *Guardian*, 17 de agosto de 2002.

7. Ver Gary Lachman, *The Dedalus Book of Literary Suicides: Dead Letters* (Sawtry, UK, Dedalus Books, 2008), pp. 192-99.

8. Evola, *Revolt against the Modern World*, pp. 157-66.

9. David Lloyd Thomas, "Arturo Reghini: A Modern Pythagorean", http://www.geocities.com/integral_tradition/reghinihtml.

10. Elémire Zolla, "The Evolution of Julius Evola's Thought", *Gnosis* nº 14 (inverno de 1989-90), pp. 18-20.

11. Renalto de Ponte, prefácio de *Introduction to Magic*, de Julius Evola e Grupo UR (Rochester, VT, Inner Traditions, 2001), p. xix.

12. Ibid., p. xxi.

13. Ibid.

14. Ver o romance *Atomised*, de Houellebecq (Londres, Vintage, 2001), entre seus outros trabalhos.

15. Sedgwick, *Against the Modern World*, p. 101.

16. Ibid., p. 104.

17. H. T. Hansen, "A Short Introduction to Julius Evola", in *Revolt against the Modern World*, de Julius Evola, p. xxii.

18. Ver Nicholas Goodrick-Clarke, *Hitler's Priestess: Savitri Devi, The Hindu-Aryan Myth and Neo-Nazism* (Nova York, NYU Press, 2000).

19. Durante a marcha antiguerra de outubro de 1967, em Washington. Em *Turn Off Your Mind*, esboço alguns exemplos de "política ocultista" em geral não associados ao radicalismo dos anos 60. Ver Capítulo 12, "The Magical Revolution", pp. 335-74.

20. Sedgwick, *Against the Modern World*, p. 181.

21. Ibid., p. 183.

22. Ver nota 19 acima.

23. Mircea Eliade e Claude-Henri Rocquet, *Ordeal by Labyrinth* (Chicago, University of Chicago Press, 1982), p. 55.

24. Marta Petreu, *An Infamous Past* (Chicago, Ivan R. Dee, 2005), p. 72.

25. Eliade e Rocquet, *Ordeal by Labyrinth*, pp. 80-2.

26. Sedgwick, *Against the Modern World*, p. 109.

27. Uma indicação do respeito que Eliade tinha por Evola é dada na anotação em seu diário quando ele soube da morte de Evola. "Hoje fui informado da morte de Julius Evola... Memórias tomam conta de mim, as de meus anos na universidade, os livros que tínhamos descoberto juntos, as cartas que recebi dele em Calcutá...", Mircea Eliade, *Journal III* (Chicago, University of Chicago Press, 1989), p. 161.

28. Liviu Bordas, "The Secret of Dr. Eliade", in *The International Eliade*, org. Bryan Rennie (Albany, NY, SUNY Press, 2007), pp. 101-30. Ver também Natale Spineto, "Mircea Eliade and 'Traditional Thought'", pp. 131-47, no mesmo volume.

29. Sedgwick, *Against the Modern World*, p. 111.

30. Ver *Eros, Magic, and the Murder of Professor Culianu*, de Ted Anton (Evanston, IL, Northwestern University Press, 1996).

31. "Final Report of the International Commission on the Holocaust in Romania", http://www.inshr-ev.ro/pdf/Final_Report.pdf.

32. Petreu, *Infamous Past*, p. 55.

33. Do lado dos detratores, a mais enérgica é Adriana Berger, para quem Eliade é "um dos mais influentes intelectuais de sua geração e um ativo ideólogo fascista". Ver "Mircea Eliade: Romanian Fascism and the History of Religions in the United States", in *Tainted Greatness: Anti-Semitism and Cultural Heroes*, org. Nancy A. Harrowitz (Filadélfia, Temple University Press, 1994), p. 51. No lado dos partidários, há Bryan Rennie, editor de vários livros dedicados à obra de Eliade. Para Rennie, "as tendências direitistas de Eliade podem ser vistas como lamentáveis, mas não podem ser acusadas de nada". Ver *Reconstructing Eliade* (Albany, NY, SUNY Press, 1996), p. 161.

34. Petreu, *Infamous Past*, p. 60.

35. Sedgwick, *Against the Modern World*, p. 114.

36. Petreu, *Infamous Past*, p. 61; Adriana Berger, "Mircea Eliade", p. 60.

37. Berger, "Mircea Eliade", pp. 64-5.

38. Ibid., p. 57.

39. Robert Ellwood, *The Politics of Myth: A Study of C. G. Jung, Mircea Eliade and Joseph Campbell* (Albany, NY, SUNY Press, 1999), p. 29.

40. Isso se aplica a outras áreas além da política. Neste sentido, qualquer um interessado em "salvar o planeta" é um conservador.

41. Leszek Kolakowski, *Modernity on Endless Trial* (Chicago, University of Chicago Press, 1990), p. 5.

Palavras Finais: Novas Ordens Mundiais?

1. Ver, por exemplo, a obra de Wilhelm Landig e Jean Parvulesco, examinada em *Arktos: The Polar Myth in Science, Symbolism, and Nazi Survival*, de Joscelyn Godwin (Kempton, IL, Adventures Unlimited, 1996), pp. 63-76.

2. Embora o tradicionalismo seja em última análise incompatível com o fundamentalismo islâmico, ver Mark Sedgwick, *Against the Modern World* (Oxford, Oxford University Press, 2004), pp. 257-60; e também o site http://www.livingislam.org/trg.html.

3. P. D. Ouspensky, *In Search of the Miraculous* (Londres, Routledge and Kegan Paul, 1983), p. 266.

Edições Loyola

impressão acabamento

rua 1822 nº 341
04216-000 são paulo sp
T 55 11 3385 8500
F 55 11 2063 4275
www.loyola.com.br